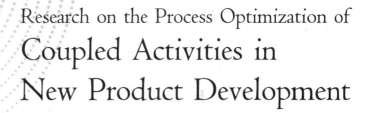

Research on the Process Optimization of
Coupled Activities in
New Product Development

面向耦合活动的新产品开发流程优化研究

尚震 赵嵩正 马飞 甘乙丁 ◎著

中国财经出版传媒集团
经济科学出版社
Economic Science Press
·北京·

图书在版编目（CIP）数据

面向耦合活动的新产品开发流程优化研究/尚震等
著．--北京：经济科学出版社，2024.5
ISBN 978-7-5218-5846-4

Ⅰ.①面… Ⅱ.①尚… Ⅲ.①产品开发-研究 Ⅳ.
①F273.2

中国国家版本馆 CIP 数据核字（2024）第 083236 号

责任编辑：卢玥丞　杨金月
责任校对：刘　娅
责任印制：范　艳

面向耦合活动的新产品开发流程优化研究

MIANXIANG OUHE HUODONG DE XINCHANPIN KAIFA LIUCHENG YOUHUA YANJIU

尚　震　赵嵩正　马　飞　甘乙丁　著
经济科学出版社出版、发行　新华书店经销
社址：北京市海淀区阜成路甲 28 号　邮编：100142
总编部电话：010-88191217　发行部电话：010-88191522
网址：www.esp.com.cn
电子邮箱：esp@esp.com.cn
天猫网店：经济科学出版社旗舰店
网址：http://jjkxcbs.tmall.com
北京季蜂印刷有限公司印装
710×1000　16 开　16 印张　220000 字
2024 年 5 月第 1 版　2024 年 5 月第 1 次印刷
ISBN 978-7-5218-5846-4　定价：95.00 元
（图书出现印装问题，本社负责调换。电话：010-88191545）
（版权所有　侵权必究　打击盗版　举报热线：010-88191661
QQ：2242791300　营销中心电话：010-88191537
电子邮箱：dbts@esp.com.cn）

前　言

为了应对日益激烈的市场竞争，企业需要不断地推出高质量的新产品，以满足多变的用户需求，从而确保自身的竞争力。然而新产品的开发流程往往存在大量的耦合活动，这些活动返工频繁，信息依赖关系复杂，执行次序难以规划，使开发流程的不确定性增加，开发周期延长，开发成本和风险提高。因此如何合理规划开发活动的执行次序，降低耦合活动对开发流程整体的负面影响，一直是管理者面对的重要问题。在使用设计结构矩阵（design structure matrix，DSM）准确表达耦合活动及其信息依赖关系的基础上，以最小化反馈总长度为目标进行包含耦合活动的新产品开发流程的优化调整，能够降低反馈总量与反馈影响的活动数量，简化活动间的信息流，减少非必要活动返工的发生，进而加快开发速率，降低开发成本和风险。本书以反馈总长度最小化问题为具体研究对象，目的是提出有效方法在短时间内获得具有较小反馈总长度的活动执行序列，从而实现新产品开发流程优化。本书的主要研究工作与创新性成果包括以下内容。

证明了反馈总长度最小化问题具有最优子结构性质，提出了序列筛选规则。通过分析问题的数学模型结构，提出并证明了问题具有最优子结构性质。该性质允许将复杂的原问题分解为规模较小的子问题，并且子问题的最优子序列、最小反馈量能够组成原问题的最优活动序列、最小反馈总长度，从而显著降低问题的求解难度。在最优子结构性质的基础上，提出了序列筛选规则，该规则支持使用子序列的反馈量评价完整活动序列的质量，可以帮助算法提前排除低质量活动序列，从而提高算法寻找最优活动序列的效率。

设计了哈希寻址并行分枝剪枝算法，用于获得反馈总长度最小的活动序列。以问题结构性质为理论基础，引入多种技术，逐步完善算法设计：提出了分枝剪枝算法，验证了序列筛选规则的正确性与有效性；依据最优子结构性质，引入并行计算框架，同时从正反两个方向构造活动序列，提出了并行分枝剪枝算法；引入哈希查找技术，设计并评估了多种哈希查找方案，解决了相似节点查找问题和子序列匹配问题，提出了哈希寻址并行分枝剪枝算法。实验结果表明，哈希寻址并行分枝剪枝算法能够在 1 小时内求出 25 个活动的最优活动序列，且性能不受 DSM 密度影响，整体表现优于 CPLEX 和 Gurobi 通用求解器。

设计了迭代禁忌搜索算法，用于解决精确算法无法处理的更大规模问题。以迭代搜索框架为基础，结合多种专用搜索与扰动组件，完成算法整体设计：定义了三种活动序列操作算符，通过评估算符邻域规模以及运行特点，确定了算符的应用方式；设计了基于活动互换算符的禁忌搜索阶段，用于在短时间内找到局部最优活动序列，确保算法的集中性；设计了能够根据概率调用活动群互换算符或随机排序算符的混合扰动阶段，用于引导算法探索有潜力的搜索区域，提升算法的疏散性；禁忌搜索阶段与混合扰动阶段将迭代运行直到满足终止条件。实验结果表明，迭代禁忌搜索算法可以在 180 秒内求出高质量活动序列，且活动序列的平均反馈总长度低于文献中同类算法的求解结果。

新产品开发流程实例验证。选取了来自不同行业的开发流程实例，验证了上述两种算法的有效性。实验结果显示，哈希寻址并行分枝剪枝算法与迭代禁忌搜索算法，均能在较短时间内求得各种规模实例的低反馈总长度的活动序列，可以满足解决实际问题的需要。实例验证也显示了算法在实际应用背景下存在的一些局限性；针对发现的问题，也提出了相应的改进办法。

在本书的研究撰写过程中，西北工业大学管理学院钱艳俊教授、王阳教授在研究框架、研究思路、算法设计等方面给予了宝贵指导；长安大学经济与管理学院孙启鹏教授、陕西高校青年创新团队"未来交通与区域发展"对成稿出版给予了大力支持。本书各章节的研究工作分别受教育部人文社会科学研究青年基金项目（项目编号：23YJCZH179）、陕西省自然科学基础研究计划资助项目（项目编号：2023－JC－QN－0793）、中央高校基本科研业务费专项资金人文社科类项目（项目编号：300102234613）支持，由长安大学经济与管理学院专著出版资金支持出版。特此向各位老师、研究团队、单位组织表示衷心的感谢。

目　录
CONTENTS

第 1 章
绪　论

1.1　研究背景与意义

当前市场变化迅速、不断细分且竞争激烈，企业必须及时提供新的、更好的产品来满足客户需求，以确保市场竞争力（Erat S. et al.，2013；Chen C－H. et al.，2003；Eppinger S. & Ulrich K.，2015）。为了争夺市场份额，企业有必要分析和优化现有的新产品开发流程，以缩短开发周期、降低开发成本、减少开发风险（唐敦等，2010；杨青等，2016；Tripathy A. & Eppinger S. D.，2011；Whitney D. E.，1990；Joglekar N. R. et al.，2001），从而紧跟市场潮流，迅速投入多样化的产品来满足消费者（Lin J. et al.，2011）。然而许多研究指出在不同领域、不同企业的新产品开发流程中，广泛存在着耦合活动，这些活动的依赖关系复杂、信息交互频繁，使开发流程充满不确定性，对开发进度的推进造成了巨大困难（Lin J. et al.，2011；Shaja A. & Sudhakar K.，2010；Chen C. H. et al.，2004；张东民等，2004；Yang Q. et al.，2013；Fricke E. et al.，2000）。

图 1－1（a）为某公司推出的平衡机主体，该产品的开发流程共包含 70 个开发活动，其中有 31 个开发活动相互耦合；图 1－1（b）展示了流程中的耦合活动以及活动信息依赖关系，其中节点代表开发活动，弧线表

示活动间存在信息传递（Lin J., 2015）。可以看出，平衡机开发流程的耦合活动相互依赖，构成了极其复杂的信息交换网络；耦合活动时刻处于信息循环之中，并不存在明确的先后执行次序。繁杂的信息交换关系使管理者难以预测、计划或者控制包含耦合活动的开发流程，执行开发活动所必须的信息可能传达过晚，可能不完整，甚至可能出错，这也导致了活动返工成为各类新产品开发流程的普遍现象（Browning T. R., 2015；Bekdik B. et al., 2018）。

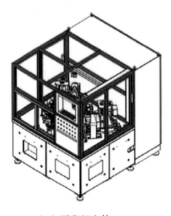
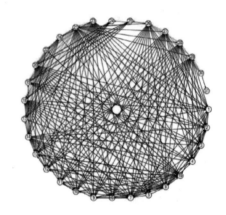

（a）平衡机主体　　　　　　　（b）图形化表达的耦合活动及信息依赖关系

图 1-1　平衡机开发流程中的耦合活动

资料来源：Lin J., Qian Y., Cui W., et al. An effective approach for scheduling coupled activities in development projects [J]. European Journal of Operational Research, 2015, 243 (1).

活动返工意味着产品的若干设计需要改进或者重做，是新产品开发流程的必须环节（Bekdik B. et al., 2018；Eppinger S. D., 1991；Pektaş Ş. T. & Pultar M., 2006）。然而额外且频繁的活动返工却无法帮助提高设计质量，反而会导致开发进度、成本难以控制，失败风险增加（Yang Q. et al., 2012；Zhang J. et al., 2014；Haller M. et al., 2015）。巴里斯·贝克迪克等（Bekdik B. et al., 2018）对某建筑设计公司的调研表明，大量的活动返工经常使管理者无法预计活动执行的结果；肖恩·奥斯本（Osborne S. M., 1993）调查了英特尔公司 9 个开发项目，发现活动返工消耗的时间大约占总工期的 13%～70%；彼得·E. D. 洛夫等（Love P. E. et al.，2010）、F. 艾森（Ison F.，1995）、巴伯等（Barber P.，et al.，2000）指出由活动返工引发的资金耗费大约占开发总成本的 10%～15%；约翰·克拉克森等（Clarkson P. J. et al.，2004）、克劳迪娅·埃克特等（Eckert C. et al.，2004）、艾伦·麦科马克等（Maccormack A. et al.，2001）认为管理者很难准确预测各种决策对复杂新产品开发的进度和成果的影响，也难以对不断发生的活动返工实施控制。因此，能够协助管理者对新产品开发流程实施有效的分析、计划和控制的工具或方法，一直受到国内外学者的重点关注（Browning T. R.，2015；杨青等，2018；Berger T. et al.，2013）。

　　常用的流程建模及分析方法，如关键路径法（CPM）（Nafkha R. & Wiliński A.，2016）、计划评审技术（PERT）（陈芳等，2016）、甘特图（Gantt Chart）（Sharon A. & Dori D.，2017）、图形评审技术（GERT）（Ghaeli M. & Sadi - Nezhad S.，2017）等，无法处理耦合活动、循环信息流、活动返工等在新产品开发流程中的常见要素（Roemer T. A. & Ahmadi R.，2010；Denker S. et al.，2001；Browning T. R.，2010；杨青等，2012）。而设计结构矩阵方法（design structure matrix，DSM）可以使用矩阵表达耦合活动、信息依赖关系、依赖关系强度等关键信息，特别适合于处理包含耦合活动的开发流程，因而在本领域得到了广泛的应用（陈羽和滕弘飞，2011；Chen L. et al.，2007；陈冬宇等，2008；Zheng P. et al.，2019）。例如，美国 Biogen Idec 公司使用 DSM 方法优化现有的新药开发流程，消除了冗余测试和审批，提高了开发团队的工作效率（Eppinger S. D. & Browning T. R.，2012）；日本 Yanmar 公司使用 DSM 方法分析电子设备的开发流程，查明了频繁活动返工的原因，并实施了有针对性的优化方案（Eppinger S. D. & Browning T. R.，2012）；温跃杰和赵晟（2012）将 DSM 方法用于航天器开发流程建模，实现了活动间信息依赖关系的准确描述和分析；徐一帆等（2019）将 DSM 方法应用于船舶设计项目，建立了多个分辨率不同的开发流程模型。

　　新产品开发流程由相互依赖的开发活动组成，调整开发活动的执行次序（以下简称"活动序列"）可以直接影响开发活动的返工状况（Ep-pinger S. D. & Browning T. R.，2012；温跃杰和赵晟，2012；徐一帆等，2019；唐敦兵等，2009）。在使用 DSM 准确表达开发流程的基础上，如何合理地安排活动序列以缓解活动返工，进而加快开发速度，降低开发成本与风险，是近年来国内外学者的研究重点（Browning T. R.，2015；Cook I. & Coates G.，2016；杨青和吕杰峰，2010；钱艳俊和林军，2019）。反馈信息流由流程下游活动反向发往上游活动，通常包含出错、未达标、需求变更等信息，是造成活动返工的根本原因（Zhang H. et al，2006；李洪波等，2015）。因此围绕降低反馈带来的负面影响，学者们提出了多种优化目标来调整活动序列。其中，寻找具有最小反馈总量的活动序列是最为基本的优化目标（Lin J. et al.，2015；Rogers J. L. et al.，1996；Kusiak A. & Wang J.，1991）。但该目标假设反馈长度对开发流程没有影响，然而许多新产品开发实践表明，长距离反馈相对于短距离反馈可能引发更多的活动返工，会显著影响开发周期和成本（Zhang J. et al.，2015；杨青和唐尔玲，2014；Luh D. et al.，2011）。史蒂文·埃平格等（Eppinger S. D. et al.，1994）、泰森·布朗宁和史蒂文·埃平格（Browning T. R. & Eppinger S. D.，2002）指出规划开发活动序列应该考虑反馈长度的影响，提出了反馈总长度最小化的优化目标。托德（Todd D. S.，1997）、约翰·兰开斯特和程凯（Lancaster J. & Cheng K.，2008）、钱艳俊和林军（Qian & Lin，2018）使用该目标实现了电动车、建筑物、平衡机等新产品开发流程优化，显著降低了产品开发周期与成本。盛海涛和魏法杰（2007）、杨青和吕杰峰（2010）、杨青和唐尔玲（2014）、容芷君等（2015）针对各类新产品开发流程提出了不同的复合型优化目标，均考虑到了降低反馈总长度。以上研究表明，反馈总长度最小化是提高开发效率、降低开发成本和风险的一种合理优化目标，具有很高的理论意义和广泛的应用背景。

反馈总长度最小化问题（feedback length minimization problem，FLMP）的目标是寻找具有最小反馈总长度的开发活动序列，属于求解难度为 NP-hard 的组合优化问题，随着活动数量的增加，求解问题的时间开销急剧攀升（Qian Y. & Lin J.，2013）。因此，如何设计高效算法解决大规模的反馈总长度最小化问题，以实现活动执行序列的优化调整，是十分重要的研究课题。一方面，由于当前对问题结构性质的研究尚不深入，文献中应用的精确或启发式算法多使用商业通用求解器实现，或者遵循通用的经典算法框架，无法利用问题的结构性质辅助问题解决，其运行效率和效果均有待进一步提高。例如，钱艳俊和林军（Qian Y. & Lin J.，2013）使用分枝切割算法（CPLEX 求解器）进行问题求解，获得了反馈总长度最小的活动序列，但实验结果表明算法在 1 小时内最多仅支持对 14 个活动进行序列优化，无法满足解决实际问题的需要。另一方面，由于启发式算法能够在短时间内获得大规模问题的优质活动序列，具有更强的实用价值，因而得到广泛的应用。例如，迈尔·克里斯托夫等（Meier C. et al.，2007）使用遗传算法求解反馈总长度最小化问题；约翰·兰开斯特和程凯（Lancaster J. & Cheng K.，2008）设计了具备自适应参数调整能力的进化算法；钱艳俊和林军（Qian Y. & Lin J.，2013）提出了应用多种算符的交换启发式算法。然而，尽管启发式算法解决问题的效率更高，但无法确保最终结果的最优性。

综上所述，反馈总长度最小化是降低新产品开发工期、成本和风险的有效优化目标，也经常被引入复合型优化目标中，具有广泛的应用背景；反馈总长度最小化问题是具有 NP - hard 难度的组合优化问题，极其难于求解，并且存在一定研究不足。因此对反馈总长度最小化问题展开深入研究具有重要的理论价值和实践价值。本书致力于提出有效的方法在短时间内寻找反馈总长度较小的活动序列，从而实现开发流程的优化调整。本书将重点研究问题的结构性质、专用精确算法和专用启发式算法。其中，对问题结构性质的研究有助于加深对新产品开发流程优化的理解，并且构成了后续算法设计的理论依据；专用精确算法面向较小规模的新产品开发流程，能够做出最优的活动序列安排；专用启发式算法针对精确算法无法处理的更大规模优化问题，能够在短时间内求出高质量的活动序列。

1.2 国内外研究现状

国内外学者对新产品开发流程优化领域进行了深入研究，取得了大量的研究成果，构成了本书的理论基础。本节的主要内容包括：以耦合活动研究为理论出发点，讨论新产品开发流程、耦合活动的基本概念，以及耦合活动对开发流程的影响，从而明确开发流程的总体优化方向与基本优化过程（1.2.1 节）；阐述设计结构矩阵方法的研究和应用现状，概述开发流程的耦合活动、前馈/反馈信息流、信息依赖强度等基本要素在 DSM 中的表达方式，从而确定本书的开发流程表达方法（1.2.2 节）；以文献中应用的各种优化目标为理论中心，总结优化目标对应的优化问题、数学模型和优化算法，从而说明本书选择反馈总长度最小化问题为具体研究对象的必要性与合理性，并讨论有助于问题解决的相关技术与方法（1.2.3 节）；总结前人研究的不足之处，明确本书的创新方向（1.2.4 节）。

1.2.1 新产品开发流程耦合活动

新产品开发流程是由一系列行为构成的过程，能够将不同的概念转化为新产品（钱艳俊和林军，2019；Cooper R. G.，2016；郭斌等，2004）。实践表明，新产品开发流程通常包括多个阶段，如市场调查、概念设计、详细设计、市场测试、工程处理、试生产等（钱艳俊和林军，2019；陈劲和吴波，2011），而各阶段一般由具体的开发活动组成，如制图、审批、评估、决策、测试等（Eppinger S. D. & Browning T. R.，2012）。研究显示，新产品开发流程是一个非线性的迭代过程，其中的开发活动往往相互耦合、信息依赖关系复杂，使得对开发流程的分析和优化异常困难（Eppinger S. & Ulrich K.，2010；Cooper R. G.，2016；Safoutin M. J.，2003）。

开发活动是开发流程的最基本单位，存在四种类型的关系：顺序型、并行型、条件型和耦合型（Eppinger S. D. & Browning T. R.，2012；张东民等，2004；裘乐森等，2010）。图 1-2 展示了上述关系类型，其中数字节点表示活动，有向线代表活动之间的信息流。

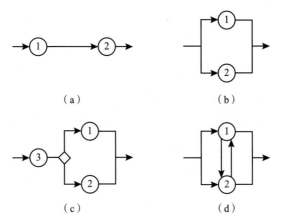

（a）　　　　　　　　　（b）

（c）　　　　　　　　　（d）

图 1-2　开发活动关系

资料来源：Eppinger S. D. ，Browning T. R. Design structure matrix methods and applications ［M］. Cambridge，MA：MIT press，2012.

图 1-2 （a）描述了顺序型活动，流程下游活动 2 依赖流程上游活动 1，活动 1 完成后会输出必要的信息以满足活动 2 的执行条件；图 1-2 （b）为并行型活动，活动 1 与活动 2 不存在任何信息交换，可以同时执行；图 1-2 （c）的活动 3 与活动 1、活动 2 属于条件型活动，当上游活动 3 完成后，开发团队需要决定执行下游活动 1 或活动 2；图 1-2 （d）描述了耦合型活动，活动 1 与活动 2 需要来自对方的信息才能顺利执行，因此两个活动很可能需要经过多次返工才能正确地完成。在新产品开发实践中，顺序活动的关系最为简单，比较容易处理，在资源充足的情况下，并行活动与条件活动也能很快完成（Eppinger S. D. & Browning T. R. ，2012）。耦合活动具有极其复杂的信息依赖关系，且一般不存在确定的执行顺序，因而开发团队往往需要经过反复尝试，才能完全掌握或者准确地估计必要的信息，使管理者难以对开发流程实施有效的计划、组织和控制等职能（Roemer T. A. & Ahmadi R. ，2004；Fang C. et al. ，2013；Love P. E. ，

2002；Nightingale P.，2000）。

耦合活动通常涉及新产品开发流程中的创新、设计、分析、检验、审批、测试等必须环节，具有较高的不确定性（Adler P. S. et al.，1995；Kline S. J.，1985；Petroski H. & Baratta A. J.，1988）。活动返工是耦合活动的基本特征，往往意味着产品的部分设计需要修改甚至重做，能够显著地影响开发进度。通过迭代执行部分开发流程，开发团队有机会发现、修正和解决遇到的各类问题或者错误，从而提升产品的设计质量（Bekdik B. et al.，2018；Erat S. & Kavadias S.，2008）。然而额外且频繁的活动返工却无益于设计质量的提升，反而是导致开发延期、成本飙升、失败风险加大的直接原因（Lévárdy V. & Browning T. R.，2009；Yang Q. et al.，2018）。通常认为，造成耦合活动频繁返工的主要原因有：

（1）固有耦合：多个活动结构性的彼此依赖，开发人员必须通过估计、检查、更新等方式逐步收集必要的信息，从而正确地执行活动（Eppinger S. D. & Browning T. R.，2012）。

（2）序列不合理：活动序列规划不合理导致开发人员过晚地收到某些重要信息，开发人员必须等待或者直接对缺失信息进行估计（Loch C. H. & Terwiesch C.，2005）。

（3）沟通不畅：活动之间的信息传递不及时、不清楚、不完整（Hollins B. & Pugh S.，1990）。

（4）输入变更：执行活动所需要的信息发生改变（如设计需求变更），导致一些活动必须返工，而其他相关活动也必须作出针对性的调整（Krishnan V.，1997；Loch C. H. & Terwiesch C.，1998；Li S. & Chen L.，2014）。

（5）信息错误：传达的信息不准确甚至是错误的，会直接导致部分活动发生返工（Lin J. et al.，2008；Cooper K. G.，1993）。

从信息流的角度，以上所有因素均对耦合活动的信息获取造成了直接影响：当执行活动需要的信息不完整、不准确或发生改变时，该活动就很有可能返工；而发生返工的活动也会引起信息变更，继而对其他相关活动造成影响，并最终造成更多的活动返工（Gil N. et al.，2008；Terwiesch C. et al.，2002；Smith R. P. & Eppinger S. D.，1997）。通过加强管理，可以有效强化开发团队的信息沟通，避免活动信息出现偏差；通过对活动序列进行合理调整，可以简化信息流，缓解活动耦合，从而降低活动返工大量发生的可能性（Yassine A. & Braha D.，2003）。

许多新产品开发流程优化案例表明，一个经过恰当优化调整的活动序列可以减少设计错误，强化团队沟通，减少无谓的活动返工，避免开发延期、经费超支等风险（Osborne S. M.，1993；Krishnan V. et al.，1992；Krishnan V. & Ulrich K. T.，2001；Luh D–B. et al.，2009）。例如，艾哈迈迪等（Ahmadi R. et al.，2001）为 Rocketdyne 公司的火箭发动机涡轮泵开发项目建立了多个数学模型并进行流程再造，改造后的开发流程强化了上下游开发活动之间的信息交互，减小了活动返工的发生频率，提高了资源使用率，显著降低了开发时间与成本；英格瓦·拉斯克和孙尼斯（Ingvar R. & Sunnersj S.，1998）应用 DSM 方法对阿法拉伐公司（Alfa Laval AB）公司的热交换器开发流程进行建模和分析，识别出了多个开发活动，并使用优化算法调整活动序列，协助实施了自动化热交换器设计系统，提高了产品开发效率；汪强等（2019）调查了装配式住宅开发项目的各类设计元素之间的关系及关系强度，建立了开发流程的矩阵模型，并使用遗传算法优化调整开发流程，降低了现有流程的信息反馈情况，提高了开发流程的执行效率。

综上所述，耦合活动在新产品开发流程中广泛存在，具有非常复杂的信息依赖关系，会频繁发生返工，造成开发延期、成本与风险上升，为管理开发流程造成了巨大困难。因此，国内外学者通常以降低反馈的负面影响为总体方向，通过调整活动序列，实现新产品开发流程优化。然而如何按照既定优化目标调整活动序列，属于具有较高求解难度的优化问题。文献中通常借助数学方法和计算机技术高效求解此类优化问题，基本过程为：使用合适工具表达开发流程，收集并整理开发流程数据；建立优化问题的数学模型，实现问题的数学化描述；分析数学模型，提取有用的隐含问题性质；根据问题性质设计高效算法，使用算法进行优化问题求解，从而得到开发流程优化方案。

1.2.2　基于 DSM 的开发流程表达

DSM 方法的基本表达工具为一个 $n \times n$ 规格的矩阵，能够表示一个系统的 n 个对象以及对象之间的关系（白思俊和万小兵，2008；Danilovic M. & Browning T. R. ，2007；Browning T. R. & Ramasesh R. V. ，2007；Yu T - L. et al. ，2007），如图 1 - 3 所示。DSM 方法的优点在于使用紧凑的矩阵来描述图或网络的信息，具有很高的可读性、可操作性和可扩展性（Kusiak A. & Park K. ，1990）。作为高度灵活的建模及分析工具，DSM 方法被广泛用于新产品开发的多个领域，例如，对产品结构建模，描述零部件之间的接口（Maccormack A. et al. ，2006；刘建刚等，2011；Voss C. A. & Hsuan J. ，2009；Sullivan K. J. et al. ，2001；Ko Y - T. ，2013）；对开发团队结构建模，展示团队成员之间的互动（Sosa M. E. et al. ，2004；Batallas D. A. & Yassine A. A. ，2006；Braha D. & Bar - Yam Y. ，2007；Rivkin J. W. & Siggelkow N. ，2007）；对开发流程建模，描述开发活动之间的信息流或依赖关系（Fang C. et al. ，2013；Lévárdy V. & Browning T. R. ，2009；王计斌等，1999；姚咏等，2006；Smith R. P. & Eppinger S. D. ，1997）；也可以将不同领域的 DSM 模型整合为多领域 DSM，从而表示和分析产品零件、开发团队、开发流程的基本元素之间的交互（杨青等，2018；Eppinger S. D. & Browning T. R. ，2012；杨青和唐尔玲，2014；Maurer M. ，2007；Lindemann U. & Maurer M. ，2007）。

唐纳德·斯图尔特（Steward D. V. ，1981）率先将 DSM 方法引入新产品开发流程优化领域。早期的 DSM 是简单的二值型矩阵，使用符号"X"表示两个对象存在关系，没有符号"X"表示不存在关系。二值型 DSM 可以直观地展示系统结构，但该矩阵只能表示关系是否存在而无法区分关系的差异。史蒂文·埃平格等（Eppinger S. D. et al. ，1994）提出了数值型 DSM，使用数值代表两个对象之间的关系，其中"0"表示关系不存在，而大于 0 的数值表示关系强度，能够表达更为丰富的信息。在使用数值"1"代替符号"X"表示存在关系，使用数值"0"表示不存在关系时，也可以认为二值型 DSM 是数值型 DSM 的特殊情况（Qian Y. & Lin J.，2013）。

活动序列S		1	2	3	4	5	6	7	8
动作节拍模拟分析	1		0.1	0.2					
旋转驱动部件设计	2			0.3	0.2	0.1	0.4	0.2	0.2
升降驱动部件设计	3		0.2		0.4	0.3	0.2	0.1	0.2
装载及卸载接口部件设计	4		0.1	0.5			0.3		
校正夹持部件设计	5						0.2		
分度装置部件设计	6					0.1			
成本控制系统设计	7								0.3
高强度校正主轴部件设计	8							0.2	

（a）平衡机开发流程的局部DSM

S	1	⋯	i	⋯	j	⋯	n
1		⋯	d_{1i}	⋯	d_{1j}	⋯	d_{1n}
⋯	⋯		⋯		反馈		⋯
i	d_{i1}	⋯		⋯	d_{ij}	⋯	d_{in}
⋯	⋯		⋯		⋯		⋯
j	d_{j1}	⋯	d_{ji}			⋯	d_{jn}
⋯	⋯		前馈		⋯		⋯
n	d_{n1}	⋯	d_{ni}		d_{nj}	⋯	

（b）标准DSM

图 1 - 3　DSM 使用范例

资料来源：Lin J.，Qian Y.，Cui W.，et al. An effective approach for scheduling coupled activities in development projects [J]. European Journal of Operational Research，2015，243（1）.

图 1 - 3（a）展示了平衡机开发流程的局部 DSM。其中，开发活动的序号位于 DSM 左侧第一列与上方第一行，保持着相同的执行序列；对角线以外区域的数值代表两个活动之间的信息依赖强度，没有数值则表示两个活动不存在依赖（任南等，2015；Abdelsalam H. M. & Bao H. P.，2006；Qian Y. & Goh T.，2007）。根据图中的 DSM 可以直接识别出三组耦合活

动（以三线方框标记），分别是活动（2，3，4）、（5，6）和（7，8），这些耦合活动相互传递信息，形成多个循环信息流，极有可能发生返工。图 1-3（b）展示了 DSM 的标准形式。其中，$d_{i,j}$($0 \leqslant d_{i,j} \leqslant 1$) 代表依赖强度，能够表达多重含义：存在由活动 j 发往活动 i 的信息流（郭峰等，2006；徐晓刚等，2001）；活动 i 对活动 j 的信息依赖强度（李潇波等，2010；盛海涛和魏法杰，2007）；完成活动 j 后活动 i 活动返工的可能性（Smith R. P. & Eppinger S. D.，1997；Jiao L. et al.，2004）。

依赖强度 $d_{i,j}$ 主要受两个因素的影响，即活动 j 的信息易变度与活动 i 的变化敏感度（Yassine A. et al.，1999；Keeney R. L.，1996）。如果活动 j 输出的信息变化频繁，那么活动 j 的信息易变度就较大；如果活动 j 的较小变化能够引发活动 i 的大幅调整，那么活动 i 的变化敏感度就较高，当活动 j 的信息易变度与活动 i 的变化敏感度均比较大时，活动 i 对活动 j 的信息依赖程度 $d_{i,j}$ 就比较高。通常认为在数值上 $d_{i,j}$ 等于活动 j 的信息易变度与活动 i 的变化敏感度的乘积（Cho S - H. & Eppinger S. D.，2005；Baner-jee A. et al.，2007；Sosa M. E.，2008；Sosa M. E.，2014；Tripathy A. & Eppinger S. D.，2013；Jun H - B. & Suh H - W.，2008）。调查人员可以通过员工访谈、参与开发、调查历史数据等方式，获得开发活动的信息易变度与变化敏感度数值，并较为准确地估计 $d_{i,j}$ 的取值（Shephard G. G. & Kirkwood C. W.，1994；Yassine A.，2003；Roemer T. A.，2000；Qian Y.，2010；Lin J. et al.，2010；Lin J. et al.，2009）。在企业缺失关键数据的情况下，也可以设定 $d_{i,j} = 1$ 表示存在信息依赖，设定 $d_{i,j} = 0$ 表示不存在信息依赖，并使用二值型 DSM 表达开发流程。

新产品开发流程的 n 个活动在标准 DSM 中被排列为(1，$\cdots$，i，$\cdots$，j，$\cdots$，n)，由于活动的执行序列已经明确，因此可以将活动之间的信息流分为：位于矩阵下三角区域的，与活动序列方向相同的前馈信息流 $d_{j,i}$（例如，图 1-3（a）中 $d_{6,5} = 0.1$）；以及位于矩阵上三角区域的，与活动序列方向相反的反馈信息流 $d_{i,j}$（例如，图 1-3（a）中 $d_{2,3} = 0.3$）（Ab-delsalam H. M. & Bao H. P.，2007；Karniel A. & Reich Y.，2009；Huang

Y. et al.，2012；柳玲等，2009）。如果交换活动 i 与活动 j 的执行次序，则有新活动序列（1，…，j，…，i，…，n）产生，那么在新的 DSM 中信息流 $d_{i,j}$ 会移动到矩阵下三角区域成为前馈；而信息流 $d_{j,i}$ 会移动到矩阵上三角区域成为反馈；其他与活动 i 和活动 j 有关的信息流在 DSM 的位置也会发生改变（Shang Z. et al.，2019）。调整活动序列不会使信息流消失或增多，但可以改变信息流相对活动序列的方向，也可以改变信息流跨越的活动数量，这种特点为通过调整活动序列来优化包含耦合活动的开发流程提供了可能（Yang Q. et al.，2013；盛海涛和魏法杰，2009；杨青等，2015）。

在标准 DSM 中，活动 i 与活动 j 属于耦合活动关系。如果活动 i 在活动 j 之前执行，那么执行活动 i 所需要的信息就会不完整，活动 i 完成时所传递的信息也可能存在错误，会导致位于流程下游的活动 j 同样在信息不完整的情况下执行；当活动 j 完成时，上游活动 i 会收到来自活动 j 的反馈，此类补充信息可能导致活动 i 的活动返工，并进而影响所有下游活动，造成更多活动返工。迈尔·克里斯托夫等（Meier C. et al.，2007）的研究表明，当设计方向发生改变，设计要求未能满足，或者接收的信息不完整、不确定、存在错误时，下游活动就会向上游活动发送反馈；林军等（Lin J. et al.，2012）指出，对于整个开发流程而言，反馈总量越多会导致不确定性增加，上游活动所接收的反馈越多、强度越高，说明上游活动在执行过程中需要猜测或估计的信息越多，就越可能发生活动返工；麦卡利和布洛鲍姆（Mcculley C. & Bloebaum C.，1996）的研究表明，开发团队成员倾向于以一种确定的方式依次执行开发活动，尽量避免不必要的预测或估计；布朗宁（Browning T. R.，2015）、约翰·兰开斯特和程凯（Lancaster J. & Cheng K.，2008）以及唐敦兵（Tang D. et al.，2000）的研究认为，DSM 出现反馈意味着相关的活动可能发生活动返工。

综上所述，DSM 方法可以直观地表示耦合活动、活动序列、前馈/反馈、依赖关系等信息；也可以展示活动位置调整引发的反馈、前馈转化，揭示活动序列与信息流的内在关系，因此是新产品开发流程的有效表达与分析工具。此外许多研究指出，耦合活动间普遍存在的反馈与活动返工现象高度相关，以降低反馈的负面影响为目标，优化新产品开发流程，能够降低不确定性，缓解活动返工状况，进而对开发进度、成本以及风险产生直接且积极的影响。

1.2.3　新产品开发流程优化方法

如何以调整现有活动序列的方式，减少反馈的负面影响，降低活动返工发生的频率，进而提高开发效率，控制开发成本与风险，是国内外学者的研究热点（Browning T. R. ，2015；唐敦兵等，2009；Cook I. & Coates G. ，2016）。在使用 DSM 表达活动以及活动间信息依赖关系的基础上，活动序列的优化调整主要包括确定优化目标、建立数学模型、设计优化算法等步骤。优化目标一般为某项指标的最小或最大化，如何按照既定目标调整活动序列属于一类活动序列优化问题；数学模型是优化问题的数学描述，而算法用于求解数学模型，以获得满足优化目标的活动执行方案。由于此类优化问题往往具有极高的求解难度，因此建立合理的数学模型与高效的算法亦是非常重要的研究议题。本节以新产品开发流程的优化目标为中心，对相关研究成果进行总结。

1. 反馈总量最小化

反馈总量最小化问题是新产品开发流程优化领域的基本问题，优化目标是寻找具有最小反馈总量的活动序列（Kusiak A. & Wang J. ，1993；Kusiak A. & Larson T. N. ，1994）。反馈总量是数值型 DSM 的所有反馈强度之和［见图 1-3（b），上三角区域 $d_{i,j}$ 总和］，当二值型 DSM 使用 1 与 0 标记是否存在信息依赖时，反馈总量也等于反馈总数。减少活动序列的反馈总量能够降低需要估计的信息量，使开发团队以更加确定的方式执行活动，从而减少错误发生的可能性，加强设计决策的可靠性，进而提高开发效率（Tuholski S. J. & Tommelein I. D. ，2010）。

反馈总量最小化问题属于线性排序问题，具有 NP - complete 的求解难度（Qian Y. et al.，2011）。库西亚克和王俊（Kusiak A. & Wang J.，1993）设计了三角化算法降低开发流程的反馈总数；艾哈迈迪等（Ahmadi R. et al.，2001）实现了问题的数学建模，并以问题分解的方式使用分枝定界算法优化大规模开发流程；钱艳俊等（Qian Y. et al.，2011）简化了数学模型，提出了多个辅助序列调整的规则，并设计了一种混合启发式算法。根据实际需要，学者们也对原始的优化目标做出了一定改进。斯科特（Scott J. A.，1999）通过为反馈设置权重，使优化目标能够兼顾提高并行、减少活动返工，并提出了新的数学模型，萨拉尤特农西里等（Nonsiri S. et al.，2014）在此基础上引入离散差分进化算法提升了开发流程的优化效果；鲁等（Luh D – B. et al.，2009）、丁剑锋和徐海燕（2018）分别引入了模糊 DSM 与灰色 DSM 的概念，使 DSM 方法能够处理不确定信息；林军等（Lin J. et al.，2012）使用模糊值表达信息依赖强度，提出了基于模糊值的数学模型，并设计了精确/启发混合算法解决大规模开发流程优化问题；林军等（Lin J. et al.，2015）引入了无活动返工状态下的开发活动完成时间，提出了最小化反馈总时间的优化目标，并设计了一种基于问题分解的精确/启发式混合算法。

表 1 – 1 总结了上述研究提出的优化目标、数学模型的目标函数和优化算法。

表 1 – 1　　　　　　　　　　反馈总量最小化相关研究

相关研究	优化目标	目标函数	优化算法
艾哈迈迪等 （Ahmadi et al.，2001） 钱艳俊等 （Qian Y. et al.，2011） 库西亚克和王俊 （Kusiak A. & Wang J.，1993）	反馈总量 最小化	$f = \sum_{k \in A} a_k n_k y_k$ $f = \sum_{i=1}^{n} \sum_{\substack{j=1 \\ j \neq i}}^{n} d_{i,j} x_{i,j}$	分枝定界算法 混合启发式算法 三角化算法
斯科特 （Scott J. A.，1999）	加权反馈总量最小化	$f = \sum_{i=1}^{n} \sum_{j=1}^{n} \Omega_{i,j} w_{i,j}$	遗传/局部搜索混合算法 离散差分进化算法

续表

相关研究	优化目标	目标函数	优化算法
林军等 (Lin J. et al., 2011)	模糊反馈总量最小化	$f = \sum_{i=1}^{n} \sum_{j=1, j \neq i}^{n} \left[\sum_{k=1}^{n} (x_{i,k} \times \sum_{m=k+1}^{n} x_{j,m}) \tilde{d}_{i,j} \right]$	精确/启发式混合算法
林军等 (Lin J. et al., 2015)	反馈总时间最小化	$f = \sum_{i=1}^{n} \sum_{j=1, j \neq i}^{n} a_i d_{i,j} x_{i,j}$	精确/启发式混合算法

2. 反馈总长度最小化

反馈总长度最小化问题在反馈总量的基础上考虑了反馈长度对开发流程的影响，优化目标是寻找具有最小反馈总长度的活动序列（Todd D. S.，1997；Qian Y. & Lin J.，2013；Shang Z. et al.，2019）。反馈长度指反馈经过的活动数量，当位于序列上游的活动收到反馈而改变时，反馈所跨越的全部活动可能都需要调整，因此相较于短反馈，长反馈更可能产生大规模的活动返工（Eppinger S. D. et al.，1994；Browning T. R. & Eppinger S. D.，2002；Gebala D. A. & Eppinger S. D.，1991）。反馈总长度是所有反馈的强度与长度乘积的总和，同时考虑了反馈总量以及受反馈影响的活动数量，因此是更为合适的开发流程优化目标（Eppinger S. D. et al.，1994；Lancaster J. & Cheng K.，2008；Qian Y. & Lin J.，2013；Meier C. et al.，2007）。

反馈总长度最小化问题属于二次组合优化问题，具有 NP‑hard 的求解难度，随着问题规模的增加，求解时间急剧增长（Meier C. et al.，2007；Mcculley C. & Bloebaum C.，1996；Buchheim C. et al.，2010）。文献中的适用优化算法包括精确和启发式两类。精确算法能够求出最优活动序列，但时间开销极高，目前只有钱艳俊和林军（Qian Y. & Lin J.，2013）使用 CPLEX 求解器处理反馈总长度最小化问题，但 1 小时内仅能给出最多 14 个活动的最优序列。阿鲁纳瓦·班纳吉等（Banerjee A. et al.，2007）同样使用 CPLEX 求解器解决具有相似结构的开发流程优化问题，然而为 9 个活动寻找最优活动序列的平均耗时达 37 分钟。此外，Gurobi 求解器也被广泛应用于 NP – hard 优化问题求解，并且表现出良好的性能（Hatami S. et al.，2013；Sawik T.，2013；Clark A. et al.，2014；Hutter F. et al.，2010；Kusiak A. & Larson N.，1995；Michelena N. F. & Papalambros P. Y.，1995；Krishnamachari R. S.，1996；Rogers J. L.，1989），但该型求解器尚未被引入本领域。

将原问题分解为规模更小的子问题可以有效降低求解难度（Chen L. & Li S.，2005；Kusiak A. & Larson N.，1995；Michelena N. F. & Papalambros P. Y.，1995；Krishnamachari R. S.，1996；Rogers J. L.，1989）。在此基础上，若原问题最优解可以由子问题最优解构成，那么原问题就具有最优子结构性质（optimal substructure）（Cormen T. H. et al.，2009）。艾哈迈迪等（Ahmadi R. et al.，2001）将涡轮泵开发流程的近 350 个活动划分为多个设计阶段，随后分别调整设计阶段的活动序列，极大地提高了问题解决效率。加山翔巴和贾法尔·贾马尔（Shobaki G. & Jamal J.，2015）证明了指令排序问题存在最优子结构性质，提出了基于问题分解的精确算法；算法能够将原问题分解为多个子排序问题，并使用子问题最优解组合出最优指令执行序列；在解决子问题的过程中，产生的信息会被存储于历史信息表，随后用于辅助解决剩余的子问题；由于算法会频繁检索历史信息表，因此还引入了哈希查找技术帮助快速检索目标信息，节约了大量搜索时间；实验结果表明，算法能够在 1 秒内获得上百条指令的最优执行序列。

启发式算法能够在短时间内求出大规模问题的满意解，因而得到了更多关注。例如，罗德岛·惠特菲尔德等（Whitfield R. I. et al.，2003）、斯蒂芬·阿尔图斯等（Altus S. S. et al.，1996）、迈尔·克里斯托夫等（Meier C. et al.，2007）使用遗传算法求解反馈总长度最小化问题；约翰·兰开斯特和程凯（Lancaster J. & Cheng K.，2008）为了避免进化算法的搜索流程过早陷入局部最优，引入了自适应变异概率调整机制，提高了搜索流程的疏散性；钱艳俊和林军（Qian Y. & Lin J.，2013）提出了运用多种序列操作算符的交换启发式算法；林等（Lin et al.，2018）、钱艳俊和林军

（2019）将局部搜索算法与遗传算法整合，提出多种高效的混合算法。由于反馈总长度最小化问题属于二次组合优化问题，因而针对相似的二次组合优化问题的高效启发式算法也有较高的参考价值。例如，亚伯拉罕·杜阿尔特等（Duarte A. et al.，2014）提出的迭代局部搜索算法运用了多种搜索策略；弗雷德·格洛弗等（Glover F. et al.，2015）提出的混合搜索算法综合运用了禁忌搜索策略与大领域搜索策略；亚伯拉罕·普嫩和王阳（Punnen A. P. & Wang Y.，2016）设计的优化算法能够利用搜索过程中产生的信息引导搜索与扰动流程；尚震等（Shang Z. et al.，2019）提出的三阶段迭代禁忌搜索算法，包括两种禁忌搜索阶段以及混合扰动阶段，很好地平衡了算法的集中性和疏散性，在多个算例上改进了文献中的最好结果。

以上研究表明，设计针对具体问题的专用算法，既需要对问题本身的结构性质进行充分研究，也需要灵活应用其他领域的辅助技术来提高算法性能。因此求解反馈总长度最小化问题的算法研究，既能推动对该问题隐含结构性质的发掘，也有助于解决实际问题，因而具有较强的理论意义与实践意义。表1-2总结了反馈总长度最小化相关研究的目标函数、活动序列表达方式和优化算法。

表1-2　　　　　　　　　　反馈总长度最小化相关研究

相关研究	序列表达	目标函数	优化算法
迈尔·克里斯托夫等（Meier C. et al.，2007）	活动序列	$f = \sum_{i=1}^{n} \sum_{j=1}^{n} a_{i,j} b_{s(i),s(j)}, s \in S(n)$	遗传算法
约翰·兰开斯特和程凯（Lancaster J. & Cheng K.，2008）林军等（Lin J. et al.，2018）钱艳俊和林军（2019）	活动序列	$f = \sum_{i=1}^{n} w_i(x_i - y_i)$ $f = \sum_{i=1}^{n-1} \sum_{j=i+1}^{n} (j-i) a_{i,j}$	参数自适应进化算法基于插入的遗传算法文化基因算法

相关研究	序列表达	目标函数	优化算法
钱艳俊和林军 （Qian Y. & Lin J.，2013）	二进制向量 正整数向量	$f = \sum_{i=1}^{n} \sum_{j=1,j\neq i}^{n} d_{i,j} x_{i,j} \left(\sum_{k=1,k\neq j}^{n} x_{k,j} - \sum_{k=1,k\neq i}^{n} x_{k,i} \right)$ $f = \sum_{i=1}^{n} \sum_{j=1,j\neq i}^{n} d_{i,j} y_{i,j}$	分枝切割算法 交换启发式算法

3. 其他开发流程优化目标

除了上述两种经典开发流程优化目标，学者们也根据实际需要提出了其他优化目标。例如，詹姆斯·罗杰斯等（Rogers J. L. et al.，1996）以最小化加权的反馈总量、交叉量、总工期、总成本为优化目标，使用遗传算法调整开发流程；盛海涛和魏法杰（2007）提出的优化目标综合考虑了反馈总量、反馈距离、交叉点总数、活动工期和成本；杨青和吕杰峰（2010）以活动返工风险、反馈总量、反馈长度、活动工期与成本构建了优化目标，并提出了基于活动返工风险的遗传算法；麦卡利和布洛鲍姆（Mcculley C. & Bloebaum C.，1996）使用遗传算法从降低反馈总数与减少信息交叉两个方面对活动序列进行调整；陈世杰等（Chen S. J. et al.，2013）总结了反馈与活动持续时间、活动成本之间的量化关系，使用遗传算法降低开发工期和成本；杨青和黄建美（2011）总结了开发活动顺序重叠、反馈重叠现象与开发工期的量化关系，提出最小化开发工期与活动返工时间的优化目标；田启华等（2018）引入 NSGA－Ⅱ多目标遗传算法，以降低开发工期和成本为目标进行开发活动调度；张西林等（2019）针对开发活动工期、成本无法确定的情况，运用仿真方法估计活动的基本执行参数，并以降低工期、成本、失败率为目标，使用 NSGA－Ⅲ多目标遗传算法优化开发流程。表 1－3 总结了上述研究提出的优化目标、数学模型的目标函数和优化算法。

表1-3   其他优化目标研究

相关研究	优化目标	目标函数	优化算法
詹姆斯·罗杰斯等 （Rogers J. L. et al. , 1996）	加权反馈总量、交叉量、工期、总成本最小化	$f = 1.0/[\,(wf \times f + wc \times c + wtime \times time + wcost \times cost)**4\,]$	遗传算法
盛海涛和魏法杰（2007）	反馈总量、反馈长度、交叉点总数、工期和成本最小化	$F = TOT_{N,CN} + TOT_{cost} + TOT_{time}$	遗传算法
杨青和吕杰峰（2010）	活动返工风险、反馈总量、反馈长度、活动工期与成本最小化	$TCC = w_{NC} \times NC + w_{RCC} \times RCC + w_{RCT} \times RCT$	遗传算法
麦卡利和布洛鲍姆 （Mcculley C. & Bloebaum C. , 1996）	反馈总数与信息交叉最小化	$f = w_f \times f + w_c \times c$	遗传算法
陈世杰等 （Chen S. J. et al. , 2013）	工期和成本最小化	$w_j = (w_t \times T + w_c \times c)^{-4} \otimes$	遗传算法
杨青和黄建美（2011）	工期与活动返工时间最小化	$f = w_1 \times T_c + w_1 \times T_R$	遗传算法
田启华等（2018）	工期和成本最小化	$T = \sum_{j=1}^{n} T_j\,; \ E = \sum_{j=1}^{n} E_j$	NSGA-II 遗传算法
张西林等（2019）	工期、成本、失败率最小化	$minE(TD)\,; \ minE(TC)\,; \ minFR$	NSGA-III 遗传算法

4. 新产品开发流程优化目标评述

实现新产品开发流程优化的根本目的是提高开发效率，降低工期、成本和风险，而开发流程的高度不确定性使准确评估上述指标极为困难，因此早期的反馈总量最小化、反馈总长度最小化本质上为替代优化目标，能够通过缓解活动返工现象来改进开发流程的各类指标。由于反馈、反馈长度是新产品开发流程的普遍特征，因而此类优化目标具有较强的普适性，被广泛应用于各种企业的开发流程优化实践中。近期的研究更加关注复合型优化目标，通常支持对工期、成本、风险的直接优化，许多优化目标还兼顾降低反馈总量、反馈总长度，或者在计算关键参数时考虑到了反馈、反馈长度的影响；此类优化目标的形式非常多样，在处理特定开发流程时往往能获得较好的效果，然而大多数优化目标暂未得到推广，其有效性尚未经过充分的实践检验。

综上所述，本书选择反馈总长度最小化问题作为具体研究对象，主要原因有：优化目标具有普适性，适用于大多数新产品开发流程优化，实际应用价值较强；反馈总长度经常作为重要因素运用于其他优化目标中，因而针对该问题的结构性质研究、算法设计也能用于帮助解决其他相关优化问题，具有一定的理论意义；问题的求解难度极大，需要使用更加高效的优化算法来解决。

1.2.4　研究现状评述

综合分析反馈总长度最小化问题的国内外研究现状，目前相关研究主要存在以下问题。

（1）等价数学模型丰富但缺少关于模型结构、求解性能的横向比较。数学模型是结构性质分析与算法设计的基础。迈尔·克里斯托夫等（Meier C. et al.，2007）、钱艳俊和林军（Qian Y. & Lin J.，2013）等学者对该问题建立了多种不同形式的等价数学模型（见表 1-2），其形态会对问题性质提取难度、问题求解难度与算法性能产生直接影响。当前研究缺少对多种等价数学模型的分析与比较，无法确定数学模型在问题表达、性质研究、求解效率等方面的差异性。

（2）对问题的结构性质有待进一步发掘。当前反馈总长度最小化问题的研究主要包括：数学模型构建、模型等价转化、设计算法求解模型、验证算法性能等具体内容，对问题本身的结构性质缺乏深入探索，无法确定该问题是否具有最优子结构性质或其他可用性质。这种情况使设计算法时不能考虑问题特点，使提高算法运行效率、改善结果质量极为困难。

（3）精确算法解决实际问题的能力仍然有提高的空间。钱艳俊和林军（Qian Y. & Lin J.，2013）使用 CPLEX 通用求解器处理反馈总长度最小化问题，实验结果显示求解器运行时间随着活动数量以及 DSM 密度的上升而急剧增加，在 1 小时以内所能解决的最大问题规模为 14 活动且 DSM 密度为 0.2。加山翔巴和贾法尔·贾马尔（Shobaki G. & Jamal J.，2015）提出的专用精确算法依次解决多个子排序问题，有效降低了原问题的求解难度，但由于没有应用并行框架，实际上没有充分利用问题最优子结构性质。

（4）启发式算法的搜索与扰动策略有待丰富，获得的活动序列质量能够进一步提高。当前研究多使用遗传算法解决反馈总长度最小化问题，而此类算法在求解复杂问题时却存在着种群早熟、局部搜索能力不强等问题，求解结果与效率均有继续提升的空间（熊伟清等，2001；杨启文等，2001；郑日荣，2004）。钱艳俊和林军（Qian Y. & Lin J.，2013）提出的交换启发式算法以局部搜索为基本框架，结合多种搜索算符，能够很快找到局部最优解，有着很好的集中性，但该算法的搜索流程缺乏再启动、扰动等机制，因而疏散性较弱，无法充分搜索问题的可行域。以弗雷德·格洛弗等（Glover F. et al.，2015）的研究为代表的启发式算法，多以禁忌搜索为核心，使用多种扰动策略，能够在短时间内找出质量很好的可行解，其设计思路对反馈总长度最小化问题的算法设计有着很强的借鉴意义。

1.3 研究内容、方法与技术路线

本书以反馈总长度最小化问题为具体研究对象，根本目标是提出有效方法帮助管理者迅速找出具有更小反馈总长度的活动序列，以此来辅助管理者实施新产品开发流程的优化工作。根据相关领域的研究现状，针对当前研究的不足之处，本书将通过完成下列具体研究目标实现反馈总长度最小化问题的高效求解。

（1）数学模型对比与选择。对比多个等价数学模型的结构和性能，从中选取最有利于性质提取、问题求解和算法设计的数学模型作为研究对象。

（2）问题性质提取。分析选定的数学模型结构，发掘有用的问题隐含性质，为设计高效的专用算法提供理论支持。

（3）专用精确算法设计。算法能够充分利用问题性质，高效获得最优活动序列，支持解决的问题规模大于文献中同类算法，能够用于实际问题解决。

（4）专用启发式算法设计。算法支持大规模问题求解，使用禁忌搜索组件，结合混合扰动机制，求出活动序列的质量应高于文献中同类算法的计算结果。

（5）使用企业新产品开发流程实例检验两种算法解决实际问题的能力，并针对实际背景下显露出的算法局限性，提出相应的改良措施。

1.3.1 研究内容

为了达成既定的研究目标，本书需要完成下列具体研究内容。

1. 数学模型比较与选择

优化问题的数学模型是算法设计的基础，等价模型的不同形态会对算法设计造成直接影响。一个构建良好的模型可以直观地展示原问题的各种细节，并有着较高的求解效率。根据活动序列表达方式的不同，反馈总长度最小化问题的比较有代表性的数学模型有以下三种。

（1）0/1向量模型：为钱艳俊和林军（Qian Y. & Lin J.，2013）所构建，使用0/1向量表示活动序列，用于描述问题和性质研究。该模型属于二次组合优化问题，求解难度较高。

（2）线性化模型：为钱艳俊和林军（Qian Y. & Lin J.，2013）使用线性化方法将0/1向量模型等价转化而获得，目的是降低反馈总长度最小化问题的求解难度，可以直接使用 CPLEX、Gurobi 等通用求解器处理。

（3）活动序列模型：相对早期的问题描述模型，由约翰·兰开斯特和程凯（Lancaster J. & Cheng K.，2008）等学者构建并在本领域广泛使用，特点是直接使用活动序列计算反馈总长度，能直观地表达原问题并且具有简单的结构，但无法直接使用通用求解器计算。

由于反馈总长度最小化问题的数学模型比较多样，因此有必要对各类等价数学模型的结构进行分析与比较，从中选取最为合适的数学模型作为结构分析、性质提取、算法设计与问题求解的对象（详见2.1节）。

2. 数学模型分析

（1）最优子结构性质证明：最优子结构性质并不是二次组合优化问题的普遍性质，为了确认反馈总长度最小化问题是否具有该性质，首先需要将全部活动划分为两个活动群，形成两个排序子问题，若子问题相互独立则原问题可分解；其次在此基础上，考察原问题的最优活动序列、最小反馈总长度能否由子问题的最优子序列、最小反馈量构成，如果存在数学关系则说明问题具有最优子结构性质。

（2）序列筛选规则提取：在原问题最优子结构性质的基础上，提出序列筛选规则。该规则可以帮助算法在求解子问题的过程中判断并提前排除质量较差的活动序列，从而加快子问题的求解速度，是寻找最优活动序列的基本工具。

以上研究内容构成了算法设计的理论基础，因此必须通过证明保证其正确性（详见2.2节、2.3节）。

3. 哈希寻址并行分枝剪枝算法设计

哈希寻址并行分枝剪枝算法是针对小规模反馈总长度最小化问题设计的专用精确算法。该算法的设计从构造应用序列筛选规则的原型排序算法开始，逐步引入新技术，在不断完善算法的同时验证理论正确性与有效性，最终获得满足设计目标的专用精确算法。

（1）分枝剪枝算法设计：分枝剪枝算法属于构造式排序算法，主要通过将开发流程的 n 个活动逐步安排到序列的 n 个位置来构造完整活动序列。在构造序列的过程中，该算法使用序列筛选规则提前排除不合理的活动安排，并最终找到具有最小反馈总长度的活动序列。设计该算法的目的是构建专用精确算法的基本排序组件，并验证序列筛选规则的正确性和有效性。

（2）并行分枝剪枝算法设计：首先在分枝剪枝算法的基础上添加并行

机制形成并行分枝剪枝算法。根据最优子结构性质，该算法能够同时从正反两个方向构造包含一半活动的子序列。其次在获得正反方向最优子序列之后，算法按照先后顺序拼接子序列，从而获得完整的最优活动序列。最后依靠子序列的反馈量计算完整活动序列的反馈总长度。

（3）哈希寻址并行分枝剪枝算法设计：与加山翔巴和贾法尔·贾马尔（Shobaki G. & Jamal J.，2015）的研究相似，分枝剪枝算法和并行分枝剪枝算法均使用历史信息帮助排除低质量活动序列，因此有必要引入哈希查找技术加快历史信息的检索速度，从而提升算法性能。与前人研究不同，本书提出并评估了多种哈希查找策略，使用哈希查找技术解决了相似节点查找和子序列匹配问题，构成了哈希寻址并行分枝剪枝算法，拓展了该技术的应用范围。

上述算法需要通过大量随机实例来检验算法架构、搜索策略、优化策略的正确性与有效性，并与文献中的同类算法进行对比，以检验算法的运行效率（详见第 3 章）。

4. 迭代禁忌搜索算法设计

迭代禁忌搜索算法为专用启发式算法，用于求解精确算法无法处理的大规模反馈总长度最小化问题，以满足实际应用的需要。该算法的设计从基础的算符定义开始，到调用算符的搜索机制与扰动机制设计，最后整合所有组件构成达成设计目标的专用启发式算法。

（1）算符定义：算符是启发式算法对活动序列进行操作的基本组件，作用是将一个活动序列转化为其他相邻活动序列；算符也是活动序列的转化规则，不同算符作用于同一活动序列会产生不同的相邻活动序列。为了确保搜索流程的集中性和疏散性，本算法综合使用三种算符：①活动互换算符，该算符交换两个活动在序列中的位置，特点是邻域较小，能够帮助算法快速找到当前邻域的最优序列；②活动群互换算符，该算符交换两个活动群位置，特点是活动序列变化较大，能帮助搜索流程移动到较远的邻域；③随机排序算符，该算符对活动序列进行随机调整，生成的活动序列与原始活动序列不存在任何联系。

（2）禁忌搜索阶段与混合扰动阶段：迭代禁忌搜索算法的搜索流程包括两个阶段，即禁忌搜索阶段与混合扰动阶段，两个阶段将交替执行直到满足终止条件，随后返回整个搜索过程中找到反馈总长度最小的活动序列。禁忌搜索阶段使用活动互换算符，能够在短时间内充分搜索某个邻域并找到局部最优，用于保证搜索流程的集中性；混合扰动阶段以概率的方式调用基于活动群互换算符的局部搜索组件进行轻度扰动，或者使用随机排序算符进行重度扰动，本阶段的设计目的在于帮助搜索流程进入新的有潜力的邻域，从而强化搜索流程的疏散性，使算法能够在整个搜索过程中找到质量更好的活动序列。

迭代禁忌搜索算法必须通过大量的随机试验来验证参数取值、整体框架、禁忌搜索阶段、混合扰动阶段等策略的有效性，并与文献中的同类算法进行对比以检验算法的运行效率（详见第 4 章）。

5. 新产品开发流程实例验证

从某型无人机开发流程实例（Browning T. R., 1998）、精密运动系统开发流程实例（Tripathy A., 2010）、热交换器开发流程实例（Eppinger S. D. & Browning T. R., 2012）以及汽车引擎盖开发流程实例（Yassine A. A. et al., 2001）中提取 DSM 算例，以验证哈希寻址并行分枝剪枝算法和迭代禁忌搜索算法的解决实际问题的能力。同时对实例实验中所暴露出的问题提出相应的改进措施（详见第 5 章）。

1.3.2 研究方法与技术路线

本书遵循提出问题、分析问题、解决问题、实例验证的思路，第一，根据研究现状明确以反馈总长度最小化问题为研究对象的理论意义与实践价值；第二，分析反馈总长度最小化问题的数学模型结构，证明最优子结构性质并提出序列筛选规则；第三，根据问题的结构性质，提出针对小规模问题的专用精确算法和针对大规模问题的专用启发式算法，从而获得反馈总长度较小的活动序列，并通过随机算例实验检验算法的性能；第四，使用企业新产品开发流程实例验证两种算法解决实际问题的能力；第五，对本书进行总结，指出研究的不足之处并确定后续的研究方向。

借鉴国内外学者在新产品开发流程优化领域的研究过程，本书将使用多种研究方法、技术及工具，对上述内容展开深入研究，以达到解决实际问题的目的。本书的技术路线简述如下所示。

（1）基本概念与研究现状分析：使用文献调查法，充分理解新产品开发流程的耦合活动、DSM 方法、优化目标与优化问题、精确算法与启发式算法等领域的基本概念与研究现状，对文献进行归纳总结，分析现有研究的不足，明确以反馈总长度最小化问题为研究对象的合理性与重要性，确定研究目标、研究内容和研究方法。

（2）反馈总长度最小化问题分析：主要内容包括数学模型选择与结构性质提取。使用文献调查法，依据组合优化问题、线性化方法、开发流程优化等相关理论，对反馈总长度最小化问题的等价数学模型进行收集、分析、选择和整理，确定最有利于问题分析、算法设计的数学模型为研究对象；使用数学方法对数学模型结构进行分析，提取最优子结构性质、序列筛选规则，并完成性质证明和公式推导，从而保证理论的正确性，为后续算法设计打下理论基础。

（3）专用精确算法与启发式算法设计：根据算法设计（Kleinberg J. & Tardos E.，2006；Allen W. M.，2007；陈国良等，2008）、分枝定界算法、禁忌搜索算法、局部搜索算法、哈希查找、程序语言、软硬件环境等相关理论与技术，对反馈总长度最小化问题的专用精确算法与启发式算法的内部组件与整体框架展开设计；使用复杂度分析方法、统计方法、实验方法，对算法进行参数敏感度分析、性能对比测试，从而检验算法的各种组件、策略的可行性与有效性，得出算法的使用条件、性能水平等结论。

（4）新产品开发流程实例验证：使用文献调查法，搜集企业新产品开发流程实例，并从中提取 DSM 算例，用于验证专用精确算法和启发式算法的求解能力，并考察算法在实际应用背景下的运行状态。

本书的技术路线如图 1 -4 所示。

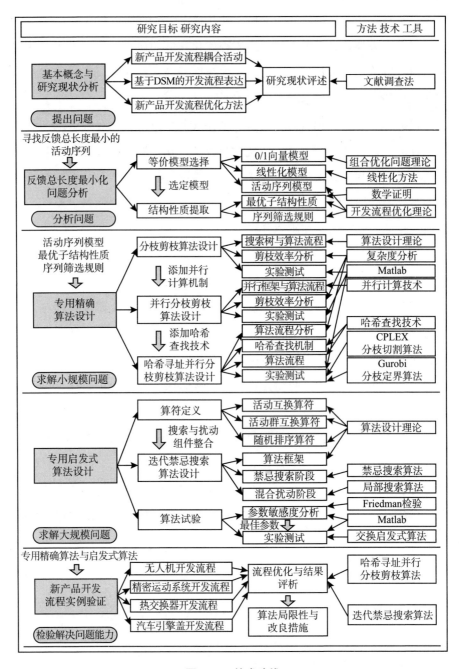

图 1 -4　技术路线

1.3.3 整体结构

根据研究目标、研究内容和技术路线，本书共分为六个章节，具体安排如下所示。

第1章 绪论。讨论最小化反馈总长度的新产品开发流程优化的研究背景、研究意义和研究现状，明确本书的研究目标与研究内容，确定研究方法与技术路线。

第2章 反馈总长度最小化问题分析。主要内容包括：原问题数学模型的比较与选取；数学模型分析、提取最优子结构性质以及序列筛选规则，并使用数值实例进行演示；对本章提出的问题性质和相关公式进行证明和推导。

第3章 哈希寻址并行分枝剪枝算法设计。主要内容包括：分枝剪枝算法设计；并行分枝剪枝算法设计；哈希寻址并行分枝剪枝算法设计。本章将使用数值实例对各种算法流程进行阐述，并通过随机算例对所有算法进行性能测试。

第4章 迭代禁忌搜索算法设计。主要内容包括：活动互换算符、活动群互换算符、随机排序算符定义；迭代禁忌搜索算法的总体框架、禁忌搜索阶段和混合扰动阶段设计；使用随机算例和基准算例对迭代禁忌搜索算法进行参数敏感度分析与性能测试。

第5章 新产品开发流程实例验证。本章使用专用精确算法与启发式算法对企业新产品开发流程进行优化并评析结果，以验证两种算法的有效性。并针对真实应用背景下算法暴露出的局限性，提出相应的改进措施。

第6章 结论与展望。对主要工作、结论和创新性成果进行总结，指出本书的不足之处，明确未来的研究方向。

第2章
反馈总长度最小化问题分析

反馈总长度最小化问题的目标是寻找具有最小反馈总长度的活动序列，本质上属于二次组合优化问题，求解难度为 NP - hard，即使较小规模的问题也很难求解（Meier C. et al.，2007；Mcculley C. & Bloebaum C.，1996；Buchheim C. et al.，2010；Hatami S. et al.，2013）。钱艳俊和林军（Qian Y. & Lin J.，2013）使用线性化方法将问题的数学模型转化为等价的混合整数规划模型，降低了求解难度，但在有限时间内只能使用通用求解器获得较小规模问题的最优活动序列；随机算例实验结果表明，通用方法（例如，分枝定界算法与分枝切割算法）求解该问题的效果并不理想。以上方法适用的问题相当广泛，但均没有充分考虑问题的本质特征，因此有必要对反馈总长度最小化问题的结构性质进行研究，为设计专用算法求解更大规模的问题打下理论基础。

本章的主要研究目标为：证明反馈总长度最小化问题能够被分解为互相独立的子问题，且子问题的最优子序列能够组成原问题的最优活动序列，即原问题具有最优子结构性质；以问题性质为基础，提出序列筛选规则帮助算法在搜索过程中排除质量较差的活动序列。本章的主要研究内容有：对比等价数学模型的差异，选择最有利于结构性质分析、算法设计的数学模型作为研究对象（2.1 节）；分析数学模型的结构，提出问题的最优子结构、与序列筛选规则相关的性质、推论、变量、公式（2.2 节）；研究活动序列、子序列、反馈总长度、反馈量之间的关系，完成问题性质证明和公式推导，确保理论的正确性（2.3 节）。本章涉及的重要变量如表 2 - 1 所示。

表 2 – 1 第 2 章重要变量汇总

变量	描述
n	新产品开发流程活动总数
$I; i, j$	活动集合；活动 i 与活动 j
$S; h, k, p$	活动序列；活动序列的 h, k, p 号位置
$D, d_{i,j}$	DSM；活动 i 对活动 j 的信息依赖强度
s_h, s_k	位于活动序列 h 号位置与 k 号位置的两个活动
d_{s_h, s_k}	位于活动序列 k 号位置活动对 h 号位置活动的反馈强度
A_p	活动序列 1 号位置到 p 号位置的活动集合（区域）
B_p	活动序列在 p 号位置之后的活动集合（区域）
$SA_p(SB_p)$	$A_p(B_p)$ 区域活动的一个特定子序列
F	开发流程的反馈总长度
$Q_p^A(Q_p^B)$	反馈总长度 F 中与 $A_p(B_p)$ 区域相关的反馈量
$F_p^A(F_p^B)$	$A_p(B_p)$ 区域内部活动之间的反馈总长度
F_p^C	从 B_p 区域到 A_p 区域活动的反馈总长度
$Q_p^{CA}(Q_p^{CB})$	反馈总长度 F_p^C 中与 $A_p(B_p)$ 区域相关的反馈量

2.1 数学模型选择

反馈总长度最小化问题的数学模型主要包括：0/1 向量模型、线性化模型和活动序列模型。这些模型结构差异巨大，具有不同的求解难度，会直接影响问题结构性质提取、专用精确/启发式算法设计，因此必须进行分析与对比，从中选择合适的研究对象。

2.1.1 0/1 向量模型

使用 0/1 向量表示问题的解并建立数学模型，是优化问题常见的建模方式（Fréville A., 2004；张惠珍等，2013；殷亚和张惠珍，2017）。对于反馈总长度最小化问题，假设新产品开发流程包含 n 个活动，活动集合为 $I = \{1, 2, \cdots, i, \cdots, n\}$，其中 i, j, k 表示活动编号；DSM 为 $D = (d_{i,j})_{n \times n}$，其中 $d_{i,j}$ 表示活动 i 对活动 j 的信息依赖强度。定义变量 $x_{i,j} \in \{0, 1\}$ 表示活动 i 与活动 j 在活动序列的相对位置，当活动 i 先于活动 j 时，$x_{i,j} = 1$，$d_{i,j}$ 为反馈强度；当活动 j 先于活动 i 时，$x_{i,j} = 0$，$d_{i,j}$ 为前馈强度。则反馈总长度最小化问题可以被表示为具有二次目标函数的数学模型（Qian Y. & Lin J.，2013），如下所示：

0/1 向量模型

$$\text{Min} \sum_{i=1}^{n} \sum_{j=1, j \neq i}^{n} d_{i,j} x_{i,j} \left(\sum_{k=1, k \neq j}^{n} x_{k,j} - \sum_{k=1, k \neq i}^{n} x_{k,i} \right) \qquad (2-1)$$

$$\text{s. t.} \ x_{i,j} + x_{j,i} = 1, \ \text{for} \ 1 \leq i < j \leq n \qquad (2-2)$$

$$x_{i,j} + x_{j,k} + x_{k,i} \leq 2, \ \text{for} \ i \neq j \neq k \qquad (2-3)$$

$$x_{i,j} \in \{0, 1\}, \ \text{for} \ 1 \leq i, j \leq n, \ i \neq j \qquad (2-4)$$

该模型使用 0/1 向量 $X = (x_{1,2}, x_{1,3}, \cdots, x_{i,j}, \cdots, x_{n,n-1})$ 间接表示活动序列，当所有变量的取值确定时，能够根据活动的相对位置推导出活动序列；目标函数（2-1）最小化开发流程的反馈总长度，如果活动 i 先于活动 j，则 $x_{i,j} = 1$，反馈强度 $d_{i,j}$ 与其长度（$\sum_{k=1, k \neq j}^{n} x_{k,j} - \sum_{k=1, k \neq i}^{n} x_{k,i}$）被计入反馈总长度；反之，$x_{i,j} = 0$，前馈强度 $d_{i,j}$ 与其长度均被排除；约束条件（2-2）确保活动 i 与活动 j 只存在一种先后顺序；约束条件（2-3）保证活动顺序可以传递，即如果活动 i 先于活动 j，活动 j 先于活动 k，则活动 i 先于活动 k；约束条件（2-4）限制 $x_{i,j}$ 的取值为 0 或 1。

2.1.2 线性化模型

线性化方法可以将非线性数学模型等价转化为线性数学模型从而降低求解难度，因此被广泛应用于优化问题求解领域（Patriksson M.，1993；Kanzow C. et al.，2005；达林，2009；焦云强，2013）。钱艳俊和林军（Qian Y. & Lin J.，2013）使用线性化方法将 0/1 向量模型转化为等价的线性化模型，如下所示：

线性化模型

$$\text{Min} \sum_{i=1}^{n} \sum_{j=1, j \neq i}^{n} d_{i,j} y_{i,j} \tag{2-5}$$

$$\text{s. t. } x_{i,j} + x_{j,i} = 1, \text{ for } 1 \leq i < j \leq n \tag{2-6}$$

$$x_{i,j} + x_{j,k} + x_{k,i} \leq 2, \text{ for } i \neq j \neq k \tag{2-7}$$

$$x_{i,j} \in \{0, 1\}, \text{ for } 1 \leq i, j \leq n, i \neq j \tag{2-8}$$

$$y_{i,j} \geq \sum_{k=1, k \neq j}^{n} x_{k,j} - \sum_{k=1, k \neq i}^{n} x_{k,i}, \text{ for } i \neq j, d_{i,j} \neq 0 \tag{2-9}$$

$$y_{i,j} \in N^*, \text{ for } i \neq j, d_{i,j} \neq 0 \tag{2-10}$$

该模型对 0/1 向量模型的改进有：使用变量 $y_{i,j}$ 替换目标函数（2-1）的二次项 $x_{i,j}$（$\sum_{k=1, k \neq j}^{n} x_{k,j} - \sum_{k=1, k \neq i}^{n} x_{k,i}$）得到线性化目标函数（2-5）；添加约束条件（2-9）建立变量 $y_{i,j}$ 与 $x_{i,j}$ 的关系；添加约束条件（2-10）限制 $y_{i,j}$ 的取值为正整数；其余约束条件与 0/1 向量模型保持一致。钱艳俊和林军（Qian Y. & Lin J.，2013）证明了 0/1 向量模型与线性化模型等价。

2.1.3 活动序列模型

活动序列模型直接使用活动序列计算开发流程的反馈总长度，是本领域较为常用的问题描述模型（Todd D. S.，1997；Lancaster J. & Cheng K.，2008；Meier C. et al.，2007）。定义向量 $S = (s_1, s_2, \cdots, s_h, \cdots, s_k, \cdots, s_n)$ 表示活动序列，其中任意元素 s_h 表示位于活动序列 h 号位置的活动，则 $s_h = i$ 表示活动 i 被放置在序列 S 的 h 号位置上；设定序列 S 的 h 号位置在 k 号位置之前（$h < k$），定义 d_{s_h, s_k} 表示 k 号位置活动对 h 号位置活动的反馈强度。则反馈总长度最小化问题可以被表示为活动序列模型，如下所示：

活动序列模型

$$\text{Min} \sum_{h=1}^{n-1} \sum_{k=h+1}^{n} d_{s_h, s_k} (k - h) \tag{2-11}$$

$$\text{s. t. } s_h, s_k \in I, s_h \neq s_k, d_{s_h, s_k} \in D, \text{ for } 1 \leq h < k \leq n \tag{2-12}$$

该模型使用序列 $S = (s_1, s_2, \cdots, s_h, \cdots, s_k, \cdots, s_n)$ 表示开发活动序列；目标函数（2-11）最小化开发流程的反馈总长度，其中（$k-h$）表示反馈 d_{s_h,s_k} 的长度；约束条件（2-12）限制元素 s_h、s_k 与反馈 d_{s_h,s_k} 的取值范围，且活动不能同时安置在两个位置上（$s_h \neq s_k$）。活动序列模型可以准确地表达反馈总长度最小化问题，因此与 0/1 向量模型等价；本书的随机算例实验结果亦证实了活动序列模型的正确性。

2.1.4　模型对比与选择

0/1 向量模型使用二进制编码（向量 X）表示活动序列，描述反馈总长度最小化问题；线性化模型是 0/1 向量模型等价转化形式，采用类似的编码方式，继承了部分模型结构；活动序列模型使用整数编码（序列 S）表示活动序列，形式上与前两者差异巨大。本节将从问题表达和处理效率两个角度对比上述模型，并确定研究对象。

1. 问题表达

在向量 X 中，任意元素 $x_{i,j}$ 的定义域为 $\{0, 1\}$，表示活动 i 与活动 j 的前后关系，如果需要确定活动 i 在活动序列的位置，则必须明确活动 i 与其他所有活动的前后关系；如果需要获得整个活动序列，则必须对向量 X 转化处理，因此向量 X 是表示活动序列的间接编码方法。为了确保可行性，0/1 向量模型与线性化模型存在较多约束条件，因而有着相对复杂的结构。

在序列 S 中，任意元素 s_h 的定义域为活动集合 I，无论 s_h 对应哪个活动，该元素始终与活动序列 h 号位置关联，因此确定元素 s_h 的取值就能确定任意活动 i 在活动序列的位置；序列 S 为活动序列，无须转化处理，是一种更加直观的活动序列编码方法。由于序列 S 本身具有可行性，活动序列模型不需要额外的约束条件，因而具有更为简单的结构。

综上所述，活动序列模型能够简单、直观、准确地描述反馈总长度最小化问题，因此更加有利于对问题结构性质的研究。

2. 处理效率

评价算法对模型的处理效率，将从存储空间占用、算符执行效率、反馈总长度计算三个方面进行。

（1）存储空间占用：使用数值实例来说明不同编码方式对算法处理效率的影响。假设新产品开发流程包含 3 个活动，活动集合 $I = \{1, 2, 3\}$，活动序列已经确定，使用序列 S 表示为：

$$S = (s_1, s_2, s_3) = (2, 1, 3)$$

将活动序列转化为向量 X 则有：

$$X = (x_{1,2}, x_{1,3}, x_{2,1}, x_{2,3}, x_{3,1}, x_{3,2}) = (0, 1, 1, 1, 0, 0)$$

显然表达同样的信息，序列 S 需要的元素数量要少于向量 X。对于更一般的情况，表示具有 n 个活动的活动序列，序列 S 需要 n 个元素，而向量 X 则需要 $n \times (n-1)$ 个元素。因此在算法执行过程中，序列 S 需要的存储空间要远远少于向量 X。

（2）算符执行效率：活动互换算符是启发式算法对活动序列操作的最基本单位，在搜索过程中会执行成千上万次。对于上述数值实例，如果交换活动 2 与活动 3 的位置，则序列 S 转化为：

$$S = (s_1, s_2, s_3) = (3, 1, 2)$$

向量 X 转化为：

$$X = (x_{1,2}, x_{1,3}, x_{2,1}, x_{2,3}, x_{3,1}, x_{3,2}) = (1, 0, 0, 0, 1, 1)$$

活动互换算符执行后，序列 S 的 2 个元素 s_1 和 s_3 发生变化，而向量 X 的 6 个元素取值均发生变化。对于更一般的情况，假设交换位置的两个活动之间存在 m 个其他活动，则序列 S 需要变化的元素依然只有两个，而向量 X 需要变化的元素有 $4 \times m + 2$ 个。这种情况表明，使用序列 S 的算法执行活动互换算符需要的操作数量要少于基于向量 X 的算法，这意味着更高的算符执行效率。

（3）反馈总长度计算：通过计算反馈总长度评估活动序列的质量，是

精确/启发式算法的重要步骤。0/1 向量模型目标函数（2－1）使用

$\left(\sum\limits_{k=1,k\neq j}^{n} x_{k,j} - \sum\limits_{k=1,k\neq i}^{n} x_{k,i} \right)$ 计算反馈长度；线性化模型目标函数（2－5）仅

与变量 $y_{i,j}$ 相关，但该变量通过约束条件（2－9）与反馈长度（$\sum\limits_{k=1,k\neq j}^{n} x_{k,j} -$

$\sum\limits_{k=1,k\neq i}^{n} x_{k,i}$）关联；活动序列模型目标函数（2－11）使用 $(k-h)$ 计算反

馈长度，因此计算反馈总长度时存在一定效率优势。

0/1 向量模型与线性化模型基于二进制编码方式，适合使用 CPLEX、Gurobi 等通用求解器处理。活动序列模型无法直接应用通用求解器，但上述分析表明活动序列模型能够简单、直观地描述反馈总长度最小化问题，并且具有较高的处理效率；许多研究亦证实基于整数或字母排列编码的模型对于部分组合优化问题更加自然且有效（余有明等，2006；Bean J. C.，1994；于莹莹等，2014；李军等，2000；玄光男和程润伟，2004）。综上所述，本书选择活动序列模型进行问题结构性质提取与专用算法设计，并使用求解效率相对较好的线性化模型参与后续的算法性能对比实验。

2.2 结构性质分析

本节对活动序列模型进行结构性质分析，内容包括：阐述问题的最优子结构性质并提出相关公式；使用 DSM 实例对最优子结构性质进行演示；分析子问题的最优子序列、最小反馈量与原问题的最优活动序列、最小反馈总长度之间的关系；提取序列筛选规则并提供数值实例演示该规则的使用方法。

2.2.1 问题可分解性

假设新产品开发流程包含 n 个活动，活动序列 S 已经确定。使用 $p(1 < p < n)$ 号位置作为分割点分解序列 $S = (s_1, s_2, \cdots, s_p, s_{p+1}, \cdots, s_n)$，可

以定义区域 $A_p = \{s_1, s_2, \cdots, s_p\}$ 为 1 号位置到 p 号位置的活动集合，定义区域 $B_p = \{s_{p+1}, s_{p+2}, \cdots, s_n\}$ 为 p 号位置以后的活动集合。则有分别与区域 A_p 和 B_p 相关的反馈量 Q_p^A 和 Q_p^B 满足以下性质：

性质 1：新产品开发流程的活动序列的反馈总长度 $F = Q_p^A + Q_p^B$，且：

$$Q_p^A = \sum_{h=1}^{p-1} \sum_{k=h+1}^{p} d_{s_h s_k}(k - h) + \sum_{h=1}^{p} \sum_{k=p+1}^{n} d_{s_h s_k}(p + 1 - h) \tag{2-13}$$

$$Q_p^B = \sum_{h=p+1}^{n-1} \sum_{k=h+1}^{n} d_{s_h s_k}(k - h) + \sum_{h=1}^{p} \sum_{k=p+1}^{n} d_{s_h s_k}(k - p - 1) \tag{2-14}$$

性质 1 表明，若设定活动序列的分割点为 p 号位置，则反馈总长度 F 可以由反馈量 Q_p^A 和反馈量 Q_p^B 组成。从式（2-13）、式（2-14）可以看出，反馈量 Q_p^A 与 Q_p^B 并非单纯是反馈强度与长度的乘积，因此本书将其命名为"反馈量"而不是"反馈长度"或者"反馈子长度"。

此外，当分割点向右移动到 $p+1$ 号位置时，可由递推式（2-15）计算新反馈量 Q_{p+1}^A；当分割点向左移动到 $p-1$ 号位置时，可由递推式（2-16）计算新反馈量 Q_{p-1}^B。

$$Q_{p+1}^A = Q_p^A + \sum_{h=1}^{p+1} \sum_{k=p+2}^{n} d_{s_h s_k} \tag{2-15}$$

$$Q_{p-1}^B = Q_p^B + \sum_{h=1}^{p} \sum_{k=p+1}^{n} d_{s_h s_k} \tag{2-16}$$

性质 2：当区域 B_p 的活动序列固定时，改变区域 A_p 的子序列，反馈量 Q_p^B 的值不变；当区域 A_p 的活动序列固定时，改变区域 B_p 的子序列，反馈量 Q_p^A 的值不变。

若使用 p 号位置将序列 S 分割为两个部分，则反馈总长度最小化问题就被分解为两个与区域 A_p 和 B_p 内部活动相关的反馈量最小化子问题。性质 2 说明，尽管存在从区域 B_p 活动到区域 A_p 活动的反馈，但这两个子问题依然相互独立，对其中任何一个区域内的活动序列进行改变，将不影响另一个区域活动序列的反馈量。若性质 1、性质 2 成立，则表明反馈总长度最小化问题可以分解。

2.2.2　问题可分解性演示

使用 1.2.2 小节的平衡机开发流程局部 DSM 演示性质 1 与性质 2。已知局部 DSM 包含 8 个活动，活动集合 $I = \{1, 2, 3, 4, 5, 6, 7, 8\}$，活动序列 $S = (1, 2, 3, 4, 5, 6, 7, 8)$，其 DSM 如图 2-1 所示，使用活动序列模型目标函数（2-11）可以求出活动序列的反馈总长度 $F = 9.4$。

S	s_1 1	s_2 2	s_3 3	s_4 4	s_5 5	s_6 6	s_7 7	s_8 8
1	■	0.1	0.2					
2		■	0.3	0.2	0.1	0.4	0.2	0.2
3		0.2	■	0.4	0.3	0.2	0.1	0.2
4		0.1	0.5	■		0.3		
5					■	0.2		
6					0.1	■		
7							■	0.3
8							0.2	■

图 2-1　数值实例 DSM

图 2-2、图 2-3 用于演示性质 1。设置分割点为 $p = 4$ 号位置，则产生区域 $A_4 = \{1, 2, 3, 4\}$，区域 $B_4 = \{5, 6, 7, 8\}$。图 2-2（a）的灰色区域为式（2-13）中 $(k-h)$ 的值，如第 1 行第 3 列的值为 $(3-1) = 2$；白色区域为 $(p-h+1)$ 的值，如第 2 行第 8 列的值为 $(4-2+1) = 3$；图 2-2（b）的灰色区域为式（2-14）中 $(k-h)$ 的值，白色区域为 $(k-p-1)$ 的值。由于参与计算的 h，k，p 均代表具体位置，与活动、反馈强度等要素没有任何关系，因此可以得出结论：无论活动序列发生何种变化，图 2-2 的灰色、白色区域值不会改变。

将图 2-2（a）的值与图 2-1 的 DSM 相同位置的反馈强度相乘后求和，可实现式（2-13），获得反馈量 $Q_4^A = 6.2$；同理，将图 2-2（b）的值与 DSM 相同位置的反馈强度相乘后求和，可实现式（2-14），获得反馈量 $Q_4^B = 3.2$，则反馈总长度 $F = Q_4^A + Q_4^B = 9.4$ 成立。

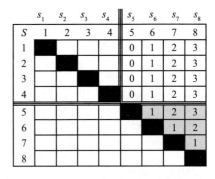

（a）计算反馈量 Q_4^A （b）计算反馈量 Q_4^B

图 2-2 性质 1 实例演示（一）

将分割点向右移动到 $p=5$ 号位置得到图 2-3（a），使用相同的计算方法求得反馈量 $Q_5^A=8$，根据递推式（2-15），可以计算增量 $\sum\limits_{h=1}^{5}\sum\limits_{k=6}^{8}d_{s_h s_k}=1.8$，因此有反馈量 $Q_5^A=Q_4^A+1.8=8$，递推式（2-15）成立；将分割点向左移动到 $p=3$ 号位置得到图 2-3（b），其中反馈量 $Q_3^B=5.2$，根据递推式（2-16），可以计算增量 $\sum\limits_{h=1}^{4}\sum\limits_{k=5}^{8}d_{s_h s_k}=2$，因此有反馈量 $Q_3^B=Q_4^B+2=5.2$，递推式（2-16）成立。

根据上述计算结果，性质 1 在本数值实例中成立。

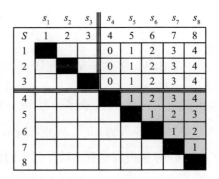

（a）计算反馈量 Q_5^A （b）计算反馈量 Q_3^B

图 2-3 性质 1 实例演示（二）

图 2-4 用于演示性质 2。改变区域 B_4 的活动序列为 (7, 6, 5, 8)，则 DSM 的元素发生移动（黑体倾斜数字），如图 2-4（a）所示。图中灰色区域元素保持不变，而白色区域多个元素位置发生改变，但由于所有元素在图 2-2（a）对应的系数值未发生改变，因此反馈量 $Q_4^A = 6.2$ 未发生改变，即区域 B_4 活动序列的变化不会影响区域 A_4 反馈量 Q_4^A 的值；改变区域 A_4 的活动序列为 (1, 4, 2, 3)，如图 2-4（b）所示。图中依然是白色区域元素的位置发生改变，根据图 2-2（b）可以求出反馈量 $Q_4^B = 3.2$ 未发生改变，即区域 A_4 活动序列的变化不会影响区域 B_4 反馈量 Q_4^B 的值。

上述计算结果表明，区域 A_4 和区域 B_4 的活动序列、反馈量互不影响，性质 2 在本数值实例中成立。

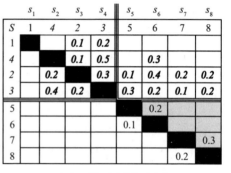

（a）区域 B_4 活动序列改变　　　　（b）区域 A_4 活动序列改变

图 2-4　性质 2 实例演示

2.2.3　最优子结构性质

定义区域 A_p 的子序列为 SA_p，则共有 $p!$ 种不同的子序列 SA_p；定义区域 B_p 的子序列为 SB_p，则共有 $(n-p)!$ 种不同的子序列 SB_p。子序列 SA_p 与 SB_p 分别组成完整活动序列 S 的前后两个部分。

根据性质 1，子问题的反馈量 Q_p^A 与 Q_p^B 之和等于原问题反馈总长度 F；根据性质 2，区域 A_p 的子序列 SA_p 及反馈量 Q_p^A 与区域 B_p 的子序列 SB_p 及反馈量 Q_p^B 相互独立，那么可以得到以下推论：

推论 1：如果具有 n 个活动的开发流程被划分为区域 A_p 和 B_p，在固定区域划分的前提下，将反馈量 Q_p^A 最小的子序列 SA_p 与反馈量 Q_p^B 最小的子序列 SB_p 前后连接，就能得到当前最优序列 S，其反馈总长度 $F = Q_p^A + Q_p^B$。

$A_p = \{s_1, s_2, \cdots, s_p\}$ 与 $B_p = \{s_{p+1}, s_{p+2}, \cdots, s_n\}$ 是区域 A_p 和 B_p 的一般表述形式，而根据包含活动的不同，原反馈总长度最小化问题可以被分解为 C_n^p 对不同的反馈量最小化子问题。例如，在数值实例中设定 $p=4$，则可以将活动 $\{1, 2, 3, 4\}$ 划分到区域 A_4，将活动 $\{5, 6, 7, 8\}$ 划分到区域 B_4 获得一对子问题；也可以将活动 $\{6, 2, 7, 5\}$ 划分到区域 A_4，将活动 $\{1, 3, 4, 8\}$ 划分到区域 B_4 获得另一对子问题，当 $p=4$ 时，原问题可以被划分为 70 对子问题，同理当 $p=3$ 时，有 56 对子问题。在分割点位置 p 固定的情况下，C_n^p 对子问题实际上穷举了活动的全部区域划分情况，因此根据推论 1 可以得到推论 2。

推论 2：在分割点 p 固定的情况下，反馈总长度最小化问题的最优活动序列是 C_n^p 对反馈量最小化子问题中某对子问题最优子序列的组合，且最小反馈总长度为最小反馈量之和。

推论 2 指出原问题的最优活动序列、最小反馈总长度与子问题的最优子序列、最小反馈量之间的关系。根据最优子结构性质的定义，本章提出的问题性质与推论说明反馈总长度最小化问题具有最优子结构性质，因而可以通过问题分解降低问题求解难度。此外尽管子问题规模更小，但数量较多并且必须全部求解才能得出原问题最优活动序列，因此为了充分利用问题性质，在后续的算法设计中有必要引入并行机制提高子问题求解效率，才能发挥子问题更易求解的优势。

2.2.4 序列筛选规则

具有 n 个活动的开发流程共存在 $n!$ 种不同的活动序列，从中寻找反馈总长度最小的序列非常困难。通过上述性质和推论可以获得两种只依赖部分信息提前排除低质量活动序列的序列筛选规则。

对于一对反馈量最小化子问题，假设区域 B_p 的活动已经是最优子序列，则可以认为区域 A_p 的所有子序列 SA_p 均对应相同最优子序列 SB_p，由此得出序列筛选规则1：

序列筛选规则1：在区域 A_p 中，如果一个子序列 SA_p 的反馈量 Q_p^A 不是最小的，那么任何以子序列 SA_p 为前部的序列 S 一定不是最优序列，可以直接排除。

同理假设区域 A_p 的活动已经是最优子序列，则可以认为区域 B_p 的所有子序列 SB_p 均对应相同最优子序列 SA_p，由此得出序列筛选规则2：

序列筛选规则2：在区域 B_p 中，如果一个子序列 SB_p 的反馈量 Q_p^B 不是最小的，那么任何以子序列 SB_p 为后部的序列 S 一定不是最优序列，可以直接排除。

使用2.2.2节数值实例演示序列筛选规则的使用。以序列筛选规则1为例，区域 $A_4 = \{1, 2, 3, 4\}$ 总共存在4! =24种子序列 SA_4，这里给出其中两个子序列 $SA_4 = (1, 2, 3, 4)$ 和 $SA_4 = (1, 4, 3, 2)$，如图2-5所示。

可以假设区域 $B_4 = \{5, 6, 7, 8\}$ 的活动已经是最优子序列，那么反馈量 Q_4^A 就可以代表以子序列 $SA_4 = (1, 2, 3, 4)$ 和 $SA_4 = (1, 4, 3, 2)$ 为前部的序列 S 的质量。图2-5表明，子序列 $SA_4 = (1, 4, 3, 2)$ 的反馈量 $Q_4^A = 5$ 要小于子序列 $SA_4 = (1, 2, 3, 4)$ 的反馈量 $Q_4^A = 6.2$，则根据序列筛选规则1，无论区域 B_4 如何安排活动，活动序列 S1 一定不会是最优序列，因而子序列 $SA_4 = (1, 2, 3, 4)$ 被排除。

	$A_4=\{1,2,3,4\}$				$B_4=\{5,6,7,8\}$	Q_4^A
S_1	1	2	3	4	...	6.2
S_2	1	4	3	2	...	5

	$A_4=\{1,2,4,5\}$				$B_4=\{3,6,7,8\}$	Q_4^A
S_3	1	2	5	4	...	5.9

图2-5 序列筛选规则使用

假设另一种区域划分方式即区域 $A_4 = \{1, 2, 4, 5\}$ 与区域 $B_4 = \{3, 6, 7, 8\}$，由于区域 B_4 包含的活动发生变化，序列 $S3$ 与序列 $S1$ 和 $S2$ 不可能具有同样的最优后部 SB_4，以子序列 $SA_4 = (1, 2, 5, 4)$ 为前部的序列 $S3$ 无法与序列 $S1$ 和 $S2$ 进行比较，因而子序列 $SA_4 = (1, 2, 5, 4)$ 无法被排除。

综上所述，依靠序列筛选规则，仅使用序列的前部或后部子序列反馈量就能判断序列的整体质量，而不需要知道序列其余部分的排序情况。需要注意的是，序列筛选规则只能应用于对比位于相同区域的子序列质量，如果区域不同则不能进行对比，因而存在一定局限性。

2.3 结构性质证明

本节对问题结构性质进行证明，内容包括：根据分割点对反馈进行分类，分解反馈总长度 F；对不同类型的反馈总长度进行分解与合并，推导关键变量公式，并证明性质1、性质2以及最优子结构性质；使用更为直观的一般性 DSM 实例对问题性质进行证明；推导递推式（2-15）和式（2-16）。

2.3.1 反馈类型分析

当使用分割点位置 p 将 n 活动的开发流程划分为区域 A_p 和 B_p 时，活动之间的反馈也被划分，如图2-6所示。

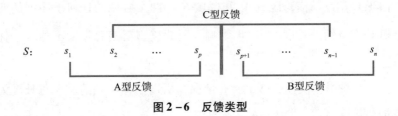

图2-6 反馈类型

活动之间的反馈可以被分为 A、B、C 三种，根据活动序列模型目标函数（2 – 11）可以推导出三种反馈的反馈总长度 F_p^A、F_p^B、F_p^C。

A 型反馈：位于区域 A_p 的任意两个活动之间的反馈，例如，从活动 s_p 到活动 s_1 的反馈。可以使用式（2 – 17）求出区域 A_p 的所有 A 型反馈总长度。

$$F_p^A = \sum_{h=1}^{p-1} \sum_{k=h+1}^{p} d_{s_h s_k}(k - h) \qquad (2 – 17)$$

式（2 – 17）组成了反馈量 Q_p^A 计算式（2 – 13）的第一项，由于 F_p^A 是区域 A_p 内部活动的反馈总长度，因此 A 型反馈总长度 F_p^A 不受区域 B_p 子序列影响。

B 型反馈：位于区域 B_p 的任意两个活动之间的反馈，例如，从活动 s_n 到活动 s_{p+1} 的反馈。可以使用式（2 – 18）求出区域 B_p 的所有 B 型反馈总长度。

$$F_p^B = \sum_{h=p+1}^{n-1} \sum_{k=h+1}^{n} d_{s_h s_k}(k - h) \qquad (2 – 18)$$

式（2 – 18）组成了反馈量 Q_p^B 计算式（2 – 14）的第一项，由于 F_p^B 是区域 B_p 内部活动的反馈总长度，因此 B 型反馈总长度 F_p^B 不受区域 A_p 子序列影响。

C 型反馈：从区域 B_p 活动到区域 A_p 活动的反馈，例如，从活动 s_{n-1} 到活动 s_2 的反馈。可以使用式（2 – 19）求出跨区域的所有 C 型反馈总长度。

$$F_p^C = \sum_{h=1}^{p} \sum_{k=p+1}^{n} d_{s_h s_k}(k - h) \qquad (2 – 19)$$

由于 C 型反馈横跨区域 A_p 和区域 B_p，两个区域的任何子序列的变化都会对 C 型反馈总长度 F_p^C 产生影响，因此该型反馈总长度不独立于任何区域。

由于三种类型反馈穷举了所有情况，所以活动序列的反馈总长度为三类反馈总长度之和，即 $F = F_p^A + F_p^B + F_p^C$。

2.3.2 反馈分解与合并

（1）反馈总长度分解：C 型反馈总长度同时受区域 A_p 和 B_p 子序列影响，而该型反馈的长度可以继续分解。如图 2 - 7 所示，假设区域 A_p 和 B_p 保持不变，活动 $s_1 = i$，$s_n = j$，活动 i 与 j 之间存在 C 型反馈，其长度 $l = n - 1$；以位置 $p + 1$ 为界，将长度 l 继续分解为长度 $l^A = (p + 1) - 1$ 以及 $l^B = n - (p + 1)$。

若固定活动 i 在 1 号位置，在区域 B_p 范围内移动活动 j 到任意位置，例如，$p + 1$ 或 $n - 1$ 号位置，长度 l^A 保持不变，不会受到区域 B_p 子序列变化的影响；若固定活动 j 在 n 号位置，在区域 A_p 范围内移动活动 i 到任意位置，长度 l^B 保持不变，不会受到区域 A_p 子序列变化的影响。

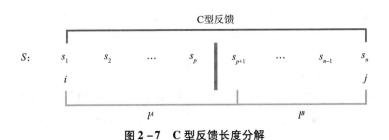

图 2 - 7　C 型反馈长度分解

以上情况对于任意 C 型反馈均成立，这表明 C 型反馈长度 l 的 l^A 部分仅与区域 A_p 相关，l^B 部分仅与区域 B_p 相关。定义 Q_p^{CA} 与 Q_p^{CB} 是 C 型反馈总长度 F_p^C 中分别仅与区域 A_p 和 B_p 相关的反馈量，则有：

$$Q_p^{CA} = \sum_{h=1}^{p} \sum_{k=p+1}^{n} d_{s_h s_k} (p + 1 - h) \qquad (2 - 20)$$

$$Q_p^{CB} = \sum_{h=1}^{p} \sum_{k=p+1}^{n} d_{s_h s_k} (k - p - 1) \qquad (2 - 21)$$

（2）反馈量合并：式（2 - 20）与式（2 - 21）表明 C 型反馈总长度 $F_p^C = Q_p^{CA} + Q_p^{CB}$；反馈量 Q_p^{CA} 为反馈量 Q_p^A 式（2 - 13）的第二项；反馈量 Q_p^{CB} 为反馈量 Q_p^B 式（2 - 14）的第二项。所以结合 2.3.1 节的内容，有反

馈量 $Q_p^A = F_p^A + Q_p^{CA}$ 以及反馈量 $Q_p^B = F_p^B + Q_p^{CB}$。总结本章节讨论的所有反馈长度、反馈量之间的关系如下：

$$F = F_p^A + F_p^B + F_p^C = F_p^A + F_p^B + Q_p^{CA} + Q_p^{CB} = Q_p^A + Q_p^B \qquad (2-22)$$

可以得出结论：反馈量 Q_p^A 与 Q_p^B 构成开发流程的反馈总长度 F，并且两个反馈量分别只受区域 A_p 和 B_p 子序列的影响。反馈总长度的内部结构，以及区域 A_p 和 B_p 的反馈量最小化子问题相互独立的原因都得到了充分说明，性质 1 与性质 2 成立。由于推论 1 与推论 2 是基于性质的合理推导，因此反馈总长度最小化问题的最优子结构性质也得到了证明。

2.3.3　DSM 实例证明

本节使用具有一般性的 DSM 对问题性质进行更为简单直观的证明：假设新产品开发流程包含 n 个活动，活动序列为 $(1, 2, \cdots, p, p+1, \cdots, n)$；如图 2-8 （a）所示，DSM 上三角区域的值代表反馈强度；活动序列模型目标函数（2-11）的系数 $(k-h)$ 如图 2-8 （b）所示；反馈量 Q_p^A 式（2-13）的系数 $(k-h)$ 与 $(p+1-h)$ 如图 2-8 （c）所示（三线框选区域），分别标记为灰色和白色；反馈量 Q_p^B 式（2-14）的系数 $(k-h)$ 与 $(k-p-1)$ 如图 2-8 （d）所示（三线框选区域），分别标记为灰色和白色。可以看出，图 2-8 （c）的系数与图 2-8 （d）对应位置的系数之和为图 2-8 （b）的系数，那么可得出结论：$F = Q_p^A + Q_p^B$，性质 1 成立。

图 2-9 （a）展示某开发流程的原始 DSM，活动序列为 $S = (1, 2, \cdots, h, h+1, \cdots, k, k+1, \cdots, p, p+1, \cdots, n)$。给定区域 $A_p = \{1, 2, \cdots, h, h+1, \cdots, k, k+1, \cdots, p\}$，区域 $B_p = \{p+1, \cdots, n\}$。图 2-9 （b）中，区域 A_p 子序列调整为 $SA_p = (1, 2, \cdots, k, h+1, \cdots, h, k+1, \cdots, p)$，相关数据的移动标记为黑体倾斜数字。根据图 2-8 （d），区域 A_p 子序列的变化不会影响计算反馈量 Q_p^B 所用的数据，所以反馈量 Q_p^B 保持不变并独立于区域 A_p，同理可证反馈量 Q_p^A 独立于区域 B_p，因此性质 2 成立。

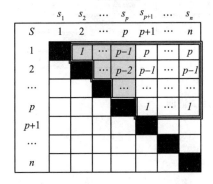

（a）DSM

	s_1	s_2	...	s_p	s_{p+1}	...	s_n
S	1	2	...	p	p+1	...	n
1	■	$d_{1,2}$	...	$d_{1,p}$	$d_{1,p+1}$	...	$d_{1,n}$
2	$d_{2,1}$	■	...	$d_{2,p}$	$d_{2,p+1}$	...	$d_{2,n}$
...	...	...	■	...	...	...	...
p	$d_{p,1}$	$d_{p,2}$	...	■	$d_{p,p+1}$	...	$d_{p,n}$
p+1	$d_{p+1,1}$	$d_{p+1,2}$	...	$d_{p+1,p}$	■	...	$d_{p+1,n}$
...	...	...	...	...	...	■	...
n	$d_{n,1}$	$d_{n,2}$	...	$d_{n,p}$	$d_{n,p+1}$	...	■

（b）活动序列模型目标函数（2-11）系数

	s_1	s_2	...	s_p	s_{p+1}	...	s_n
S	1	2	...	p	p+1	...	n
1	■	1	...	p-1	p	...	n-1
2		■	...	p-2	p-1	...	n-2
...			■	...	...	...	...
p				■	1	...	n-p
p+1					■	...	n-p-1
...						■	...
n							■

（c）反馈量Q_p^A公式（2-13）的系数

	s_1	s_2	...	s_p	s_{p+1}	...	s_n
S	1	2	...	p	p+1	...	n
1	■	1	...	p-1	p	...	p
2		■	...	p-2	p-1	...	p-1
...			■	...	...	...	...
p				■	1	...	1
p+1					■		
...						■	
n							■

（d）反馈量Q_p^B式（2-14）的系数

	s_1	s_2	...	s_p	s_{p+1}	...	s_n
S	1	2	...	p	p+1	...	n
1	■				0	...	n-p-1
2		■			0	...	n-p-1
...			■		...	...	...
p				■	0	...	n-p-1
p+1					■	...	n-p-1
...						■	...
n							■

图 2-8　性质 1 证明

（a）原始DSM

	s_1	s_2	...	s_h	s_{h+1}	...	s_k	s_{k+1}	...	s_p	s_{p+1}	...	s_n
S	1	2	...	h	h+1	...	k	k+1	...	p	p+1	...	n
1	■	$d_{1,2}$	...	$d_{1,h}$	$d_{1,h+1}$	...	$d_{1,k}$	$d_{1,k+1}$	...	$d_{1,p}$	$d_{1,p+1}$	...	$d_{1,n}$
2	$d_{2,1}$	■	...	$d_{2,h}$	$d_{2,h+1}$	...	$d_{2,k}$	$d_{2,k+1}$	...	$d_{2,p}$	$d_{2,p+1}$	...	$d_{2,n}$
...	...	...	■	...	...	...	...	...	...	...	...	...	...
h	$d_{h,1}$	$d_{h,2}$	...	■	$d_{h,h+1}$	...	$d_{h,k}$	$d_{h,k+1}$	...	$d_{h,p}$	$d_{h,p+1}$	...	$d_{h,n}$
h+1	$d_{h+1,1}$	$d_{h+1,2}$	...	$d_{h+1,h}$	■	...	$d_{h+1,k}$	$d_{h+1,k+1}$	...	$d_{h+1,p}$	$d_{h+1,p+1}$	...	$d_{h+1,n}$
...	...	...	...	...	...	■	...	...	...	...	...	...	...
k	$d_{k,1}$	$d_{k,2}$	...	$d_{k,h}$	$d_{k,h+1}$	...	■	$d_{k,k+1}$	...	$d_{k,p}$	$d_{k,p+1}$	...	$d_{k,n}$
k+1	$d_{k+1,1}$	$d_{k+1,2}$	...	$d_{k+1,h}$	$d_{k+1,h+1}$	...	$d_{k+1,k}$	■	...	$d_{k+1,p}$	$d_{k+1,p+1}$	...	$d_{k+1,n}$
...	...	...	...	...	...	...	...	...	■	...	...	...	...
p	$d_{p,1}$	$d_{p,2}$	...	$d_{p,h}$	$d_{p,h+1}$	...	$d_{p,k}$	$d_{p,k+1}$	...	■	$d_{p,p+1}$	...	$d_{p,n}$
p+1	$d_{p+1,1}$	$d_{p+1,2}$	...	$d_{p+1,h}$	$d_{p+1,h+1}$	...	$d_{p+1,k}$	$d_{p+1,k+1}$	...	$d_{p+1,p}$	■	...	$d_{p+1,n}$
...	...	...	...	...	...	...	...	...	...	...	...	■	...
n	$d_{n,1}$	$d_{n,2}$	...	$d_{n,h}$	$d_{n,h+1}$	...	$d_{n,k}$	$d_{n,k+1}$	...	$d_{n,p}$	$d_{n,p+1}$	...	■

	s_1	s_2	$\cdots$	s_h	s_{h+1}	$\cdots$	s_k	s_{k+1}	$\cdots$	s_p	s_{p+1}	$\cdots$	s_n
S	1	2	$\cdots$	k	$h+1$	$\cdots$	h	$k+1$	$\cdots$	p	$p+1$	$\cdots$	n
1	■	$d_{1,2}$	$\cdots$	$d_{1,k}$	$d_{1,h+1}$	$\cdots$	$d_{1,h}$	$d_{1,k+1}$	$\cdots$	$d_{1,p}$	$d_{1,p+1}$	$\cdots$	$d_{1,n}$
2	$d_{2,1}$	■	$\cdots$	$d_{2,k}$	$d_{2,h+1}$	$\cdots$	$d_{2,h}$	$d_{2,k+1}$	$\cdots$	$d_{2,p}$	$d_{2,p+1}$	$\cdots$	$d_{2,n}$
$\cdots$	$\cdots$	$\cdots$	■	$\cdots$	$\cdots$	$\cdots$	$\cdots$	$\cdots$		$\cdots$	$\cdots$		$\cdots$
k	$d_{k,1}$	$d_{k,2}$	$\cdots$	■	$d_{k,h+1}$	$\cdots$	$d_{k,h}$	$d_{k,k+1}$	$\cdots$	$d_{k,p}$	$d_{k,p+1}$	$\cdots$	$d_{k,n}$
$h+1$	$d_{h+1,1}$	$d_{h+1,2}$	$\cdots$	$d_{h+1,k}$	■	$\cdots$	$d_{h+1,h}$	$d_{h+1,k+1}$	$\cdots$	$d_{h+1,p}$	$d_{h+1,p+1}$	$\cdots$	$d_{h+1,n}$
$\cdots$	$\cdots$	$\cdots$		$\cdots$	$\cdots$	■	$\cdots$	$\cdots$		$\cdots$	$\cdots$		$\cdots$
h	$d_{h,1}$	$d_{h,2}$	$\cdots$	$d_{h,k}$	$d_{h,h+1}$	$\cdots$	■	$d_{h,k+1}$	$\cdots$	$d_{h,p}$	$d_{h,p+1}$	$\cdots$	$d_{h,n}$
$k+1$	$d_{k+1,1}$	$d_{k+1,2}$	$\cdots$	$d_{k+1,k}$	$d_{k+1,h+1}$	$\cdots$	$d_{k+1,h}$	■	$\cdots$	$d_{k+1,p}$	$d_{k+1,p+1}$	$\cdots$	$d_{k+1,n}$
$\cdots$	$\cdots$	$\cdots$		$\cdots$	$\cdots$		$\cdots$	$\cdots$	■	$\cdots$	$\cdots$		$\cdots$
p	$d_{p,1}$	$d_{p,2}$	$\cdots$	$d_{p,k}$	$d_{p,h+1}$	$\cdots$	$d_{p,h}$	$d_{p,k+1}$	$\cdots$	■	$d_{p,p+1}$	$\cdots$	$d_{p,n}$
$p+1$	$d_{p+1,1}$	$d_{p+1,2}$	$\cdots$	$d_{p+1,k}$	$d_{p+1,h+1}$	$\cdots$	$d_{p+1,h}$	$d_{p+1,k+1}$	$\cdots$	$d_{p+1,p}$	■	$\cdots$	$d_{p+1,n}$
$\cdots$	$\cdots$	$\cdots$		$\cdots$	$\cdots$		$\cdots$	$\cdots$		$\cdots$		■	$\cdots$
n	$d_{n,1}$	$d_{n,2}$	$\cdots$	$d_{n,k}$	$d_{n,h+1}$	$\cdots$	$d_{n,h}$	$d_{n,k+1}$	$\cdots$	$d_{n,p}$	$d_{n,p+1}$	$\cdots$	■

（b）调整区域A_p子序列后的DSM

图2-9 性质2证明

2.3.4 递推公式推导

本节对递推式（2-15）和式（2-16）进行推导。给定当前活动序列的分割点为 p 号位置，当分割点向右移动到 $p+1$ 号位置时，由于活动 s_{p+1} 从区域 B_p 进入区域 A_p，活动被重新划分为区域 A_{p+1} 与 B_{p+1}。根据 2.3.2 节，反馈量 $Q_p^A = F_p^A + Q_p^{CA}$，则反馈总长度 F_p^A 与反馈量 Q_p^{CA} 在区域划分变更时的变化情况为：反馈总长度 F_p^A 增长 $\sum_{h=1}^{p} d_{s_h s_{p+1}}(p+1-h)$ 成为反馈总长度 F_{p+1}^A；跨区域的反馈量 Q_p^{CA} 将会减少活动 s_{p+1} 对原区域 A_p 活动的反馈量 $\sum_{h=1}^{p} d_{s_h s_{p+1}}(p+1-h)$，增加区域 B_{p+1} 活动对活动 s_{p+1} 的反馈量 $\sum_{k=p+2}^{n} d_{s_{p+1} s_k}$，增加区域 B_{p+1} 活动对原区域 A_p 活动的反馈量 $\sum_{h=1}^{p}\sum_{k=p+2}^{n} d_{s_h s_k}$，从而成为反馈量 Q_{p+1}^{CA}。对所有增减量求和便可得到区域 A_{p+1} 的反馈量 Q_{p+1}^A 的递推公式，推导过程如下所示：

$$\begin{aligned}
Q_{p+1}^A &= F_{p+1}^A + Q_{p+1}^{CA} \\
&= F_p^A + \sum_{h=1}^{p} d_{s_h s_{p+1}}(p+1-h) \\
&\quad + Q_p^{CA} - \sum_{h=1}^{p} d_{s_h s_{p+1}}(p+1-h) + \sum_{k=p+2}^{n} d_{s_{p+1} s_k} + \sum_{h=1}^{p}\sum_{k=p+2}^{n} d_{s_h s_k} \\
&= F_p^A + Q_p^{CA} + \sum_{h=1}^{p+1}\sum_{k=p+2}^{n} d_{s_h s_k} \\
&= Q_p^A + \sum_{h=1}^{p+1}\sum_{k=p+2}^{n} d_{s_h s_k}
\end{aligned}$$

同理，当分割点向左移动到 $p-1$ 号位置时，由于活动 s_p 从区域 A_p 进入区域 B_p，原区域被重新划分为区域 A_{p-1} 与 B_{p-1}。根据 2.3.2 节，反馈量 $Q_p^B = F_p^B + Q_p^{CB}$，则反馈总长度 F_p^B 与反馈量 Q_p^{CB} 在区域划分变更时的变化情况为：反馈总长度 F_p^B 增长 $\sum_{k=p+1}^{n} d_{s_p s_k}(k-p)$ 成为反馈总长度 F_{p-1}^A；跨区域的反馈量 Q_p^{CB} 将会减少原区域 B_p 活动对活动 s_p 的反馈量 $\sum_{k=p+1}^{n} d_{s_p s_k}(k-p-1)$，增加原区域 B_p 活动对区域 A_{p-1} 活动的反馈量 $\sum_{h=1}^{p-1}\sum_{k=p+1}^{n} d_{s_h s_k}$，从而成为反馈量 Q_{p-1}^{CB}。对所有增减量求和便可得区域 B_{p-1} 的反馈量 Q_{p-1}^B 的递推公式，推导过程如下所示：

$$\begin{aligned}
Q_{p-1}^B &= F_{p-1}^B + Q_{p-1}^{CB} \\
&= F_p^B + \sum_{k=p+1}^{n} d_{s_p s_k}(k-p) \\
&\quad + Q_p^{CB} - \sum_{k=p+1}^{n} d_{s_p s_k}(k-p-1) + \sum_{h=1}^{p-1}\sum_{k=p+1}^{n} d_{s_h s_k} \\
&= F_p^B + Q_p^{CB} + \sum_{h=1}^{p}\sum_{k=p+1}^{n} d_{s_h s_k} \\
&= Q_p^B + \sum_{h=1}^{p}\sum_{k=p+1}^{n} d_{s_h s_k}
\end{aligned}$$

递推式（2-15）、式（2-16）的推导完成。两种递推公式允许使用旧反馈量计算新反馈量，避免了移动分割点后的重复计算，有助于提高算法的运行效率。

2.4 本章小结

本章对反馈总长度最小化问题的结构性质进行深入研究，目的在于发掘问题隐含的最优子结构性质和序列筛选规则。本章首先对比了反馈总长度最小化问题的三种等价数学模型，并确定更为直观、有效的活动序列模型为研究对象；其次通过分析活动序列模型，提出了原问题的最优子结构性质（性质1、性质2和推论1、推论2）；再次根据问题结构性质，提出了序列筛选规则，该规则支持使用子序列的反馈量对完整活动序列进行质量评估，能够帮助算法提前排除低质量活动序列（规则1、规则2）；最后通过对反馈进行细分，对三类反馈总长度进行分解与合并，证明了问题的最优子结构性质，并完成公式推导。本章的研究内容为设计专用算法高效地求解反馈总长度最小化问题打下了良好的理论基础。

第 3 章
哈希寻址并行分枝剪枝算法设计

第 2 章对反馈总长度最小化问题的最优子结构性质和序列筛选规则进行了充分讨论，提供了专用精确算法的设计思路：算法可以使用序列筛选规则，根据子序列反馈量提前排除低质量的完整活动序列，从而逐步构造活动序列；算法可以依据最优子结构性质，使用并行结构同时求解相互独立的反馈量最小化子问题，并通过组合子问题最优子序列获得原问题最优活动序列。以上设计思路将帮助专用精确算法最大限度地利用反馈总长度最小化问题的结构性质。

本章的主要研究目标为：设计专用精确算法解决反馈总长度最小化问题。相较于通用算法，该算法能够充分利用问题结构性质，在规定时间内求出较大规模问题的最优活动序列。本章的主要研究内容有：设计分枝剪枝算法，构成后续改进算法的基础排序组件，并验证序列筛选规则的正确性与有效性（3.1 节）；设计并行分枝剪枝算法，该算法能够同时使用序列筛选规则 1 与规则 2，从正反两个方向对活动进行排序，并通过组合子问题的最优子序列来构造原问题的最优活动序列（3.2 节）；设计哈希寻址并行分枝剪枝算法，该算法使用哈希查找技术对信息搜索流程进行优化，从而提高整个排序流程的效率，是本书提出的专用精确算法的完成版本（3.3 节）。本章还将使用大量随机算例进行算法性能测试，通过对比专用精确算法与常见通用算法的性能差异，检验本章提出的各种算法框架、排序策略、优化策略的正确性与合理性。本章涉及的重要变量如表 3 - 1 所示。

表 3 – 1   第 3 章重要变量汇总

变量	描述
n_1	正向排序时的最大待排序的活动数目，$n_1 = \lfloor n/2 \rfloor$
den	DSM 密度，即非零元素占全部元素的比值
H	活动序列对应的哈希函数值
H^A	子序列 SA_p 对应的哈希函数值
H^B	子序列 SB_p 对应的哈希函数值
Set^A	用于存储子序列 SA_p、反馈量 Q_p^A 与哈希函数值 H^A 的空间
Set^B	用于存储子序列 SB_p、反馈量 Q_p^B 与哈希函数值 H^B 的空间

3.1 分枝剪枝算法设计

本节对分枝剪枝算法进行设计，内容包括：搜索树设计，讨论搜索树结构、搜索树遍历策略和剪枝策略；算法流程设计，介绍应用序列筛选规则寻找最优活动序列的详细流程；剪枝效率分析，估计序列筛选规则的使用效果；随机算例验证，通过计算随机算例对比 CPLEX MILP 通用求解器与分枝剪枝算法的性能差异，考察活动序列模型、算法整体框架、算法流程以及序列筛选规则的正确性与有效性。

3.1.1 搜索树设计

为方便叙述，本节首先对子序列的关系进行定义：如果不同子序列对应相同的区域，则子序列相似；反之，子序列不相似。例如，子序列 $SA_3 = (1，2，3)$ 与 $SA_3 = (3，2，1)$ 均对应区域 $A_3 = \{1，2，3\}$，那么称两个子序列相似；而子序列 $SA_3 = (2，1，5)$ 对应不同的区域 $A_3 = \{1，2，5\}$，因此与前两个子序列不相似。此定义也适用于任何子序列 SB_p。

（1）搜索树结构：搜索树能够表达问题的解空间，是精确算法常用的数据结构，算法通过遍历搜索树来寻找问题的最优解（Charon I. & Hudry O.，2006；Corneil D. G.，2004；Jünger M.，2009；Fisher M. L.，2004）。图3-1展示了分枝剪枝算法使用的搜索树结构。在该搜索树中，根节点没有含义，其余节点代表从活动序列1号位置到 p 号位置的子序列 SA_p。例如，第2行节点（1，2）代表完整活动序列1号位置到2号位置的子序列，即 $SA_2 = (1，2)$。向节点所代表的子序列末尾添加一个新活动，可以构造该节点的子节点。例如，第3行节点（1，2，3）为节点（1，2）的子节点。位于第 n 行的叶子节点代表包含 n 个活动的序列，因此该行的叶子节点就是反馈总长度最小化问题的一个完整活动序列。由于节点是子序列在搜索树的表达形式，因此为叙述简洁，本章不再刻意区分两个概念，例如，SA_p 代表子序列也代表节点；相似子序列 SA_p 等同于相似节点 SA_p；向子序列 SA_p 末尾添加新活动，等同于向节点 SA_p 末尾添加新活动。

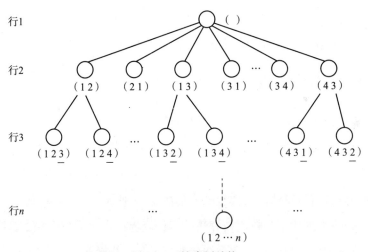

图3-1　搜索树结构

（2）遍历与剪枝策略：分枝剪枝算法以广度优先的方式对搜索树进行遍历，使用序列筛选规则1对搜索树进行剪枝。假设算法正在处理搜索树的第 p 行，对于该行每组相似的节点，算法将依据序列筛选规则1保留反馈量 Q_p^A 最小的节点，并排除其余节点；对于第 p 行剩余的节点，向其代表的子序列末尾添加新活动，构造 $p+1$ 行子节点，为新一轮遍历与剪枝做准备；当算法遍历到第 n 行时，选取反馈总长度最小的节点作为最优活动序列。

（3）遍历策略讨论：深度优先与广度优先是遍历树或图节点的两种最基本策略（Korf R. E.，1985；姚国辉等，2009；Zhou R. & Hansen E. A.，2006；Rhee C. et al.，1994）。其中广度优先策略如上文所述，而深度优先策略要求算法从根节点出发尽可能深入地遍历所有分枝，算法将沿着某一分枝遍历到其叶子节点，随后切换另一分枝继续遍历，直到完成所有节点的遍历（Tarjan R.，1972）。由于分枝剪枝算法使用序列筛选规则 1 进行剪枝操作，因此当使用广度优先策略遍历搜索树时，在搜索树的任意第 p 行会有 $1-1/p!$ 的节点（分枝）被排除；而如果使用深度优先策略，算法则会有 $1-1/p!$ 的概率在遍历一条质量较差、没必要探索的分枝。出于上述原因，分枝剪枝算法及后续的改进算法都会采用广度优先策略进行搜索树遍历。由于分枝剪枝算法需要在遍历搜索树的同时逐步构造子序列，因此必须在完成搜索树遍历之后才能获得完整的活动序列，如果遍历中途停止则会导致算法找不到任何可用的活动序列，这表明广度优先遍历策略亦存在一定局限性。

3.1.2 算法流程设计

分枝剪枝算法使用广度优先策略遍历搜索树，因而不需要维护搜索树所有节点的信息，只需要保留正在处理的整行节点即可。因此算法使用集合 Set^A 作为存储空间保留每行节点对应的子序列 SA_p 和反馈量 Q_p^A。根据上述内容，分枝剪枝算法的具体步骤如算法 3 – 1 所示。

算法 3 – 1 描述了分枝剪枝算法的运行流程：步骤 1 与步骤 2 对搜索树第 2 行节点的构造与筛选，完成初始数据准备；步骤 3 对第 3 至 $n-1$ 行节点进行处理，其中步骤 3.1 完成任意第 p 行节点构造和反馈量计算，步骤 3.2 使用序列筛选规则 1 对该行节点进行筛选，并保留每组相似节点的最优节点及反馈量到集合 Set^A 中；步骤 4 处理较为特殊的第 n 行叶子节点，该行节点均代表完整的活动序列，从中选取反馈总长度最小的活动序列即为原问题最优活动序列。

算法 3 – 1　分枝剪枝算法

准备阶段

1：构造搜索树第 1 行节点 SA_2，使用式（2 – 13）计算反馈量 Q_2^A。

2：对于每组相似节点 SA_2，将反馈量最低的节点及反馈量保存在集合 Set^A，抛弃其余节点，令 $p = 2$。

遍历阶段

3：**While**$(p \leq n - 1)$ **do**

　3.1：根据集合 Set^A，构造节点 SA_{p+1}，使用递推式（2 – 15）计算反馈量 Q_{p+1}^A，令 $p = p + 1$。

　3.2：**While**(存在尚未遍历的节点 SA_p) **do**

　　3.2.1：选择未遍历节点 SA_p，在集合 Set^A 中搜索其相似节点。

　　3.2.2：**If**(未找到相似节点)保存节点 SA_p 和反馈量 Q_p^A 到集合 Set^A 中。

　　　　　　Else 对比反馈量 Q_p^A，仅保留反馈量较小的节点到集合 Set^A 中。

　3.2：**End While**

3：**End While**

4：根据集合 Set^A，构造叶子节点 SA_n 即完整活动序列 S，选择具有最小反馈量 Q_{n-1}^A 的序列 S 为最优活动序列，其反馈总长度为 $F = Q_{n-1}^A$。

此外，当算法完成第 $n - 1$ 行遍历时，与该行节点相对的区域 B_{n-1} 只存在 1 个活动，因而区域 B_{n-1} 不存在反馈也没有反馈量。将区域 B_{n-1} 的活动加入节点 SA_{n-1} 不会引发反馈量 Q_{n-1}^A 变化，所以在步骤 5 序列 S 的反馈总长度 $F = Q_{n-1}^A$。

3.1.3　剪枝效率分析

本节对算法 3 – 1 的生成节点数、排除节点数、保留节点数进行估计，以展示序列筛选规则的剪枝效率。在准备阶段，步骤 1 与步骤 2 处理搜索树第 2 行，共构造 $n(n - 1)$ 个节点 SA_2，其中有一半节点会被排除，另一半节点将保留在集合 Set^A 中。

在遍历阶段，步骤 3 处理搜索树第 3 至 $n - 1$ 行。当任意第 p 行遍历完成时，集合 Set^A 内共有 C_n^p 个节点 SA_p；根据集合 Set^A，步骤 3.1 将构造 $(n - p)\, C_n^p$ 个子节点 SA_{p+1} 形成搜索树第 $p + 1$ 行；步骤 3.2 将排除 $\left[(n - p)\, C_n^p - C_n^{p+1}\right]$ 个节点，并将 C_n^{p+1} 个节点保留在集合 Set^A 中。

3.1.4　随机算例验证

本节使用 CPLEX 12.6 MILP 求解器与分枝剪枝算法进行对比测试，目的是检验活动序列模型、分枝剪枝算法流程以及序列筛选规则的正确性与有效性。CPLEX MILP 求解器集成了分枝切割算法（the branch-and-cut algorithm）（Linderoth J. T. & Lodi A.，2010），被广泛应用于求解 NP 难问题和算法性能对比测试（依俊楠等，2011；Earl M. G. & D'andrea R.，2005；Birgin E. G. et al.，2014；Öncan T.，2015）。在本次实验中，CPLEX MILP 求解器与分枝剪枝算法分别求解 2.1.2 节的线性化模型和 2.1.3 节的活动序列模型，以充分发挥各自的性能优势。

（1）实验准备：本次实验的硬件环境为一台内置 3 GHz Intel Core 2 Duo 处理器、3 GB 内存的 Dell 台式机，开发环境为 Matlab 2013b。使用钱艳俊和林军（Qian Y. & Lin J.，2013）的算例生成器产生随机 DSM 算例，其元素 $d_{i,j}$ 服从均匀分布。算例的规格参数为活动数 n 和 DSM 密度 den。其中密度 den 指 DSM 中非零元素占全部元素的比值，如 2.2.2 节图 2 - 1 的 DSM 的密度为 0.375。随机 DSM 算例的求解难度随着活动数和 DSM 密度的上升而加大。

本次实验随机算例活动数 $n = \{10, 12, 14, 16\}$，密度 $den = \{0.1, 0.3, 0.5, 0.7, 0.9\}$。对于每一组活动数目和 DSM 密度，生成 20 个随机算例，使用 CPLEX MILP 求解器与分枝剪枝算法分别求解，时间限制在 1 小时以内。

（2）实验结果：实验结果显示，CPLEX MILP 求解器与分枝剪枝算法求解相同 DSM 算例时，均能获得相同的最小反馈总长度，说明活动序列模型、分枝剪枝算法的框架与流程、序列筛选规则是正确的。表 3 - 2 汇总了两种算法的求解时间，用于对比运行效率。其中"Time"代表算法求解每组规格 20 个随机算例的平均 CPU 时间（单位是秒），"CPLEX"代表 CPLEX 12.6 MILP 求解器，而"BP"代表分枝剪枝算法（branch-and-prune algorithm，BP），如果算法无法在 1 小时内求出算例，标记为" - "。

表 3 - 2   实验结果

n	den	Time		n	den	Time	
		CPLEX	BP			CPLEX	BP
10	0.1	0.15	0.96	12	0.1	0.23	6.19
	0.3	0.58	1.09		0.3	2.11	6.22
	0.5	1.25	1.06		0.5	4.93	6.21
	0.7	3.04	0.69		0.7	17.34	6.19
	0.9	10.32	0.75		0.9	56.61	6.20
14	0.1	0.43	102.25	16	0.1	0.85	2137.47
	0.3	10.33	103.23		0.3	74.12	1927.07
	0.5	50.36	103.42		0.5	553.47	1886.52
	0.7	400.05	103.37		0.7	—	1902.26
	0.9	1664.80	103.28		0.9	—	1872.80

表 3 - 2 的数据表明，CPLEX 在解决密度低于 0.7 的 DSM 算例时，具有更高的求解速度，而分枝剪枝算法求解高密度 DSM 算例的用时更短。例如，当活动数目 $n = 12$ 和 DSM 密度 $den = 0.1$ 时，CPLEX 的平均计算时间为 0.23 秒，而分枝剪枝算法的平均计算时间为 6.19 秒；当活动数目 $n = 14$ 和 DSM 密度 $den = 0.7$ 时，CPLEX 的计算时间为 400.05 秒，分枝剪枝算法的用时为 103.37 秒；当活动数目 $n = 16$ 和 DSM 密度 $den = 0.9$ 时，CPLEX 在 1 小时内无法得出问题的最优解，而分枝剪枝算法的计算时间为 1872.80 秒。此外，CPLEX 的求解时间随着 DSM 密度的上升显著增加，例如，当活动规模 $n = 14$，密度 den 从 0.1 上升到 0.9 时，CPLEX 的平均求解时间从 102.25 秒上升到 1664.80 秒；而分枝剪枝算法的计算时间受 DSM 密度的影响较小。

（3）实验结论：钱艳俊和林军（Qian Y. & Lin J.，2013）使用 CPLEX 12.1 MILP 求解器解决反馈总长度最小化问题，只能获得 14 个活动以内、

DSM 密度低于 0.5 的 DSM 算例的最优活动序列。本次实验将精确算法所能处理的问题规模提高到活动数目 $n = 16$ 和 DSM 密度 $den = 0.9$；相对 CPLEX 12.6 MILP 求解器，分枝剪枝算法求解高密度 DSM 算例用时更短，并且对 DSM 密度变化并不敏感。本次实验结果表明活动序列模型、分枝剪枝算法流程、序列筛选规则是正确而有效的。

3.2 并行分枝剪枝算法设计

3.1 节验证了活动序列模型与序列筛选规则的有效性与正确性，然而分枝剪枝算法仅应用了问题的部分结构性质，所以在性能上还有提升的空间。本节讨论并行分枝剪枝算法设计，该算法将综合应用最优子结构性质以及两个序列筛选规则，主要内容包括：算法框架设计，讨论正/反向搜索树结构、算法运行阶段规划；算法流程设计，介绍应用两种序列筛选规则、两种搜索树寻找最优活动序列的详细流程；算法实例演示，使用数值实例描述算法运作过程；剪枝效率分析，估计在并行框架下两种序列筛选规则的使用效果；随机算例验证，对比分枝剪枝算法与并行分枝剪枝算法的性能差异，考察并行机制的正确性与有效性。

3.2.1 并行框架设计

根据最优子结构性质，反馈总长度最小化问题能够分解为分别与区域 A_p 和 B_p 相关的独立反馈量最小化子问题。依靠并行机制，算法将依照正向（从序列头向尾）与反向（从序列尾向头）的方式构造活动序列，以同时解决区域 A_p 和 B_p 相关的两类子问题。

（1）正/反向搜索树结构：如图 3-2 所示，并行分枝剪枝算法使用的搜索树包括：正向搜索树和反向搜索树。两棵搜索树的根节点无意义，在正向搜索树中，节点代表从活动序列 1 号位置到 p 号位置的子序列 SA_p；在反向搜索树中，节点代表从活动序列 $p+1$ 号位置到 n 号位置的子序列 SB_p。例如，正向搜索树节点 （6，5） 代表一个完整活动序列中前两个活动子序列 $SA_2 = (6，5)$；反向搜索树节点 （2，1） 代表一个完整活动序列中后两个活动子序列 $SB_2 = (2，1)$。向正向搜索树节点对应的子序列末尾添加一个新活动，则构造出该节点的子节点，例如，正向搜索树节点 （6，5，3） 为节点 （6，5） 的子节点；向反向搜索树节点对应的子序列前部添加一个新活动，则构造出该节点的子节点，例如，反向搜索树节点 （3，2，1） 为节点 （2，1） 的子节点。为了充分利用并行机制，正向搜索树的最大行数为 $n_1 = \lfloor n/2 \rfloor$，叶子节点代表子序列 SA_{n_1}，包括开发流程的一半活动；反向搜索树的最大行数为 $n - n_1$，叶子节点代表子序列 SB_{n_1}，包括另一半活动。在确保序列正确的前提下，将正向搜索树叶子节点对应的子序列与反向搜索树叶子节点对应的子序列相连接，就能获得包含 n 个活动的完整活动序列。

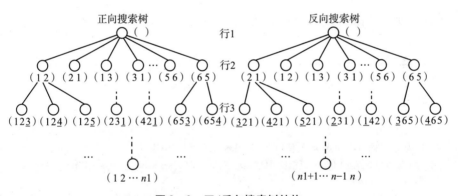

图 3-2 正/反向搜索树结构

（2）算法运行阶段规划：并行分枝剪枝算法在结构上包括分发阶段与整合阶段。在分发阶段，算法将正反向子问题及对应的搜索树分配到计算机 CPU 的两个核中。两种子问题相互独立，在求解过程中无须进行任何信息交换。随后算法按照广度优先策略同时遍历正向和反向搜索树的所有节点，并分别使用序列筛选规则 1 和规则 2 对节点质量进行评价。以反向搜索树遍历流程为例，对于搜索树的每行相似节点，依据序列筛选规则 2，只保留反馈量 Q_p^B 最小的节点，其余节点全部排除；对于每行剩余的节点，对其代表的活动子序列的前部添加新活动，构造下一行子节点，为新一轮遍历与剪枝做准备。当算法分别完成遍历正向搜索树的第 n_1 行节点与反向搜索树的第 $n - n_1$ 行节点后，算法进入整合阶段。此时，正向与反向搜索树的叶子节点均为每组相似子序列的最优子序列 SA_{n_1} 与 SB_{n_1}。在整合阶段，算法将子序列 SA_{n_1} 与对应的子序列 SB_{n_1} 前后连接，即可获得完整活动序列。在流程最后，算法选取反馈总长度最小完整活动序列作为原问题的最优活动序列。

3.2.2 算法流程设计

并行分枝剪枝算法使用广度优先策略遍历正向、反向搜索树，仅需要保留正在处理的整行节点。算法使用集合 Set^A 与 Set^B 作为存储空间，分别保留正/反向搜索树每行的节点（子序列）和反馈量。根据上述内容，并行分枝剪枝算法的具体步骤如算法 3 - 2 所示。

算法 3 - 2　并行分枝剪枝算法

分发阶段

正向搜索树遍历

1：构造搜索树第 1 行节点 SA_2，使用式（2 - 13）计算反馈量 Q_2^A。

2：对于每组相似节点 SA_2，将反馈量最低的节点及反馈量保存在集 Set^A，抛弃其余节点，令 $p = 2$。

3：**While** $(p \leqslant n_1)$ **do**

　3.1：根据集合 Set^A，构造节点 SA_{p+1}，使用式（2 - 15）计算反馈量 Q_{p+1}^A，令 $p = p + 1$。

　3.2：**While**（存在尚未遍历的节点 SA_p）**do**

　　3.2.1：选择未遍历节点 SA_p，在集合 Set^A 中搜索其相似节点。

　　3.2.2：**If**（未找到相似节点）保存节点 SA_p 和反馈量 Q_p^A 到集合 Set^A 中。

　　　　　Else 对比反馈量 Q_p^A，仅保留反馈量较小的节点到集合 Set^A 中。

　3.2：**End While**

3：**End While**

反向搜索树遍历

1：构造搜索树第 1 行节点 SB_{n-2}，使用式（2–14）计算反馈量 Q_{n-2}^{B}。

2：对于每组相似节点 SB_{n-2}，将反馈量最低的节点及反馈量保存在集 Set^{A}，抛弃其余节点，令 $p = n-2$。

3：**While**$(p \geq n_1)$ **do**

　3.1：根据集合 Set^{B}，构造节点 SB_{p-1}，使用式（2–16）计算反馈量 Q_{p-1}^{B}，令 $p = p-1$。

　3.2：**While**(存在尚未遍历的节点 SB_p) **do**

　　3.2.1：选择未遍历节点 SB_p，在集合 Set^{A} 中搜索其相似节点。

　　3.2.2：**If**(未找到相似节点)保存节点 SB_p 和反馈量 Q_p^{B} 到集合 Set^{B} 中。
　　　　　Else 对比反馈量 Q_p^{B}，仅保留反馈量较小的节点到集合 Set^{B} 中。

　3.2：**End While**

3：**End While**

整合阶段

4：将集合 Set^{A} 的节点 SA_{n_1} 与集合 Set^{B} 的对应节点 SB_{n_1} 前后相连，获得完整活动序列 S，计算反馈总长度 $F = Q_{n_1}^{A} + Q_{n_1}^{B}$。

5：选择具有最低反馈总长度 F 的活动序列 S 作为最优活动序列。

3.2.3　算法实例演示

本节使用 1.2.2 节图 1–3（a）的平衡机开发流程演示并行分枝剪枝算法的具体运行过程。为了避免搜索树过于庞大，这里选取原开发流程的 6 个活动 $I = \{1, 2, 3, 4, 5, 6\}$ 进行演示，设定 $n = 6$，$n_1 = 3$。

（1）分发阶段：如图 3–3（a）所示，步骤 1 构造节点 SA_2 及 SB_4 建立了正/反向搜索树的第 1 行，随后利用式（2–13）、式（2–14）计算反馈量 Q_2^{A} 与 Q_4^{B}。步骤 2 找出每组相似节点（标记为弧线），并将其中具有较大反馈量的节点 SA_2 与 SB_4 排除（标记为斜线）。如图 3–3（b）所示，剩余节点被保存在集合 Set^{A} 与 Set^{B} 中。图 3–3（c）以正/反向搜索树的形式再现了上述流程。

使用集合 Set^{A} 与 Set^{B} 存储的信息，步骤 3.1 向节点 SA_2 及 SB_4 添加了新活动从而构造子节点 SA_3 与 SB_3，如图 3–3（d）所示（标记为黑体倾斜）。随后利用递推式（2–15）、式（2–16）计算反馈量 Q_3^{A} 与 Q_3^{B}。步骤

3.2 找出每组相似节点（标记为弧线），并将其中具有较大反馈量的节点 SA_3 与 SB_3 排除（标记为斜线）。如图 3–3（e）所示，剩余节点被保存在集合 Set^A 与 Set^B。此时 $p = n_1 = 3$，分发阶段终止。图 3–3（f）以正/反向搜索树的形式再现了上述流程。

（2）整合阶段：如图 3–3（e）所示，步骤 4 将集合 Set^A 存储的节点 SA_3 与集合 Set^B 存储的对应节点 SB_3 前后连接以构成完整活动序列（标记为直线），随后使用 $F = Q_3^A + Q_3^B$ 计算活动序列的反馈总长度。在流程最后，步骤 5 选择具有最小反馈总长度 $F = 1$ 的活动序列（6，5，4，3，2，1）作为最优活动序列（标记为方框）。至此该数值实例求解完毕。

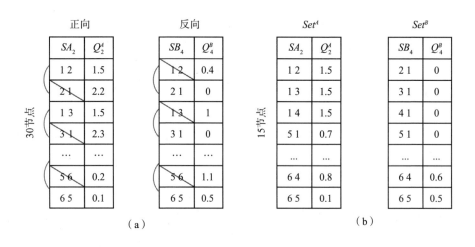

（a）　　　　　　　　　　　　　　　　　（b）

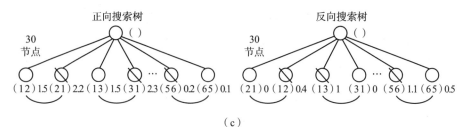

（c）

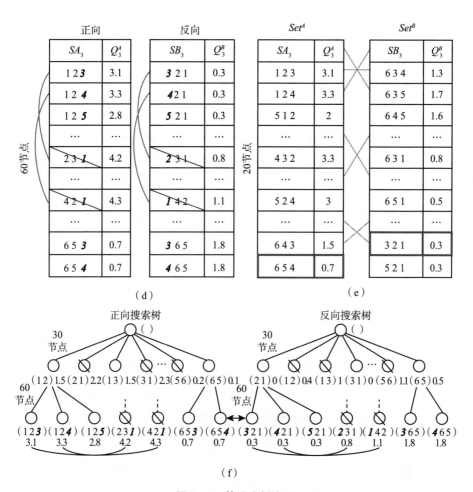

图3-3 算法实例演示

3.2.4 剪枝效率分析

本节对算法3-2的生成节点数、排除节点数、保留节点数进行估计，以展示序列筛选规则和并行机制的剪枝效率。在分发阶段，步骤1与步骤2处理正/反向搜索树第2行，共构造 $2 \times n(n-1)$ 个节点，排除 $n(n-1)$ 个节点，并在集合 Set^A 与集合 Set^B 中保存 $n(n-1)$ 个节点。

步骤3分别处理正向搜索树第3至 n_1 行，反向搜索树第3至 $n-n_1$ 行。当任意正/反向搜索树第 p 行遍历完成时，集合 Set^A 与 Set^B 共有 $2 \times C_n^p$

个节点；根据两个集合，步骤3.1将构造 $2 \times (n-p) \, C_n^p$ 个子节点，形成正/反向搜索树第 $p+1$ 行；步骤3.2将排除 $2 \times \left[(n-p) C_n^p - C_n^{p+1} \right]$ 个节点，并将 $2 \times C_n^{p+1}$ 个节点保留在两个集合中。

对比分枝剪枝算法，并行分枝剪枝算法在效率上存在优势：当遍历搜索树的任意一行时，并行算法的剪枝数量是非并行算法的两倍；在遍历搜索树时，并行算法只需要遍历非并行算法 1/2 的搜索深度。以上两点确保了并行分枝剪枝算法具有更高的求解效率。

3.2.5 随机算例验证

本节将使用分枝剪枝算法与并行分枝剪枝算法进行对比测试，目的在于检测并行机制的正确性和有效性。本次试验的软硬件环境、算例生成程序与 3.1.4 节相同，故不再复述。

（1）实验准备：本次实验的随机算例活动数 $n = \{11, 13, 15, 17\}$，密度 $den = \{0.2, 0.4, 0.6, 0.8, 1\}$。对于每一组活动数目和 DSM 密度，生成 20 个随机算例，使用分枝剪枝算法与并行分枝剪枝算法分别求解。对于每个随机算例，求解时间被限制在 1 小时。

（2）实验结果：实验结果表明，分枝剪枝算法与并行分枝剪枝算法求解相同 DSM 算例时，均能获得相同的最小反馈总长度。这表明并行分枝剪枝算法是正确的。表 3-3 汇总了两种算法的求解时间，用于对比运行效率。其中"Time"代表算法求解每组规格 20 个随机算例的平均 CPU 时间（单位是秒），"BP"代表分枝剪枝算法，而"PBP"代表并行分枝剪枝算法（parallel branch-and-prune algorithm，PBP），如果算法无法在 1 小时内求出算例，标记为"-"。

表 3-3 的数据表明，并行机制能够帮助提高算法求解问题的速度。例如，当活动数目 $n = 11$ 和 DSM 密度 $den = 0.2$ 时，分枝剪枝算法的平均计算时间为 1.828 秒，而并行分枝剪枝算法的平均计算时间为 1.135 秒；当活动数目 $n = 15$ 和 DSM 密度 $den = 0.8$ 时，分枝剪枝算法的计算时间为 415.690 秒，并行分枝剪枝算法的用时为 195.684 秒；当活动数目 $n = 17$

时，两种算法均不能在 1 个小时内求出最优活动序列。与分枝剪枝算法相同，并行分枝剪枝算法的运算速度同样受 DSM 密度的影响较小，在活动数不变、DSM 密度变化的情况下，平均计算时间基本稳定。

表 3－3 实验结果

n	den	Time		n	den	Time	
		BP	PBP			BP	PBP
11	0.2	1.828	1.135	13	0.2	24.988	11.074
	0.4	1.826	1.147		0.4	25.401	11.111
	0.6	1.822	1.146		0.6	30.618	11.102
	0.8	1.823	1.160		0.8	32.866	11.149
	1.0	1.824	1.165		1.0	29.391	11.132
15	0.2	453.929	190.925	17	0.2	—	—
	0.4	419.894	189.457		0.4	—	—
	0.6	415.563	193.113		0.6	—	—
	0.8	415.690	195.684		0.8	—	—
	1.0	446.888	190.435		1.0	—	—

（3）实验结论：本次实验结果表明，运用并行机制，将反馈总长度最小化问题分解为反馈量最小化子问题，同时使用两种序列筛选规则从正反方向对活动排序，能够降低 CPU 单个内核求解的问题规模，进而加快整个问题的求解速度，因此引入并行计算机制是正确而有效的。

3.3 哈希寻址并行分枝剪枝算法

3.2 节为专用精确算法设计引入了并行机制，提高了求解问题的效率，然而算法最多仅能求解规模为 16 个活动的问题，显然无法满足实际应用的要求。本节将引入哈希查找技术对并行分枝剪枝算法进行优化，以进一步提高问题的求解规模,具体内容包括:算法流程分析,讨论分枝剪枝算法的流程中制约性能的主要因素;哈希查找机制设计,设计哈希函数,提出基于哈希查找技术的流程优化方案;算法流程设计,介绍应用哈希查找技术的并行算法详细流程;算法实例演示,使用数值实例说明算法运作流程;随机算例验证,对比通用求解器与基于哈希查找的并行分枝剪枝算法的性能差异,考察算法的正确性与有效性。

3.3.1 算法流程分析

根据 3.1.2 节、3.2.2 节,算法在遍历搜索树某行节点的同时需要完成节点筛选操作。以正向搜索树遍历为例,算法依次选取未遍历节点 SA_p 并在集合 Set^A 中搜索其相似节点;如果相似节点不存在,则新节点及反馈量就直接保存在集合 Set^A 中;如果相似节点存在,且新节点的反馈量小于相似节点,则用新节点及反馈量替换相似节点,否则抛弃新节点及反馈量;当搜索树某行遍历完成,集合 Set^A 只保留该行每组相似节点的最优节点及反馈量。以上流程表明,集合 Set^A 和 Set^B 与加山翔巴和贾法尔·贾马尔(Shobaki G. & Jamal J.,2015)的历史信息表相似,使用序列筛选规则本质上是依靠集合保存的历史信息排除低质量节点。

根据 3.1.1 节的关系定义,"相似关系"要求两个节点(或子序列)包含相同的活动,因此考察两个节点是否相似,需要逐一比较其内部活动。而在最不利的情况下,节点对比操作的时间复杂度为 $O(n^2)$。当算法遍历到节点 SA_p 时,必须将该节点与集合 Set^A 的节点逐一对比,如果该节点为某行最后一个节点,则节点对比操作最多需要执行 $C_n^p - 1$ 次。因此相似节点查找可能是制约算法效率的主要因素。

通过使用 Matlab 的代码分析工具(Profile 功能)对分枝剪枝算法进行性能分析,证实了上述猜想:算法 3 - 1 的步骤 3.2.1 相似节点查找操作是整个算法的性能瓶颈。根据 Matlab 生成的报告,分枝剪枝算法求解一个 14 个活动算例的耗时为 117.86 秒,而在集合中查找相似节点的总耗时为 93.84 秒。以上情况表明,相对于构造节点、计算反馈量等核心操作,查找相似节点占用了大量的算法运行时间，如果对该操作进行优化将显著提高算法的运算效率。

3.3.2 哈希查找机制设计

哈希查找技术使用哈希函数将节点映射为哈希值，并依靠哈希值确定节点在集合的位置，具有较高的搜索速度（Cormen T. H. et al.，2009；张朝霞和刘耀军，2010），因而在利用历史信息辅助问题求解的算法中应用广泛（Fox E. A. et al.，1992；Rajaraman A. & Ullman J. D.，2011；Wang Y. et al.，2017；Lai X. et al.，2018；Wang Y. et al.，2018）。加山翔巴和贾法尔·贾马尔（Shobaki G. & Jamal J.，2015）在解决计算机程序编译器指令排序问题时，使用哈希函数将搜索树节点映射为比特向量，随后通过比特向量在历史信息表中快速查找目标节点。与前人研究不同，本章设计并评估了多种基于哈希查找的相似节点搜索方案，此外还使用哈希查找解决了算法整合阶段的子序列匹配问题，拓展了该技术的应用范围。

（1）哈希函数设计：为了避免逐一比较两节点内部的活动，可以考虑设计哈希函数将节点映射为一个哈希值，相似节点具有相同的哈希值，而不相似节点的哈希值不同。例如，节点 $SA_3 = (1, 2, 3)$ 与 $SA_3 = (3, 2, 1)$ 的哈希值应该相同，而节点 $SA_3 = (1, 2, 5)$ 应该具有不同的哈希值。通过对比哈希值，算法能够确定两节点是否相似，且该操作的复杂度仅为 $O(1)$。

根据哈希值的设计需求，本研究考虑将哈希值设定为 0/1 向量，该向量的元素数目为 n，与开发流程包含的活动数相同；0/1 向量从右到左，第 1 个元素对应活动 1，第 n 个元素对应活动 n，以此类推；如果节点 SA_p 包含活动 i，则向量第 i 个元素为 1，否则为 0。举例说明，假定某开发流程包含 6 个活动，活动集合 $I = \{1, 2, 3, 4, 5, 6\}$，按照上述规则，对于任意节点 SA_p，其二进制向量如下：

从表 3-4 可以看出，使用 0/1 向量可以表达任意节点 SA_p，相似节点

$SA_4 = (2, 5, 1, 3)$ 与 $SA_4 = (1, 2, 5, 3)$ 具有相同的 0/1 向量，而不相似节点 $SA_4 = (1, 2, 6, 3)$ 的 0/1 向量不同。显然哈希值能够满足设计需求，并且对任意节点 SB_p 也同样适用。

表 3 - 4   哈希值示例

SA_p	向量
$SA_2 = (1, 2)$	$(0, 0, 0, 0, 1, 1)$
$SA_4 = (2, 5, 1, 3)$	$(0, 1, 0, 1, 1, 1)$
$SA_4 = (1, 2, 5, 3)$	$(0, 1, 0, 1, 1, 1)$
$SA_4 = (1, 2, 6, 3)$	$(1, 0, 0, 1, 1, 1)$
$SA_5 = (1, 5, 2, 6, 3)$	$(1, 1, 0, 1, 1, 1)$

为了便于算法应用，需要设计哈希函数完成从节点到 0/1 向量的映射，定义哈希值为 H，则有：

$$H = \sum_{i \in SA_p(SB_p)} 10^{i-1} \qquad (3-1)$$

使用式（3-1）对表 3-4 的节点进行转化，结果如表 3-5 所示。

表 3 - 5   哈希函数（3-1）示例

SA_p	$index$
$SA_2 = (1, 2)$	11
$SA_4 = (2, 5, 1, 3)$	10111
$SA_4 = (1, 2, 5, 3)$	10111
$SA_4 = (1, 2, 6, 3)$	100111
$SA_5 = (1, 5, 2, 6, 3)$	110111

式（3-1）能够将节点转化成形式相同的十进制数。然而实践表明该

方法存在缺陷：当开发流程包含活动数量很多时，十进制数将非常庞大，可能会引发算法程序出现各种错误。因此根据相似的思路，提出第二种哈希函数：

$$H = \sum_{i \in SA_p(SB_p)} 2^{i-1} \qquad (3-2)$$

使用式（3-2）对同样的实例进行转化，结果如表 3-6 所示。

表 3-6 哈希函数（3-2）示例

SA_p	$index$
$SA_2 = (1,\ 2)$	3
$SA_4 = (2,\ 5,\ 1,\ 3)$	23
$SA_4 = (1,\ 2,\ 5,\ 3)$	23
$SA_4 = (1,\ 2,\ 6,\ 3)$	39
$SA_5 = (1,\ 5,\ 2,\ 6,\ 3)$	55

式（3-2）的效果与式（3-1）相同，但该函数产生的哈希值更小，因而后续的改进算法会采用式（3-2）实现哈希查找机制。

（2）子序列匹配：并行分枝剪枝算法的整合阶段需要将集合 Set^A 的节点（子序列）与集合 Set^B 的对应节点（子序列）前后相连形成正确且完整的活动序列。依靠哈希查找可以快速完成这一操作。

定义 H^A 为节点 SA_p 的哈希值，H^B 为节点 SB_p 的哈希值，当节点 SA_p 与节点 SB_p 可以组成完整活动序列的前部和后部时，它们的哈希值存在如下关系：

$$H^B = \sum_{i=1}^{n} 2^{i-1} - H^A \qquad (3-3)$$

使用式（3-3）计算表 3-6 节点 SA_p 的对应节点 SB_p，结果如表 3-7 所示。其中节点 SA_p 的哈希值与对应节点 SB_p 的哈希值之和为 $\sum_{i=1}^{6} 2^{i-1} =$

63，式（3 – 3）成立。

表 3 – 7   哈希函数（3 – 3）示例

SA_p	H^A	SB_p	H^B	哈希值和
$SA_2 = (1, 2)$	3	$SA_2 = (3, 5, 4, 6)$	60	63
$SA_4 = (2, 5, 1, 3)$	23	$SA_4 = (4, 6)$	40	63
$SA_4 = (1, 2, 5, 3)$	23	$SA_4 = (6, 4)$	40	63
$SA_4 = (1, 2, 6, 3)$	39	$SA_4 = (4, 5)$	24	63
$SA_5 = (1, 5, 2, 6, 3)$	55	$SA_5 = (4)$	8	63

式（3 – 3）描述了节点 SA_p 与对应节点 SB_p 的哈希值关系，使用其中一方的哈希值可以推导出另一方的哈希值。在并行分枝剪枝算法的整合阶段，算法可以应用式（3 – 3）推算节点 SB_{n_1} 的哈希值，从而在集合 Set^B 快速定位正确节点，完成子序列连接。

3.3.3　算法流程设计

式（3 – 2）能够为每组相似节点分配唯一的哈希值。在搜索集合 Set^A 和 Set^B 时，算法可以直接排除哈希值不同的不相似节点，从而避免节点内部的活动对比。式（3 – 3）实现了正/反向搜索树节点的哈希值相互转化，且满足该公式的两个节点能够前后连接为完整且正确的活动序列。在整合阶段，算法可以在集合 Set^B 中排除哈希值不同的错误节点，为节点 SA_{n_1} 匹配到正确节点 SB_{n_1}。

根据以上思路，本节首先提出哈希排除并行分枝剪枝算法，该算法使用哈希查找技术对算法 3 – 2 的步骤 3 和步骤 4 进行改进，以加快相似节点查找速度和节点匹配效率。算法使用改进的集合 Set^A 与 Set^B 作为存储空间，新集合将保存正/反向搜索树的节点（子序列）、反馈量以及哈希值。具体步骤如算法 3 – 3 所示。

算法 3 – 3　基于哈希排除的并行分枝剪枝算法

分发阶段

正向搜索树遍历

……

3：**While**$(p \leq n_1)$ **do**

 3.1：根据集合 Set^A，构造节点 SA_{p+1}，使用式（2 – 15）计算反馈量 Q_{p+1}^A，使用式（3 – 2）计算哈希值 H^A，令 $p = p + 1$。

 3.2：**While**(存在尚未遍历的节点 SA_p) **do**

  3.2.1：选择未遍历节点 SA_p，在集合 Set^A 中搜索哈希值 H^A 相同的节点。

  3.2.2：**If**(哈希值相同的节点不存在)保存节点 SA_p、反馈量 Q_p^A 和哈希值 H^A 到集合 Set^A 中。

   Else 对比反馈量 Q_p^A，仅保留反馈量较小的节点到集合 Set^A 中。

 3.2：**End While**

3：**End While**

反向搜索树遍历

……

3：**While**$(p \geq n_1)$ **do**

 3.1：根据集合 Set^B，构造节点 SB_{p-1}，使用式（2 – 16）计算反馈量 Q_{p-1}^B，使用式（3 – 2）计算哈希值 H^B，令 $p = p - 1$。

 3.2：**While**(存在尚未遍历的节点 SB_p) **do**

  3.2.1：选择未遍历节点 SB_p，在集合 Set^B 中搜索哈希值 H^B 相同的节点。

  3.2.2：**If**(哈希值相同的节点不存在)保存节点 SB_p、反馈量 Q_p^B 和哈希值 H^B 到集合 Set^B 中。

   Else 对比反馈量 Q_p^B，仅保留反馈量较小的节点到集合 Set^B 中。

 3.2：**End While**

3：**End While**

整合阶段

4：**While**(存在尚未遍历的节点 SA_{n_1}) **do**

 4.1：选择未遍历节点 SA_{n_1}，使用哈希值 H^A 和式（3 – 3）计算哈希值 H^B。

 4.2：在集合 Set^B 中搜索哈希值为 H^B 的节点 SB_{n_1}，连接节点 SA_{n_1} 与 SB_{n_1} 获得完整序列 S，计算反馈总长度 $F = Q_{n_1}^A + Q_{n_1}^B$。

4：**End While**

5：选择具有最低反馈总长度 F 的活动序列 S 作为最优活动序列。

  由于式（3 – 2）产生的哈希值与每组相似节点一一对应，因此可以使用哈希值标记集合内部的存储空间地址，例如，$Set^A(H^A)$ 表示集合 Set^A 第 H^A 号位置的存储空间。算法可以将相似节点的信息保存于固定的存储空间 $Set^A(H^A)$ 和 $Set^B(H^B)$，从而直接定位相似节点，避免对比活动或者哈希值。根据以上思路，本节提出哈希寻址并行分枝剪枝算法，该算法的集合仅保存正/反向搜索树的节点（子序列）和反馈量，但其内部存储空间地址与哈希值直接关联，具体步骤如算法 3 - 4 所示。

算法 3 - 4　哈希寻址并行分枝剪枝算法

分发阶段

正向搜索树遍历

……

3：**While**($p \leqslant n_1$)**do**

　3.1：根据集合 Set^A，构造节点 SA_{p+1}，使用式（2 - 15）计算反馈量 Q_{p+1}^A，使用式（3 - 2）计算哈希值 H^A，令 $p = p + 1$。

　3.2：**While**(存在尚未遍历的节点 SA_p)**do**

　　3.2.1：选择未遍历节点 SA_p，检查存储空间 $Set^A(H^A)$。

　　3.2.2：**If**($Set^A(H^A)$为空)保存节点 SA_p 和反馈量 Q_p^A 到 $Set^A(H^A)$中。

　　　　　Else 对比反馈量 Q_p^A，仅保留反馈量较小的节点到 $Set^A(H^A)$中。

　3.2：**End While**

3：**End While**

反向搜索树遍历

……

3：**While**($p \geqslant n_1$)**do**

　3.1：根据集合 Set^B，构造节点 SB_{p-1}，使用式（2 - 16）计算反馈量 Q_{p-1}^B，使用式（3 - 2）计算哈希值 H^B，令 $p = p - 1$。

　3.2：**While**(存在尚未遍历的节点 SB_p)**do**

　　3.2.1：选择未遍历节点 SB_p，检查存储空间 $Set^B(H^B)$。

　　3.2.2：**If**($Set^B(H^B)$为空)保存节点 SB_p 和反馈量 Q_p^B 到 $Set^B(H^B)$中。

　　　　　Else 对比反馈量 Q_p^B，仅保留反馈量较小的节点到 $Set^B(H^B)$中。

　3.2：**End While**

3：**End While**

整合阶段

4：**While**(存在尚未遍历的节点 SA_{n_1})**do**

　4.1：选择未遍历节点 SA_{n_1}，使用哈希值 H^A 和式（3 - 3）计算哈希值 H^B。

　4.2：从 $Set^B(H^B)$ 中提取节点 SB_{n_1}，连接节点 SA_{n_1} 与 SB_{n_1} 获得完整序列 S，计算反馈总长度

　　　 $F = Q_{n_1}^A + Q_{n_1}^B$。

4：**End While**

5：选择具有最低反馈总长度 F 的活动序列 S 作为最优活动序列。

基于哈希排除和哈希寻址的算法存在多种差异：

（1）哈希值的使用：哈希排除使用哈希值充当相似节点的唯一标识，

从而过滤掉不相似节点；哈希寻址使用哈希值作为节点在存储空间中的地址，从而直接定位相似节点。

（2）存储集合结构：哈希排除的集合需要保存节点、反馈量、哈希值，节点信息在集合的位置无法确定；哈希寻址的集合需要保存节点、反馈量，节点信息存储在哈希值标记的位置中。

（3）对比操作：哈希排除虽然无须进行节点活动对比，但仍然需要进行节点哈希值对比；哈希寻址无须对比任何量，可以直接定位节点信息的位置。

因此哈希寻址并行分枝剪枝算法可能会有更高的执行效率。

3.3.4　算法实例演示

本节继续使用 3.2.3 节的实例来说明基于哈希排除与哈希寻址的相似节点查找与筛选的具体流程。以正向搜索树遍历为例，假设算法 3-3 与算法 3-4 正在处理正向搜索树的第 3 层，步骤 3.1 生成了所有节点 SA_3、反馈量 Q_3^A 和哈希值 H^A，如图 3-4（a）所示。

算法 3-3：

步骤 3.2 执行第 1 轮迭代。步骤 3.2.1 选择未遍历节点 $SA_3 = (1, 2, 3)$，并在集合 Set^A 中查找哈希值 $H^A = 7$。由于集合 Set^A 不存在该哈希值，步骤 3.2.2 将节点 $SA_3 = (1, 2, 3)$、反馈量 $Q_3^A = 3.1$ 和哈希值 $H^A = 7$ 保存在集合 Set^A 中。步骤 3.2 执行若干轮迭代，结果如图 3-4（b）所示。

步骤 3.2.1 选择未遍历节点 $SA_3 = (2, 3, 1)$，并在集合 Set^A 中查找哈希值 $H^A = 7$。由于集合 Set^A 存在该哈希值（标记为方框），步骤 3.2.2 对比相似节点的反馈量，并将具有更高反馈量 $Q_3^A = 4.2$ 的节点 $SA_3 = (2, 3, 1)$ 排除。

随后，步骤 3.2.1 选择未遍历 $SA_3 = (5, 1, 2)$，并在集合 Set^A 中查找哈希值 $H^A = 19$。由于集合 Set^A 存在该哈希值（标记为灰色），步骤 3.2.2 对比相似节点的反馈量，并使用具有更低反馈量 $Q_3^A = 2$ 的节点 $SA_3 =$

（5，1，2）替换节点 $SA_3 = (1，2，5)$，如图 3 - 4（c）所示。步骤 3.2 遍历完所有节点后迭代停止，最终集合 Set^A 如图 3 - 4（d）所示。

算法 3 - 4：

步骤 3.2 执行第 1 轮迭代。步骤 3.2.1 选择未遍历节点 $SA_3 = (1，2，3)$，并检查存储空间 $Set^A(7)$。由于存储空间 $Set^A(7)$ 为空，步骤 3.2.2 将节点 $SA_3 = (1，2，3)$ 和反馈量 $Q_3^A = 3.1$ 保存在存储空间 $Set^A(7)$ 中。步骤 3.2 执行若干轮迭代，结果如图 3 - 4（e）所示。

步骤 3.2.1 选择未遍历节点 $SA_3 = (2，3，1)$，并检查存储空间 $Set^A(7)$。由于存储空间 $Set^A(7)$ 不为空（标记为方框），步骤 3.2.2 对比相似节点的反馈量，并将具有更高反馈量 $Q_3^A = 4.2$ 的节点 $SA_3 = (2，3，1)$ 排除。

随后，步骤 3.2.1 选择未遍历 $SA_3 = (5，1，2)$，并检查存储空间 $Set^A(19)$。由于存储空间 $Set^A(19)$ 不为空（标记为灰色），步骤 3.2.2 对比相似节点的反馈量，并使用具有更低反馈量 $Q_3^A = 2$ 的节点 $SA_3 = (5，1，2)$ 替换节点 $SA_3 = (1，2，5)$，如图 3 - 4（f）所示。步骤 3.2 遍历完所有节点后迭代停止，最终集合 Set^A 如图 3 - 4（g）所示。

节点信息生成

SA_3	Q_3^A	H^A
1 2 3	3.1	7
1 2 4	3.3	11
1 2 5	2.8	19
...	...	...
2 3 1	4.2	7
...	...	...
5 1 2	2	19
...	...	...
6 5 3	0.7	52
6 5 4	0.7	56

（a）

Set^A

SA_3	Q_3^A	H^A
1 2 3	3.1	7
1 2 4	3.3	11
1 2 5	2.8	19

（b）

Set^A

SA_3	Q_3^A	H^A
1 2 3	3.1	7
1 2 4	3.3	11
5 1 2	2	19

（c）

Set^A

SA_3	Q_3^A	H^A
1 2 3	3.1	7
1 2 4	3.3	11
5 1 2	2	19
...	...	...
4 3 2	3.3	14
...	...	...
5 2 4	3	26
...	...	...
6 4 3	1.5	44
6 5 4	0.7	56

（d）

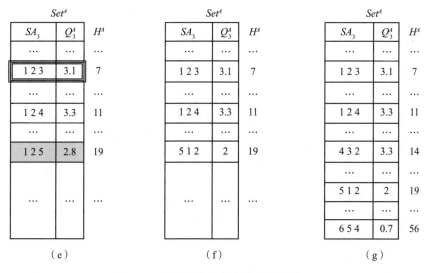

图3-4 相似节点查找与筛选实例演示

3.3.5 随机算例验证

本节实验包括两项内容，首先对比基于不同哈希查找策略的改进算法性能，评估哈希查找技术对算法性能的提升作用，并确定专用精确算法的完成版本；其次在此基础上，对比专用精确算法与通用精确算法的性能差异，从而检验序列筛选规则、并行框架、哈希查找技术的综合性能。本节实验的软硬件环境、算例生成程序与3.1.4节相同，故不再复述。

1. 基于哈希查找技术的改进算法性能对比

本次实验对比并行分枝剪枝算法、哈希排除并行分枝剪枝算法和哈希寻址并行分枝剪枝算法求解随机算例的性能，具体内容如下。

（1）实验准备：随机算例活动数 $n = \{11, 13, 15, 17\}$，密度 $den = \{0.2, 0.4, 0.6, 0.8, 1\}$。对于每一组活动数目和DSM密度，生成20个随机算例，分别使用三种算法求解。对于每个随机算例，求解时间被限制在1小时。

（2）实验结果：实验结果表明，三种算法求解相同DSM算例时，均能获得相同的最小反馈总长度,这表明基于哈希查找的改进算法是正确的。表3-8汇总了三种算法的求解时间,用于对比运行效率。其中"Time"代表算法求解每组规格20个随机算例的平均CPU时间(单位是秒),"PBP"代表并行分枝剪枝算法,"HFPBP"代表基于哈希排除的并行分枝剪枝算法(Hash Filter based PBP),"HAPBP"代表哈希寻址并行分枝剪枝算法(Hash Address based PBP),如果算法无法在1小时内求出算例,用"-"标记。

表3-8 实验结果

n	den	Time			n	den	Time		
		PBP	HFPBP	HAPBP			PBP	HFPBP	HAPBP
11	0.2	1.135	0.340	0.253	13	0.2	11.074	1.004	0.476
	0.4	1.147	0.345	0.250		0.4	11.111	1.010	0.471
	0.6	1.146	0.331	0.249		0.6	11.102	1.048	0.470
	0.8	1.160	0.348	0.252		0.8	11.149	0.983	0.469
	1	1.165	0.324	0.252		1	11.132	1.002	0.471
15	0.2	190.925	8.911	1.482	17	0.2	—	131.970	6.114
	0.4	189.457	9.130	1.480		0.4	—	132.281	6.123
	0.6	193.113	8.868	1.477		0.6	—	132.643	6.119
	0.8	195.684	8.954	1.480		0.8	—	130.627	6.106
	1	190.435	9.185	1.478		1	—	131.174	6.066

表3-8的结果表明,基于哈希寻址的改进算法求解所有算例的耗时均远远小于并行分枝剪枝算法以及基于哈希排除的改进算法。例如,在活动数目 $n=15$ 和DSM密度 $den=0.6$ 时,并行分枝剪枝算法、基于哈希排除的改进算法、基于哈希寻址的改进算法的平均计算时间分别为193.113秒、8.868秒和1.477秒;当活动数达到 $n=15$,密度 $den=1$ 时,并行分枝剪枝算法无法在1小时以内求出精确解,而基于哈希排除和基于哈希寻址的改进算法的平均计算时间分别为131.174秒和6.066秒。

（3）实验结论：本次实验结果表明，哈希查找技术能够极大地加快相似节点查找速率，进而显著提升算法整体的运行效率。由于哈希寻址能够直接定位目标节点，无须进行哈希值对比，所以基于哈希寻址的改进算法的求解速度要高于基于哈希排除的改进算法和未采用哈希查找技术的原始算法。因此本研究选择哈希寻址并行分枝剪枝算法作为专用精确算法的完成版本。

2. 专用精确算法与通用精确算法性能对比

本次实验对 CPLEX 12.6 MILP 求解器、Gurobi 6.5 MILP 求解器和哈希寻址并行分枝剪枝算法进行性能对比测试。CPLEX MILP 与 Gurobi MILP 通用求解器分别整合了分枝切割算法和分枝定界算法（Linderoth J. T. & Lodi A.，2010）。钱艳俊和林军（Qian Y. & Lin J.，2013）使用了 CPLEX 12.1 MILP 求解器获得了规模较小、DSM 矩阵密度稀疏的反馈总长度最小化问题的精确解。而 Gurobi MILP 求解器也被广泛应用于求解各类 NP 难问题（Fu K. et al.，2016；Grøtli E. I. & Johansen T. A.，2012；Li B. et al.，2014；Nyberg A. & Westerlund T.，2012）。

（1）实验准备：本次实验使用更大规模的反馈总长度最小化问题算例，因此随机算例活动数 $n = \{12, 14, 16, 18, 20, 22, 24, 25\}$，密度 $den = \{0.1, 0.3, 0.5, 0.7, 0.9\}$。对于每一组活动数目和 DSM 密度，生成 20 个随机算例，使用两种通用算法和专用精确算法分别求解。对于每个随机算例，求解时间被限制在 1 小时。

（2）实验结果：实验结果表明，三种算法求解相同 DSM 算例时，均能获得相同的最小反馈总长度，再次验证了本书提出的算法的正确性。表 3–9 汇总了三种算法的求解时间，用于对比运行效率。其中"Time"代表算法求解每组规格 20 个随机算例的平均 CPU 时间（单位为秒），"CPLEX"代表 CPLEX 12.6 MILP 求解器，"Gurobi"代表 Gurobi 6.5 MILP 求解器，"HAPBP"代表哈希寻址并行分枝剪枝算法，如果算法无法在 1 小时内求出算例，用"–"标记。

表 3 - 9 的结果表明，对于大多数的算例，基于哈希寻址的改进算法求解速度明显高于 CPLEX MILP 求解器与 Gurobi MILP 求解器。例如，当活动数目 $n = 15$ 和 DSM 密度 $den = 0.6$ 时，CPLEX MILP 求解器、Gurobi MILP 求解器、基于哈希寻址的改进算法的平均求解时间分别为 50.36 秒、227.28 秒和 0.68 秒。当密度 $den < 0.3$ 时，CPLEX MILP 求解器和 Gurobi MILP 求解器的求解时间要小于哈希寻址的改进算法。随着算例的密度上升，CPLEX MILP 求解器与 Gurobi MILP 求解器的求解速度显著下降，而基于哈希寻址的改进算法几乎不受影响。

（3）实验结论：本次实验结果表明，相对于通用求解器，哈希寻址并行分枝剪枝算法能够求解的问题范围更加广泛，在大多数情况下使用时间更少。该算法将文献中的精确算法所能求解的反馈总长度最小化问题规模从 14 个活动扩大到了 25 个活动，且不受 DSM 密度的限制。综上所述，本章提出的序列筛选规则、并行框架、哈希查找技术以及专用精确算法是正确而有效的。

表 3 - 9   实验结果

n	den	Time			n	den	Time		
		CPLEX	Gurobi	HAPBP			CPLEX	Gurobi	HAPBP
12	0.1	0.23	0.25	0.30	14	0.1	0.43	0.97	0.68
	0.3	2.11	1.88	0.29		0.3	10.33	30.21	0.68
	0.5	4.93	16.65	0.29		0.5	50.36	227.28	0.68
	0.7	17.34	39.95	0.29		0.7	400.05	1233.37	0.69
	0.9	56.61	116.05	0.29		0.9	1664.80	—	0.68
16	0.1	0.85	0.70	2.48	18	0.1	2.87	7.32	10.81
	0.3	74.12	165.59	2.48		0.3	469.99	2264.61	10.77
	0.5	553.47	726.90	2.50		0.5	—	—	10.79
	0.7	—	—	2.49		0.7	—	—	10.81
	0.9	—	—	2.49		0.9	—	—	10.80

续表

n	den	Time			n	den	Time		
		CPLEX	Gurobi	HAPBP			CPLEX	Gurobi	HAPBP
20	0.1	14.65	59.65	49.59	22	0.1	116.34	64.22	218.58
	0.3	2586.99	—	48.73		0.3	—	—	220.20
	0.5	—	—	48.61		0.5	—	—	221.63
	0.7	—	—	48.68		0.7	—	—	219.51
	0.9	—	—	49.20		0.9	—	—	222.96
24	0.1	699.58	1964.71	1000.30	25	0.1	1099.50	2945.28	2580.49
	0.3	—	—	996.16		0.3	—	—	2593.65
	0.5	—	—	1008.55		0.5	—	—	2571.40
	0.7	—	—	1001.96		0.7	—	—	2554.35
	0.9	—	—	1004.27		0.9	—	—	2532.59

3.4 本章小结

本章对反馈总长度最小化问题的专用精确算法进行设计，目的是在短时间内获得反馈总长度最小的活动序列，实现对新产品开发流程的优化。以第 2 章的研究内容为理论基础，本章设计了分枝剪枝算法，该算法验证了序列筛选规则的有效性与正确性，提高了当前精确算法所能求解的反馈总长度最小化问题规模；以分枝剪枝算法为基础排序组件，引入并行机制设计了并行分枝剪枝算法，该算法同时使用两种序列筛选规则，能够从正反方向对活动进行排序，求解速度有了明显提高；为了解决相似节点查找与子序列匹配问题，本章设计并评估了多种哈希查找方案，先后提出基于哈希排除、哈希寻址的两种改进算法，其中哈希寻址并行分枝剪枝算法求解效率最高，将 1 小时内的问题求解规模从文献中的 14 个活动提升到 25 个活动，并且不会受到 DSM 密度的影响。

实验结果表明，相对于现有通用精确算法，哈希寻址并行分枝剪算法能够以更快的速度求出反馈总长度最小的活动序列。然而对于实际问题，最大25个活动的求解能力依然不足。因此，仍然有必要考虑设计启发式算法求解更大规模的反馈总长度最小化问题，以满足实际应用的需要。

第 4 章
迭代禁忌搜索算法设计

第 3 章提出的哈希寻址并行分枝剪枝算法能够在 1 小时内求出活动数目不超过 25、任意 DSM 密度随机算例的最优活动序列,极大地提高了精确算法所能求解的问题规模。然而文献表明,实际的企业新产品开发流程的 DSM 通常具有更多活动且密度较为稀疏 (Eppinger S. D. & Browning T. R.,2012;Smith R. P. & Eppinger S. D.,1997;Eppinger S. D.,2001)。因此,对于精确算法无法处理的更大规模问题,有必要设计专用启发式算法在短时间内求出反馈总长度较小的活动序列。

本章的主要研究目标为:设计迭代禁忌搜索算法求解大规模反馈总长度最小化问题。该算法的流程分为禁忌搜索阶段与混合扰动阶段。禁忌搜索阶段以活动互换算符为核心,能够在较短时间内充分地探索某个邻域,找到高质量的活动序列;混合扰动阶段依据概率调用活动群互换算符或随机排序算符,用于帮助搜索流程逃离局部最优解,引导搜索流程探索新的有潜力的邻域。算法将交替运行两阶段直到满足终止条件,随后返回在搜索流程中找到的最优活动序列。本章的主要研究内容有:算符定义,涉及两种邻域移动算符、随机排序算符以及快速评估方法,构成算法最基本的活动序列操作组件 (4.1 节);算法总体框架设计、禁忌搜索阶段设计、混合扰动阶段设计,以及流程控制参数介绍,构成完整的迭代禁忌搜索算法 (4.2 节);算法验证,使用 1200 个随机算例和 3 个通用算例,完成算法参数敏感度分析、算法性能对比测试,检验提出的算符、算法总体框架、搜索与扰动策略的正确性与有效性 (4.3 节)。本章涉及的重要变量如表 4-1 所示。

表 4 – 1 重要变量汇总

变量	描述
S^*，F^*	最佳活动序列，及其反馈总长度
T；P	禁忌步长；调整禁忌步长的参数
$C1$，$C2$	最佳反馈总长度连续不更新的迭代次数上限
TL；$TL(i)$	禁忌搜索阶段的禁忌表；禁忌表的第 i 个元素
$iter$	搜索过程的迭代序号
nic	最佳反馈总长度连续不更新的迭代累计次数
i^t，j^t；i^n，j^n	参与禁忌互换的两个活动；参与非禁忌互换的两个活动
F^t，F^n	禁忌/非禁忌互换执行后的邻居活动序列反馈总长度
F^p	活动群互换算符执行后的邻居活动序列反馈总长度

4.1 算符定义

算符是启发式算法探索问题解邻域的基本操作，一般包括邻域移动算符和扰动算符。邻域移动算符通过修改解，使搜索流程从当前解移动到其邻居解，是最基本的搜索组件。扰动算符通过执行多次邻域移动，使搜索流程脱离局部最优解，前往其他搜索区域。由于各类算符对解的操作方式不同，因此邻域搜索范围、优质解寻找效率、算符质量评估效率均存在较大差异。所以学者倾向于在启发式算法中综合应用多种算符，充分发挥不同算符的优势，在较短时间内找到质量更好的解（Shang Z. et al.，2019；Wang Y. et al.，2017；Wang Y. et al.，2018）。

迭代禁忌搜索算法将综合使用多个算符进行优质活动序列搜索：活动互换算符作为基本搜索组件，用于算法的禁忌搜索阶段；活动群互换算符与随机排序算符构造初始活动序列，帮助搜索流程远离局部最优解，用于算法的混合扰动阶段。本节将详细介绍三种算符的定义、邻域大小、快速评价递推公式等内容。

4.1.1 活动互换算符定义

互换算符是启发式算法常用的基本邻域移动组件，通过互换两元素取值使搜索流程由当前解移动到邻居解（Qian Y. & Lin J.，2013；Kellegöz T.，2017；Elshaikh A. et al.，2016）。迭代禁忌搜索算法使用活动互换算符交换任意两活动在活动序列的位置，从而实现邻域移动，具体定义如下：

活动互换算符：通过交换序列 $S = (s_1，s_2，\cdots，s_p，\cdots，s_q，\cdots，s_n)$ 的任意元素 s_p 与 s_q 的值，实现位于 p 号位置与 q 号位置的两活动位置互换，获得邻居序列 $S' = (s_1，s_2，\cdots，s_p'，\cdots，s_q'，\cdots，s_n)$。

将活动互换算符对特定活动 s_p 与 s_q 的交换记为"活动互换 $(s_p，s_q)$"，当算符作用于 n 规模的序列 S 时，备选活动互换的数量共 $n(n-1)/2$ 个，能够产生 $n(n-1)/2$ 个潜在邻居序列 S'，选择最佳活动互换的时间复杂度为 $O(n^2)$。邻居序列 S' 的反馈总长度 F' 是最直观的活动互换评价指标，其值越小表示互换越成功，可以使用递推式（4-1）（Qian Y. & Lin J.，2013）快速计算反馈总长度 F'。

$$
\begin{aligned}
F' = F &+ \sum_{h=1}^{p-1}(d_{s_h,s_p} - d_{s_h,s_q})(q-p) + \sum_{h=q+1}^{n}(d_{s_q,s_h} - d_{s_p,s_h})(q-p) \\
&+ \sum_{h=p+1}^{q-1}(d_{s_h,s_p} - d_{s_h,s_q})(q-h) + \sum_{h=p+1}^{q-1}(d_{s_q,s_h} - d_{s_p,s_h})(h-p) \\
&+ (d_{s_q,s_p} - d_{s_p,s_q})(q-p)
\end{aligned}
\tag{4-1}
$$

递推式（4-1）使用原序列 S 的反馈总长度 F 和运行算符产生的增量推算邻居序列 S' 的反馈总长度 F'，避免了重新计算反馈总长度。该公式适用于 p 号位置与 q 号位置不是 1 号位置和 n 号位置，且 p 号位置与 q 号位置不相邻的一般情况（$p>1$，$q<n$，$p<q-1$）。对于其他特殊情况，需要删除公式的若干项进行调整，如表 4-2 所示。

式（4 - 1）调整情况

p, q 位置	需要删除的项
$p = 1$	$\sum\limits_{h=1}^{p-1} (d_{s_h, s_p} - d_{s_h, s_q})(q - p)$
$q = n$	$\sum\limits_{h=q+1}^{n} (d_{s_q, s_h} - d_{s_p, s_h})(q - p)$
$p = q - 1$	$\sum\limits_{h=p+1}^{q-1} (d_{s_h, s_p} - d_{s_h, s_q})(q - h) + \sum\limits_{h=p+1}^{q-1} (d_{s_q, s_h} - d_{s_p, s_h})(h - p)$

4.1.2 活动群互换算符定义

活动群由活动序列中若干相邻活动组成。活动群互换算符能够交换活动序列中任意两个活动群的位置，参与交换的活动群不共享活动，且群内部的活动序列保持不变。钱艳俊和林军（Qian Y. & Lin J.，2013）使用的活动群互换算符不限制活动群的大小，而为了提高算符执行效率、降低复杂程度，这里限定活动群只包括两个相邻活动，具体定义如下：

活动群互换算符：依次交换序列 $S = (s_1, s_2, \cdots, s_p, s_{p+1}, \cdots, s_q, s_{q+1}, \cdots, s_n)$ 的元素 s_p，s_{p+1} 与 s_q，s_{q+1} 的值，实现位于 p，$p+1$ 号位置与 q，$q+1$ 号位置的两组活动群的位置互换，获得邻居序列 $S' = (s_1, s_2, \cdots, s'_p, s'_{p+1}, \cdots, s'_q, s'_{q+1}, \cdots, s_n)$。

将活动群互换算符对特定活动 s_p，s_{p+1} 与 s_q，s_{q+1} 的一次操作记为"活动群互换 (s_q, s_q)"，当算符作用于 n 规模的序列 S 时，备选活动群互换的数量共 $(n-2)(n-3)/2$ 个，能够产生 $(n-2)(n-3)/2$ 个潜在邻居序列 S'，选择最佳活动群互换的时间复杂度为 $O(n^2)$。

$$
\begin{aligned}
F' = F &+ \sum_{h=1}^{p-1} (d_{s_h, s_p} + d_{s_h, s_{p+1}} - d_{s_h, s_q} - d_{s_h, s_{q+1}})(q - p) \\
&+ \sum_{h=q+2}^{n} (d_{s_q, s_h} + d_{s_{q+1}, s_h} - d_{s_p, s_h} - d_{s_{p+1}, s_h})(q - p) \\
&+ \sum_{h=p+2}^{q-1} (d_{s_h, s_p} + d_{s_h, s_{p+1}} - d_{s_h, s_q} - d_{s_h, s_{q+1}})(q - h)
\end{aligned}
$$

$$
\begin{aligned}
&+ \sum_{h=p+2}^{q-1} (d_{s_q,s_h} + d_{s_{q+1},s_h} - d_{s_p,s_h} - d_{s_{p+1},s_h})(h-p) \\
&+ \sum_{h=p+2}^{q-1} (d_{s_h,s_{p+1}} + d_{s_{p+1},s_h} - d_{s_{q+1},s_h} - d_{s_h,s_{q+1}}) \\
&+ (d_{s_q,s_p} + d_{s_{q+1},s_{p+1}} - d_{s_p,s_q} - d_{s_{p+1},s_{q+1}})(q-p) \\
&+ (d_{s_{q+1},s_p} - d_{s_{p+1},s_q})(q-p-1) \\
&+ (d_{s_q,s_{p+1}} - d_{s_p,s_{q+1}})(q-p+1) \qquad\qquad (4-2)
\end{aligned}
$$

可以使用递推式（4-2）进行活动群互换快速评估，该公式适用于 p 号位置与 $q+1$ 号位置不是 1 号位置和 n 号位置，且 $p+1$ 号位置与 q 号位置不相邻的一般情况（$p>1$，$q+1<n$，$p+1<q-1$）。对于其他特殊情况，需要删除公式的若干项进行调整，如表 4-3 所示。

表 4-3　　　　　　　式（4-2）调整情况

p, q 位置	需要删除的项
$p=1$	$\sum_{h=1}^{p-1} (d_{s_h,s_p} + d_{s_h,s_{p+1}} - d_{s_h,s_q} - d_{s_h,s_{q+1}})(q-p)$
$q+1=n$	$\sum_{h=q+2}^{n} (d_{s_q,s_h} + d_{s_{q+1},s_h} - d_{s_p,s_h} - d_{s_{p+1},s_h})(q-p)$
$p+1=q-1$	$\sum_{h=p+2}^{q-1} (d_{s_h,s_p} + d_{s_h,s_{p+1}} - d_{s_h,s_q} - d_{s_h,s_{q+1}})(q-h)$ $\sum_{h=p+2}^{q-1} (d_{s_q,s_h} + d_{s_{q+1},s_h} - d_{s_p,s_h} - d_{s_{p+1},s_h})(h-p)$ $\sum_{h=p+2}^{q-1} (d_{s_h,s_{p+1}} + d_{s_{p+1},s_h} - d_{s_{q+1},s_h} - d_{s_h,s_{q+1}})$

对比活动互换算符，活动群互换算符存在以下特点：具有较小的邻域，有利于迅速找到邻域内最优活动序列；执行两次活动互换，产生的邻居活动序列相对于原始活动序列具有更大的差异；活动群内部的活动序列保持不变，使邻居活动序列保留了部分原始活动序列的信息。以上特点表明，活动群互换算符更加适用于在算法混合扰动阶段中执行轻度扰动，帮

助搜索流程远离局部最优解，避免搜索流程重启。

4.1.3　随机排序算符定义

随机排序算符能够对 n 个活动进行随机排列。由于邻居活动序列与原始活动序列不存在任何联系，因此需要使用目标函数式（2-11）计算邻居活动序列的反馈总长度，故不存在递推公式。运行随机排序算符会导致搜索流程产生的信息丢失，因此其扰动效果近似于搜索流程的重启。

对比活动群互换算符，随机排序算符的扰动效果更强，不会继承搜索流程的任何信息，因而更加适用于在算法混合扰动阶段中执行重度扰动。当算法的禁忌搜索阶段以及基于活动群互换算符的轻度扰动均不能继续降低反馈总长度时，可以运行随机排序算符重启整个搜索流程。

4.2　算法框架与流程设计

迭代禁忌搜索算法是求解优化问题的有效启发式算法之一（Misevicius A. et al.，2006；Palubeckis G.，2007；Misevičius A.，2004；Lü Z. & Huang W.，2009）。迭代禁忌搜索算法的流程由多个不同的功能阶段组成，其中最为核心的是禁忌搜索阶段与扰动阶段（Shang Z. et al.，2019；Lü Z. & Hao J-K.，2010；Bilal N. et al.，2014）。以针对具体问题的算符为基础，禁忌搜索阶段使用禁忌表回避已经执行过的算符或考察过的解，避免搜索流程过早陷入局部最优解，具有很强的全局搜索能力（Glover F.，1989；Glover F.，1990；丁俊文，2017）；扰动阶段通常综合使用多种扰动手段，为禁忌搜索阶段提供初始解，帮助搜索流程到达新的有潜力的邻域（Wang Y. et al.，2018；Cordeau J-F. & Maischberger M.，2012）。迭代禁忌搜索算法综合使用禁忌搜索阶段与扰动阶段，可以兼顾启发式算法的集中性与疏散性，能够在短时间内提供高质量的解。

根据上述设计思路，本章提出的迭代禁忌搜索算法使用三种算符对活动序列进行操作，交替运行禁忌搜索阶段与混合扰动阶段对优质活动序列进行搜索。禁忌搜索阶段以活动互换算符为核心，遵循禁忌搜索算法的设计原则；混合扰动阶段按照概率随机运行、随机排序算符，或基于活动群互换算符的局部搜索组件。本节对迭代禁忌搜索算法的总体框架、禁忌搜索阶段、混合扰动阶段以及流程控制参数进行详细介绍。

4.2.1 总体框架设计

总体框架决定了迭代禁忌搜索算法的运行流程与组件调用方式。如算法 4 - 1 所示，从变量初始化与随机初始活动序列构造开始（步骤 1、步骤 2），算法进入迭代搜索流程（步骤 3）。在每轮搜索迭代中，算法首先进入禁忌搜索阶段，不断降低活动序列的反馈总长度（步骤 3.1）。禁忌搜索阶段完成后，算法进入混合扰动阶段，构造质量较好的初始解作为下一轮搜索迭代的输入（步骤 3.2）。混合扰动阶段将依据概率选择两种方式构造初始活动序列：使用局部搜索组件构造质量较好的活动序列，用于轻度扰动；使用随机排序算符构造随机活动序列，用于重度扰动，相当于重启搜索流程。迭代禁忌搜索算法会反复执行上述流程直到达到预设终止条件，随后输出整个搜索过程中发现的最优活动序列及反馈总长度。

算法 4 - 1 迭代禁忌搜索算法总体框架

1：令最佳序列 $S^* = \varnothing$，反馈总长度 $F^* = +\infty$。
2：生成随机初始序列 S，使用式（2 - 11）计算反馈总长度 F。
3：**While**（未达到终止条件）**do**
　3.1：进入禁忌搜索阶段，更新序列 S、S^*，反馈总长度 F、F^*。
　3.2：进入混合扰动阶段，更新序列 S，反馈总长度 F。
3：**End While**
4：输出最佳序列 S^*，反馈总长度 F^*。

4.2.2 禁忌搜索阶段设计

禁忌搜索阶段接收初始活动序列及反馈总长度后，将持续运行活动互换算符，不断调整活动序列并降低反馈总长度。与局部搜索算法不同，禁忌搜索将综合使用活动互换评估规则、禁忌规则、特赦规则来选择并执行合适的活动互换（Cordeau J – F. & Maischberger M. ，1998）。

活动互换评估规则：反馈总长度代表活动序列的质量，反馈总长度越低，活动序列质量越高。如果某个活动互换能够产生高质量的邻居活动序列，那么应该执行该活动互换。可以使用递推式（4 – 1）快速评估活动互换的执行效果。

（1）禁忌规则：在算法迭代执行活动互换算符的过程中，禁忌规则要求当前执行的活动互换在接下来的 T 轮迭代中不被撤销，以免搜索流程返回已经考察过的活动序列。参数 T 是禁忌步长，是禁忌搜索算法的关键参数。

（2）特赦规则：如果某个已经被禁忌的活动互换可以产生当前反馈总长度最小的活动序列，那么应该执行该活动互换。

为实现禁忌规则，需要使用禁忌表 TL 记录活动互换被禁止执行的迭代数。举例说明：假设算法执行了活动互换 (i, j)，则有 $TL(i) = iter + T$ 与 $TL(j) = iter + T$，表示活动 i 与 j 从第 $iter$ 次迭代开始，在之后的 T 次迭代中不可再次交换位置，即原先的活动互换被禁止取消 T 次迭代，当算法继续执行 T 次其他活动互换之后，本次禁忌将被取消。由于存在禁忌规则，因此算法迭代执行算符时，备选活动互换就可以被分为禁忌互换与非禁忌互换两类，当一个禁忌互换能够产生足够好的活动序列时，算法将根据特赦规则解除禁忌并执行该活动互换。综上所述，在禁忌搜索阶段算法将遵循以下策略选择执行活动互换。

（3）活动互换选择策略：算法对所有活动互换进行评估，如果存在一个禁忌互换可以产生整个搜索流程中质量最好的活动序列，那么算法将根据特赦规则执行该活动互换；否则，算法将根据活动互换评估规则选择执行非禁忌互换。

禁忌搜索阶段的详细步骤如算法 4 – 2 所示。从接收活动序列、反馈总长度、初始化关键变量开始（步骤 1、步骤 2），算法迭代执行活动互换算符，直到最佳活动序列的反馈总长度连续 $C1$ 次迭代不再降低（步骤 3）。在每轮迭代中，算法首先完成所有禁忌、非禁忌互换的评估（步骤 3.1、步骤 3.2、步骤 3.3）；随后根据活动互换选择策略执行合适的活动互换并更新禁忌表（步骤 3.4、步骤 3.5）；如果最佳活动序列的反馈总长度没有降低，则更新统计变量 nic（步骤 3.5.1）。算法迭代完成后，禁忌搜索阶段终止并输出活动序列以及反馈总长度。

算法 4 – 2　禁忌搜索阶段

1：接收序列 S、S^*，及反馈总长度 F、F^*。

2：设置禁忌表 $TL(i) = 0 (i \in I)$，令 $iter = 0$，$nic = 0$。

3：**While**($nic < C1$) **do**

　3.1：根据禁忌表 TL，将所有活动互换识别为禁忌互换和非禁忌互换，令 $iter = iter + 1$。

　3.2：使用式（4 – 1）评估所有禁忌互换，确定最佳活动互换 (i^t, j^t)，反馈总长度为 F^t。

　3.3：使用式（4 – 1）评估所有非禁忌互换，确定最佳活动互换 (i^n, j^n)，反馈总长度为 F^n。

　3.4：**If**($F^t < F^n$ 且 $F^t < F^*$) 对序列 S 执行活动互换 (i^t, j^t)，更新禁忌表 $TL(i^t) = iter + T$ 与 $TL(j^t) = iter + T$，令 $F = F^t$，$S^* = S$，$F^* = F$，$nic = 0$。

　3.5：**Else** 对序列 S 执行活动互换 (i^n, j^n)，更新禁忌表 $TL(i^n) = iter + T$ 与 $TL(j^n) = iter + T$，令 $F = F^n$；

　　3.5.1：**If**($F < F^*$) 令 $S^* = S$，$F^* = F$，$nic = 0$；**Else** 令 $nic = nic + 1$。

3：**End While**

4：输出活动序列 S、S^*，及反馈总长度 F、F^*。

4.2.3　混合扰动阶段设计

禁忌搜索阶段结束后，算法进入混合扰动阶段，为下一轮搜索准备初始活动序列，如算法 4 – 3 所示。混合扰动阶段接收来自禁忌搜索阶段的活动序列，在此基础上以较大概率（0.7）调用基于活动群互换算符的局部搜索组件，进行轻度扰动；或者以较低概率（0.3）运行随机排序算符，重启整个搜索流程（步骤 1、步骤 2）。

局部搜索组件收到初始活动序列后，迭代执行活动群互换算符，当最佳活动序列的反馈总长度连续 $C2$ 次迭代不再降低时，局部搜索组件终止运行（步骤 2.1）。局部搜索组件本质上是以不同的算符、搜索方式继续搜索的过程，在继承禁忌搜索阶段搜索结果的基础上，能够确保新的初始解有较好的质量，因而会以较大概率触发。此外，由于活动群互换算符相比活动互换算符具有更小的邻域，且局部搜索模块不是主要搜索组件，因此局部搜索组件的终止条件参数 C2 相对较小，以避免多余的算符执行。

运行随机排序算符会直接生成一个新的随机初始活动序列，从而将搜索流程引入一个全新的搜索邻域，重启整个搜索流程（步骤 3）。由于 Matlab 内置函数 randperm（ ）能够直接生成任意规格的随机数列，因此实现迭代禁忌搜索算法时，将直接使用 randperm（ ）函数，故不再对随机活动序列的生成流程做进一步设计。

算法 4 - 3　混合扰动阶段

1：接收活动序列 S，及其反馈总长度 F，令 $nic = 0$。
2：**If**($rand($) $mod\,100 < 70$)
　2.1：**While**($nic < C2$) **do**
　　2.1.1：使用式（4 - 2）评估所有活动群互换，确定最佳交换活动群互换（i^p，j^p），反馈总长度为 F^p。
　　2.1.2：**If**($F^p < F$)对序列 S 执行活动群互换（i^p，j^p），令 $F = F^p$，$nic = 0$；**Else** 令 $nic = nic + 1$。
　2.1：**End While**
3：**Else** 执行随机排序算符生成序列 S，使用式（2 - 11）计算反馈总长度 F。
4：输出序列 S，及反馈总长度 F。

4.2.4　搜索流程控制参数

迭代禁忌搜索算法主要使用三种参数控制整个搜索流程。

（1）禁忌步长 T：禁忌步长是禁忌搜索算法的核心参数（Elshaikh A. et al.，2016；Glover F. & Laguna M.，1998；Li R. et al.，2017）。在实际应用中，迭代禁忌搜索算法需要处理不同规模的优化问题：对于小规模问题，如果禁忌步长过大，则在搜索过程中备选活动互换将很快被全部禁忌；对于大规模问题，如果禁忌步长过小，则禁忌互换将很快得到释放，会导致搜索流程无法跳出局部最优解，因此禁忌步长并不适合设定为固定值。这里将禁忌步长设定为与问题规模相关的量 $T = P \times n$，其中 n 为活动数目，问题活动数越多则禁忌步长越大；$P \in (0, 1)$ 用于调整禁忌表的长度，属于需要设置的参数。

（2）终止条件参数 $C1$ 与 $C2$：终止条件参数是判断搜索过程是否陷入局部最优的阈值，是结束搜索流程的条件，能够直接影响搜索流程的搜索深度和运行时间。当搜索流程连续 $C1$ 或 $C2$ 次无法找到更好的活动序列时，则判定搜索流程陷入局部最优解，此时需要决定重启搜索流程或者进行轻度扰动。如果参数值设置过小，则会导致邻域搜索不充分；如果参数值设置过大，则会使搜索流程到达局部最优后不能及时终止，使算法的运行效率降低。

以上关键参数会对迭代禁忌搜索算法的运行效率、输出结果质量造成直接影响，因此有必要通过实验分析关键参数对算法运行的影响，并确定合适的参数取值。

4.3 算法验证

本节实验包括三项内容，首先对迭代禁忌搜索算法的关键参数进行测试，分析参数的不同取值对算法性能的影响，确定最有利于算法性能的参数取值；其次在合理的参数取值的基础上，以专用精确算法求出的最优活动序列及反馈总长度为基准，衡量迭代禁忌搜索算法获得的活动序列质量，并与现有文献中同类优秀算法进行对比；最后使用迭代禁忌搜索算法求解公开的基准算例，考察迭代禁忌搜索算法的正确性与有效性。本节实验的软硬件环境、算例生成程序与 3.1.4 节相同，故不再复述。

4.3.1 参数敏感度分析

本节对 4.2.4 节的流程控制参数进行敏感度分析，以考查参数对迭代禁忌搜索算法性能的影响，并确定合理的参数取值。表 4 - 4 展示了参数的详细信息，并给出默认取值。参数默认值在初步实验中表现良好，但仍然需要进行验证。

表 4 – 4 参数设置

参数	描述	默认值
P	禁忌步长 $T = P \times n$	0.6
$C1$	禁忌搜索阶段，最优目标函数值连续不更新的迭代次数的上限	200
$C2$	局部搜索阶段，最优目标函数值连续不更新的迭代次数的上限	30

1. 实验准备

本次实验依次对参数 P，$C1$，$C2$ 进行敏感度分析。被选中参数的取值会在一定范围内变化，而其余待测参数保持为默认值。实验使用迭代禁忌搜索在不同参数配置的条件下，对不同规模的随机算例进行求解，观察结果变化情况，随后使用 Friedman 检验进行分析，从而得出算法性能对某些参数取值是否敏感以及参数默认值是否合适等结论。

本次实验共使用 480 个随机算例，每个参数实验使用 160 个。随机算例的活动数 $n = \{30, 40, 50, 60\}$，密度 $den = \{0.1, 0.2\}$，对于每一组活动数目和 DSM 密度，生成 20 个随机算例，使用迭代禁忌搜索在不同参数配置情况下进行求解，求解时间被限制在 120 秒。由于算法运行时间相同，本次实验只记录每种规格 20 个算例的平均反馈总长度值，并对该数据进行 Friedman 检验。

2. 实验结果

（1）禁忌步长参数 P 测试。

设定参数 $P = \{0.2, 0.4, 0.6, 0.8, 1.0\}$，参数 $C1$ 和 $C2$ 为默认值。实验结果如表 4 – 5 所示，以黑色加粗字体标记每种算例规格的最小平均反馈总长度。

表 4-5 参数 P 测试结果

n	den	P				
		0.2	0.4	0.6	0.8	1.0
30	0.1	**32.35**	37.3	35.09	39.77	33.93
	0.2	170.36	**161.32**	162.73	169.77	173.96
50	0.1	309.71	309.32	304.71	300.94	**297.36**
	0.2	1026.26	1000.41	**989.21**	1033.68	1008.17
40	0.1	123.63	126.86	**119.25**	123.28	125.61
	0.2	476.27	462.15	**456.68**	468.63	472.79
60	0.1	643.81	**591.54**	612.65	629.38	648.4
	0.2	1915.69	1910.51	1972.15	**1895.47**	1940.31

对表 4 – 5 的数据进行 Friedman 检验可得 $pvalue = 0.3669 > 0.05$，说明算法使用不同参数 P 所求得的反馈总长度并没有明显的差异，即参数 P 对算法的性能表现没有显著影响。从表 4 – 5 可以看出，当参数 $P = 0.6$ 时，有 3 种算例规格的平均反馈总长度要小于其他参数取值，例如，当活动数为 50、DSM 密度为 0.2 时，参数 $P = 0.6$ 的平均反馈总长度为 989.21，相对其他取值最小。所以可以认为参数 P 的默认值为 0.6 是合理的。

（2）终止条件参数 $C1$ 测试。

禁忌搜索阶段是主要搜索组件，需要更多的迭代次数来确保邻域得到充分探索，因而参数 $C1$ 应设为较大取值。设定参数 $C1 = \{50，100，150，200，250\}$，参数 P 和 $C2$ 为默认值。实验结果如表 4 – 6 所示，以黑色加粗字体标记每种算例规格的最小平均反馈总长度。

对表 4 – 6 的数据进行 Friedman 检验可得 $pvalue = 0.8266 > 0.05$，说明参数 $C1$ 对算法运行结果没有显著影响。从表 4 – 6 可以看出，参数 $C1 = 200$ 在 3 种算例规格中取得了最小的平均反馈总长度，因此参数 $C1$ 的默认值为 200 是合理的。

（3）终止条件参数 $C2$ 测试。

局部搜索组件用于轻度扰动，无须寻找局部最优解，因而参数 $C2$ 应设为较小取值，从而在算法总体运行时间固定的情况下，留给禁忌搜索阶段更长的运行时间。设定参数 $C2 = \{10，30，50，70，90\}$，参数 P 和 $C2$ 为默认值。实验结果如表 4 – 7 所示，以黑色加粗字体标记每种算例规格的最小平均反馈总长度。

对表 4 – 7 的数据进行 Friedman 检验可得 $pvalue = 0.9384 > 0.05$，说明参数 $C2$ 并不会显著影响算法的运行结果。从表 4 – 7 可以看出，参数 $C2 = 30$ 在 3 种算例规格中取得了最小的平均反馈总长度，因此 $C2$ 的默认值为 30 是合理的。

表 4 – 6　参数 C1 测试结果

n	den	C1				
		50	100	150	200	250
30	0.1	**33.37**	34.17	35.93	39.75	37.13
30	0.2	169.59	177.21	163.65	**162.02**	171.89
40	0.1	126.68	124.88	127.28	125.33	**124.36**
40	0.2	**462.87**	463.09	471.96	472.61	478.25
50	0.1	302.45	308.7	314.21	297.13	**288.65**
50	0.2	1033.58	1041.08	**1006.53**	1070.6	1006.79
60	0.1	616.55	608.75	627.89	**607.49**	609.62
60	0.2	1903.06	1917.4	1921.35	**1881.33**	1953.44

表 4 – 7　参数 C2 测试结果

n	den	C2				
		10	30	50	70	90
30	0.1	34.15	**33.1**	35	33.6	39.13
30	0.2	171.75	175.28	174.37	**164.87**	177.33
40	0.1	**113.43**	117	128.48	124.98	115.83
40	0.2	469.93	**467.62**	481.68	483.3	469.44
50	0.1	313.29	**304.78**	315.22	313.79	307.77
50	0.2	1026.52	1019.08	**1010.27**	1053.81	1015.78
60	0.1	627.09	638.72	626.39	624.17	**616.71**
60	0.2	1903.26	1946.48	**1897.91**	1913.33	1948.83

3. 实验结论

本次实验结果表明，当参数 P，$C1$ 和 $C2$ 的值分别在范围 $\{0.2, 0.4,$ $0.6, 0.8, 1.0\}$、$\{50, 100, 150, 200, 250\}$、$\{10, 30, 50, 70, 90\}$ 以内时，并不会对算法的运行结果造成显著影响。因此在特定取值范围以内，无须对 3 种参数进行特意调整就能确保算法稳定运行。由于表 4 - 4 的参数默认值在实验中表现出了微弱优势，因而本次实验继续使用参数默认值来运行迭代禁忌搜索算法。

4.3.2 随机算例验证

本节使用小规模与大规模算例进行启发式算法的性能对比实验。小规模算例的活动数量低于 26，可以使用第 3 章提出的专用精确算法求出最优活动序列；大规模算例具有更多的活动数量，目前只能使用启发式算法进行求解。本次实验使用钱艳俊和林军（Qian Y. & Lin J.，2013）的交换启发式算法作为对照启发式算法，并使用偏移率 dev 衡量算法的求解效果。

偏移率 dev 是常用的启发式算法求解结果的质量衡量指标（Qian Y. & Lin J.，2013），对于小规模算例有 $dev = 100(f_h - f_e)/f_e$，其中 f_e 是最优活动序列的反馈总长度，f_h 是启发式算法得出的反馈总长度，偏移率 dev 越低表示启发式算法的结果越接近最优活动序列；对于大规模算例有 $dev = 100(f_o - f_h)/f_o$，其中 f_o 是随机算例原始活动序列的反馈总长度，偏移率 dev 越高表示启发式算法减少的反馈总长度越多。

1. 实验准备

小规模算例实验共生成 600 个随机算例，活动数为 $n = \{16, 18, 20,$ $22, 24, 25\}$，密度 $den = \{0.1, 0.3, 0.5, 0.7, 0.9\}$；大规模算例实验共生成 600 个随机算例，活动数 $n = \{30, 60, 90, 120, 150, 180\}$，密度 $den = \{0.2, 0.4, 0.6, 0.8, 1.0\}$。对于每一组活动数目和 DSM 密度，生成 20 个随机算例。小规模与大规模算例的求解时间分别限制为 30 秒和 180 秒。

小规模算例需要分别使用哈希寻址并行分枝剪枝算法、交换启发式算法和迭代禁忌搜索算法进行求解，其中专用精确算法用于求出算例的最优活动序列及最小反馈总长度作为评价启发式算法的基准；大规模算例首先需要使用式（2－11）计算原始活动序列的反馈总长度作为评价基准，随后分别使用交换启发式算法和迭代禁忌搜索算法进行求解。

2. 实验结果

（1）小规模算例实验结果。

经过检验，迭代禁忌搜索求出的活动序列与反馈总长度是正确的，并且对于较小规模的随机算例，迭代禁忌搜索可以获得与专用精确算法一样的结果。

表 4－8 汇总了两种启发式算法实验结果。其中"*avg dev*"代表算法求解每组规格 20 个随机算例的平均偏移率，"*avg time*"代表启发式算法找到整个搜索过程中的最佳活动序列所消耗的平均时间（单位为秒），"ITS"代表迭代禁忌搜索算法（iterated tabu search），"EBH"代表交换启发式算法（exchange-based heuristic）。

表 4－8 小规模算例计算结果

n	den	ITS		EBH		n	den	ITS		EBH	
		avg dev	*avg time*	*avg dev*	*avg time*			*avg dev*	*avg time*	*avg dev*	*avg time*
16	0.1	0	0.025	0	0.023	18	0.1	0	0.138	10.964	0.006
	0.3	0	0.064	3.025	0.023		0.3	0	0.051	2.272	0.006
	0.5	0	0.033	1.068	0.023		0.5	0	0.138	1.008	0.004
	0.7	0	0.029	0.488	0.026		0.7	0	0.088	1.181	0.005
	0.9	0	0.033	0.351	0.025		0.9	0	0.048	0.173	0.004
20	0.1	0	0.165	16.855	0.007	22	0.1	0	0.503	16.448	0.008
	0.3	0	0.166	1.912	0.005		0.3	0	0.248	1.165	0.009
	0.5	0	0.074	1.401	0.010		0.5	0	0.417	0.956	0.010
	0.7	0	0.068	0.344	0.006		0.7	0	0.100	0.394	0.010
	0.9	0	0.106	0.422	0.004		0.9	0	0.237	0.767	0.010

n	den	ITS		EBH		n	den	ITS		EBH	
		avg dev	avg time	avg dev	avg time			avg dev	avg time	avg dev	avg time
24	0.1	0.256	7.149	13.446	0.015	25	0.1	0.027	11.753	17.151	0.031
	0.3	0	4.631	1.638	0.012		0.3	0.550	3.082	1.505	0.018
	0.5	0.041	9.411	0.291	0.015		0.5	0.015	4.939	1.096	0.015
	0.7	0.239	9.150	0.678	0.012		0.7	0	5.171	0.328	0.018
	0.9	0	1.547	0.181	0.015		0.9	0	10.399	0.517	0.015

表 4-8 的结果表明，迭代禁忌搜索算法的整体性能要好于交换启发式算法。在求解结果方面，当算例的活动数低于 24 时，迭代禁忌搜索算法的求解结果与精确算法一致，例如，在活动数为 18、DSM 密度为 0.3 时，平均偏移率为 0，这表明迭代禁忌搜索算法求出了该规格随机算例的最优活动序列；对于交换启发式算法，除去活动数为 16、DSM 密度为 0.1 的算例，其余算例均无法达到精确算法的求解效果，例如，当活动数为 20、DSM 密度为 0.5 时，平均偏移率为 1.401%。当算例的活动数增加时，迭代禁忌搜索算法存在 6 个规格的算例无法求出最优活动序列，但其平均偏移率依然小于交换启发式算法，例如，当活动数为 25、DSM 密度为 0.3 时，迭代禁忌搜索算法的平均偏移率为 0.55%，而交换启发式算法的平均偏移率为 1.505%，这说明迭代禁忌搜索算法求出的活动序列更加接近于最优活动序列。

在求解时间方面，两种启发式算法的终止时间被设定为 30 秒，但在多数情况下均可以在 1 秒内求出高质量活动序列。这表明即使终止时间缩短到 10 秒，两种启发式算法也能够求出质量足够好的活动序列。对比算法找到最佳活动序列的平均时间，迭代禁忌搜索算法在求解活动数为 16 的算例时，所用时间与交换启发式算法相当，当求解活动数大于 16 的算例时，所用时间均大于交换启发式算法，例如，当活动数为 24、DSM 密度为 0.1 时，迭代禁忌搜索算法的平均用时为 7.149 秒，交换启发式算法的平均用时为 0. 015 秒。此外对比 3. 3. 5 小节的表 3 - 9 可知，两种启发式算法求得最佳活动序列所消耗的时间均远远小于作为基准的专用精确算法。

（2）大规模算例实验结果。

表 4 - 9 汇总了两种启发式算法的实验结果。与表 4 - 8 不同，这里的平均偏移率"*avg dev*"是以算例原始活动序列的反馈总长度为基准计算，因此平均偏移率越大表示算法降低的反馈总长度越多，结果质量越好。

表 4 - 9 大规模算例计算结果

n	den	ITS		EBH		n	den	ITS		EBH	
		avg dev	*avg time*	*avg dev*	*avg time*			*avg dev*	*avg time*	*avg dev*	*avg time*
30	0.2	60.249	5.970	58.495	0.061	60	0.2	46.228	73.940	45.566	0.525
	0.4	40.983	5.388	40.498	0.065		0.4	31.198	90.675	30.813	0.507
	0.6	31.370	9.732	30.935	0.066		0.6	22.705	76.008	22.392	0.475
	0.8	22.863	6.315	22.391	0.060		0.8	17.114	82.847	16.892	0.473
	1.0	16.257	2.233	16.073	0.062		1.0	11.728	58.033	11.607	0.525
90	0.2	39.648	95.159	39.313	0.822	120	0.2	33.693	101.209	33.529	2.107
	0.4	25.513	77.344	25.197	0.776		0.4	22.679	90.138	22.523	2.155
	0.6	18.955	83.012	18.779	0.717		0.6	16.055	114.704	15.956	2.049
	0.8	13.777	69.905	13.605	0.701		0.8	12.142	90.419	12.066	2.279
	1.0	9.641	104.347	9.525	0.712		1.0	8.882	95.394	8.805	2.106
150	0.2	30.736	113.708	30.633	4.513	180	0.2	28.035	106.739	27.987	9.604
	0.4	20.571	89.874	20.475	4.424		0.4	17.664	116.124	17.587	8.360
	0.6	14.353	86.262	14.280	4.454		0.6	13.375	99.318	13.362	8.951
	0.8	10.869	98.731	10.773	4.104		0.8	9.980	105.101	9.943	8.409
	1.0	7.374	92.363	7.320	4.407		1.0	6.995	120.957	6.975	8.800

表 4 - 9 的结果表明，相对于交换启发式算法，迭代禁忌搜索算法能够得出质量更好的活动序列，但需要消耗更多的时间来搜索最佳活动序列。例如，对于活动数为 30、DSM 密度为 0. 2 的算例，迭代禁忌搜索算法的平

均偏移率为 60.249%，平均耗时为 5.97 秒，而交换启发式算法的平均偏移率为 58.495%，平均耗时为 0.061 秒；对于活动数为 180、DSM 密度为 0.8 的算例，迭代禁忌搜索算法的平均偏移率为 9.98%，平均耗时为 105.101 秒，而交换启发式算法的平均偏移率为 9.943%，平均耗时为 8.409 秒。

随着算例密度的上升，两种启发式算法降低反馈总长度的能力均有明显下降。例如，对于活动数为 90 的算例，当 DSM 密度为 0.2 时，迭代禁忌搜索算法的平均偏移率为 39.648%，交换启发式算法为 39.313%；当 DSM 密度上升为 0.6 时，平均偏移率分别为 18.955% 和 18.779%；当 DSM 密度为 1.0 时，平均偏移率分别降低为 9.641% 和 9.525%。以上情况表明，在求解具有较高 DSM 密度的算例时，调整活动、活动群在活动序列的位置并不能对反馈总长度造成明显影响，算法寻找优质活动序列更加困难。

3. 实验结论

本次实验结果表明，迭代禁忌搜索算法能够有效求解反馈总长度最小化问题。相对于专用精确算法，迭代禁忌搜索算法一般能在极短时间内求出小规模问题的高质量活动序列；相对于交换启发式算法，迭代禁忌搜索算法在多数情况下能够求出反馈总长度更小的活动序列，尽管搜索最佳活动序列的用时更长，但总体运行时间没有超过 180 秒，因此该算法依然具有很强的实际应用价值。

4.3.3　基准算例验证

求解公开的基准算例集是对比算法性能的常用方法（Xiao H. et al.，2017；Karapetyan D. et al.，2017）。由于基于 DSM 的新产品开发流程优化领域暂不存在足够的基准算例，因而当前文献通常使用三个不同规模、DSM 密度的公开基准算例进行更广泛的算法求解效果对比（Todd D. S.，1997；Lancaster J. & Cheng K.，2008；Qian Y. & Lin J.，2013；Shang

Z. et al. , 2019）：算例 STEWARD' 81，包括 20 个活动，DSM 密度为 11. 25%；算例 KUSIAK' 91，包括 12 个活动，DSM 密度为 20. 14%；算例 AUSTIN' 96，包括 51 个活动，DSM 密度为 7. 8%。

表 4 – 10 汇总了三个算例的原始活动序列对应的反馈总长度、最优活动序列的反馈总长度，以及约翰·兰开斯特和程凯（Lancaster J. & Cheng K. , 2008）的进化算法、托德（Todd D. S. , 1997）的遗传算法、钱艳俊和林军（Qian Y. & Lin J. , 2013）的交换启发式算法以及迭代禁忌搜索算法得出活动序列的反馈总长度，如果数据不存在，使用" – "标记。

表 4 – 10　　　　　　　　　　算法求解结果汇总

基准算例	反馈总长度					
	原始	最优	Lan	Todd	EBH	ITS
STEWARD' 81	93	24	24	24	24	24
KUSIAK' 91	39	6	6	6	6	6
AUSTIN' 96	320	—	157	158	146	142

表 4 – 10 的结果表明，对于规模较小的算例 STEWARD' 81 与算例 KUSIAK' 91，四种算法均可以求出最优活动序列；对于规模较大的算例 AUSTIN' 96，迭代禁忌搜索算法求出了反馈总长度更小的活动序列。经过迭代禁忌搜索算法重新调整的算例 DSM 如图 4 – 1 所示。

4.3.4　算法分析与讨论

集中性与疏散性是影响启发式算法求解效果的关键因素，集中性指算法在特定邻域内搜索优质解的能力，强调搜索深度；疏散性指搜索流程跳转到新的有潜力邻域的能力，强调搜索广度（丁俊文，2017；Yan Y. et al. , 2017；Lozano M. , García – Martínez C. , 2010；Lu Y. et al. , 2018）。从集中性与疏散性的角度对迭代禁忌搜索算法与交换启发式算法的设计细节展开分析，能够进一步揭示实验结果的内在成因。

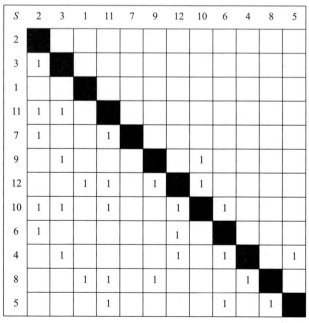

S	2	19	5	7	16	6	8	18	11	9	17	10	4	3	1	14	12	15	13	20
2	■																			
19	1	■	1																	
5		1	■	1																
7		1	1	■																
16	1		1		■					1					1					
6			1			■														
8				1			■													
18				1		1	1	■												
11							1		■											
9		1				1		1		■		1								
17						1	1				■	1								
10						1	1	1		1		■	1							
4										1			■							
3													1	■						
1						1				1	1		1		■					
14								1								■				
12						1				1	1		1			1	■			
15																		■		
13					1													1	■	
20															1					■

（a）算例 STEWARD' 81 调整后的 DSM

S	2	3	1	11	7	9	12	10	6	4	8	5
2	■											
3	1	■										
1			■									
11	1	1		■								
7	1				■							
9		1				■		1				
12			1	1		1	■	1				
10	1	1					1	■		1		
6	1						1		■			
4		1					1		1	■		1
8			1	1		1			1		■	
5					1				1		1	■

（b）算例 KUSIAK' 91 调整后的 DSM

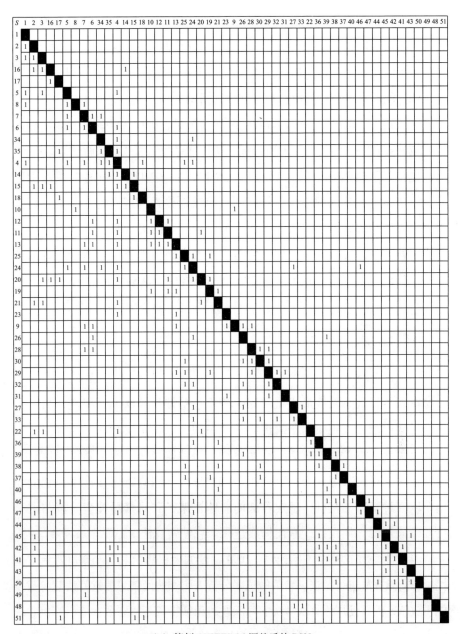

（c）算例 AUSTIN' 96 调整后的 DSM

图 4 - 1　迭代禁忌搜索算法运行结果

钱艳俊和林军（Qian Y. & Lin J.，2013）提出的交换启发式算法采用局部搜索框架，在每轮搜索迭代中，算法会连续使用两种不同的活动互换算符进行优质活动序列搜索；当反馈总长度无法降低时，算法判定搜索流程达到局部最优活动序列并终止运行。表4-8、表4-9的实验结果表明，交换启发式算法能够在极短时间内达到局部最优活动序列，具有很强的集中性。然而该算法缺乏扰动机制，搜索流程的疏散性不足，因此无法充分探索问题的可行域，导致最终的活动序列质量低于迭代禁忌搜索算法的求解结果。

迭代禁忌搜索算法的流程包括两个阶段：集中性较强的禁忌搜索阶段，用于迅速找到局部最优活动序列；疏散性较强的混合扰动阶段，用于引导搜索流程进入新的有潜力邻域，为找到更好的局部最优活动序列提供可能。迭代禁忌算法兼顾了集中性与疏散性，因而能够找到质量更好的活动序列，但由于搜索流程不断重启，因而寻找优质活动序列的用时更长。

4.4 本章小结

本章对反馈总长度最小化问题的迭代禁忌搜索算法展开研究，目的是在短时间内求出大规模问题的优质活动序列，以满足实际新产品开发流程的优化需求。本章首先对活动互换算符、活动群互换算符、随机排序算符进行定义，讨论其邻域大小、快速评估方法，并明确算符在搜索流程的作用；以三种算符为基础，确定算法的总体框架，并对禁忌搜索阶段与混合扰动阶段进行详细设计，从而构成迭代禁忌搜索算法。

本章共使用1200个不同规模、DSM密度的随机算例和3个基准算例对迭代禁忌搜索算法进行验证。参数敏感度分析表明，迭代禁忌搜索算法对参数变化不敏感，因此使用该算法解决实际问题时无须特意调整参数；随机算例验证表明，迭代禁忌搜索算法能够在180秒以内求出各种规格算例的优质活动序列，具有较强的实用价值；在基准算例实验中，迭代禁忌搜索算法改善了1个基准算例的活动序列质量，在其余的基准算例实验中获得了与文献中相同的结果。

第 4 章与第 5 章分别提出了针对反馈总长度最小化问题的哈希寻址并行分枝剪枝算法与迭代禁忌搜索算法。对于活动数低于 25 的小规模问题，使用哈希寻址并行分枝剪枝算法可以在 1 小时内求出具有任意 DSM 密度的问题的最优活动序列；对于更大规模的问题，可以使用迭代禁忌搜索算法在 180 秒内获得高质量活动序列。随机算例验证的结果表明，两种算法的求解效果、求解时间相比同类算法均存在一定优势。然而文献显示，相较于人工生成的随机算例，实际企业的新产品开发流程 DSM 通常包含大量活动且密度较为稀疏（Eppinger S. D. & Browning T. R.，2012；Smith R. P. & Eppinger S. D.，1997；Eppinger S. D.，2001）。因此依然有必要使用企业新产品开发流程实例来考察算法在实际背景下的运行效果。

本章使用的新产品开发流程实例均选自史蒂文·埃平格和泰森·勃朗宁（Eppinger S. D. & Browning T. R.，2012）的《设计结构矩阵方法与应用》（*Design Structure Matrix Methods and Applications*）。该书是工程管理领域的经典著作，主要讨论了 DSM 方法在工业与工程管理领域的具体应用，能够为企业的 DSM 方法实践者提供详尽指导，并且在相关研究中得到了广泛的关注（Lu Y. et al.，2018；Hamraz B. et al.，2012；Algeddawy T. & Elmaraghy H.，2013；Engel A. et al.，2017；杨青等，2017；杨国辉和刘继红，2017）。作者收集整理了 44 个应用 DSM 方法的实例，涉及汽车、航天、电子、建筑、机械、制药等多个行业，包括产品模块化、系统集成、知识管理、组织设计、项目策划、开发流程优化等多方面应用。本章将选取 4 个开发流程优化实例来验证哈希寻址并行分枝剪枝算法与迭代禁忌搜索算法解决实际问题的能力，具体包括：某型无人机开发流程实例（5.1 节）、精密运动系统开发流程实例（5.2 节）、热交换器开发流程实例（5.3 节）以及汽车引擎盖开发流程实例（5.4 节）。选择以上实例的主要原因有：实例创建者具有丰富的产品开发经验；实例的数据来源可靠；实例创建者公布了数据收集手段；实例的数据准确、DSM 清晰；实例的规模多样，可以用于验证精确算法或启发式算法的实际问题解决能力。

5.1 无人机开发流程实例

5.1.1 基本信息

某型无人机开发流程以概念设计阶段和初步设计阶段开始，历经多个详细设计阶段完成（Eppinger S. D. & Browning T. R.，2012）。其中概念设计与初步设计阶段涉及多个学科领域，开发者需要从不同的学科角度频繁交流，并对开发过程产生的中间结果进行反复评估，因此该产品的开发流程极易发生活动返工。为深入研究活动返工及其对开发流程的影响，开发流程优化团队通过员工访谈、调查问卷等方式对概念设计与初步设计阶段的开发活动进行识别，并使用 DSM 方法对两阶段的设计流程建立模型，最后邀请员工对调查结果和初始模型进行验证和校准。

如表 5 - 1 所示，无人机的概念设计阶段包括 12 个活动，初步设计阶段包括 14 个活动。在活动间信息依赖关系明确的情况下，可以为两个设计阶段建立 DSM 模型，如图 5 - 1 所示。由于概念设计阶段与初步设计阶段之间存在信息交换，因此开发流程优化团队将两个设计阶段整合进一个 DSM 中。

根据表 5 -1 活动列表与图 5 -1 DSM，两个设计阶段均存在一个初始活动用于确定设计需求和目标（活动1，确定无人机概念/初步设计要求和目标）；在此基础上，确定无人机的设计配置（活动 2，制定概念/初步设计配置）。在概念设计阶段，首先需要继续执行多个活动，分别从空气动力、推进、控制、机械、电气等不同学科领域对无人机设计配置进行分析（活动 3 至活动 9）；其次，汇总分析结果并对设计配置进行多学科综合评估（活动 10，多学科综合分析与评估）；最后，开发团队需要根据评估结果作出决策：结束概念设计阶段进入初步设计阶段，或者修改设计配置产生活动返工（活动 11，概念评价和决策）。初步设计阶段也存在相似的流程，区别在于开发团队将会进行更加详细、具体的设计配置评估，并引入了多个额外学科。初步设计阶段的主要任务是收集整理设计数据并准备提案，以申请后续开发阶段的资金。

表 5 – 1　　　　　　　　　　概念设计与初步设计阶段的活动

概念设计阶段		初步设计阶段	
1	制定无人机概念设计要求和目标	1	制定无人机初步设计要求和目标
2	制定概念设计配置	2	制定初步设计配置
3	准备三维视图和几何数据	3	准备外部模型和内部图样
4	空气动力学分析与评估	4	空气动力学分析与评估
5	推进力分析与评估	5	创建初始结构几何图
6	稳定性与控制性分析与评估	6	准备结构几何图和有限元注记
7	机械与电气分析与评估	7	制定结构设计条件
8	载荷分析与评估	8	载荷和惯性分析与评估
9	性能分析与评估	9	稳定性与控制性分析与评估
10	多学科综合分析与评估	10	创建自由体受力图
11	概念评价和决策	11	建立内部载荷分布
12	分发配置数据	12	评估结构强度、刚度与寿命
		13	初步生产计划和分析
		14	准备无人机设计提案

资料来源：Eppinger S. D. ，Browning T. R. Design structure matrix methods and applications ［M］. Cambridge，MA：MIT press，2012.

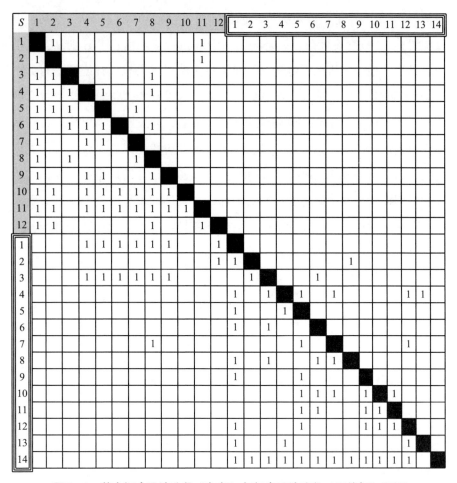

图 5-1　整合概念设计阶段（灰色）与初步设计阶段（三线框）DSM

资料来源：Eppinger S. D., Browning T. R. Design structure matrix methods and applications［M］. Cambridge，MA：MIT press，2012.

5.1.2　流程优化与结果评析

图 5-1 的 DSM 表明，概念设计阶段存在由活动 11 到活动 1 与活动 2 的两个长距离反馈。这些反馈跨越活动较多，可能造成多个活动不断返工。初步设计阶段的活动之间存在更多反馈，但并不存在由该阶段发往概念设计阶段的反馈，所以一旦开发流程推进到初步设计阶段，就不可能再返回概念设计阶段。以上情况表明，初步设计阶段仅需要接收概念设计阶

段的成果，因此可以按照设计阶段分解图 5 – 1 的 DSM，并分别优化概念设计阶段与初步设计阶段的开发流程。

使用式（2 – 11）可以求出概念设计阶段的反馈总长度为 34，初步设计阶段的反馈总长度为 36。使用哈希寻址并行分枝剪枝算法对两个设计阶段的活动序列进行调整，可以得到概念设计阶段的最优活动序列为（2，1，3，8，5，7，4，6，9，11，10，12），反馈总长度降低为 24；初步设计阶段的最优活动序列为（1，6，3，2，8，5，7，9，10，11，12，4，13，14），反馈总长度降低为 17。两个设计阶段调整后的 DSM 如图 5 – 2 所示。

S	2	1	3	8	5	7	4	6	9	11	10	12
2	■	1								1		
1	1	■								1		
3	1	1	■	1								
8		1	1	■		1						
5	1	1	1		■	1						
7		1			1	■	1					
4	1	1	1	1	1		■					
6		1	1	1	1		1	■				
9		1		1	1				■			
11		1		1	1	1	1	1		■	1	
10	1	1		1	1	1	1	1	1		■	
12	1	1		1						1		■

（a）概念设计阶段 DSM

S	1	6	3	2	8	5	7	9	10	11	12	4	13	14
1	■													
6	1	■	1											
3		1	■	1										
2	1			■	1									
8	1	1	1		■		1							
5	1					■						1		
7						1	■				1			
9	1					1		■						
10		1				1	1	1	■	1				
11		1				1		1	1	■				
12	1					1		1	1		■			
4	1		1			1	1				1	■	1	
13	1										1	1	■	
14	1	1	1	1	1	1	1	1	1	1	1	1	1	■

（b）初步设计阶段 DSM

图 5 - 2　调整后的概念设计与初步设计阶段 DSM

使用哈希寻址并行分枝剪枝算法分别对概念设计阶段与初步设计阶段的活动序列进行调整，降低了开发流程的反馈总长度，减少了受反馈影响的活动数量。然而对比实例的原始活动序列，新活动序列却存在若干异常。以概念设计阶段为例，活动 2（制定概念设计配置）位于活动 1（制定无人机概念设计要求和目标）之前，而在设计要求和目标不明的情况下，任何后续活动都是无法执行的；活动 11（概念评价和决策）位于活动 10（多学科综合分析与评估）之前，而在多学科分析结果尚未充分汇总与考察的情况下，产生的决策是不可靠的。

根据图 5 -1 的原始 DSM，活动 1 与活动 2 之间相互存在信息依赖属于耦合关系，而活动 10 与活动 11 只存在后者对前者的信息依赖。造成两组活动在新活动序列中交换位置的原因有以下两个。

（1）本实例使用基本的二值型 DSM 对开发流程进行建模，矩阵元素的取值（0 或 1）只能表示活动间信息依赖是否存在，而无法反映信息依赖的强弱。因此该 DSM 无法表达"活动 1 必须在活动 2 之前，活动 10 必须在活动 11 之前"这种逻辑关系。

（2）算法以寻找具有最小反馈总长度的活动序列为优化目标。在输入的反馈强度相同的情况下，算法将对活动序列进行任何可能的调整来达成优化目标。在算法运行过程中，分别调整活动 2 和活动 11 至活动 1 和活动 10 之前均有利于最大限度地减少反馈总长度。

实验结果表明，哈希寻址并行分枝剪枝算法具有解决实际问题的能力，但算法本身仅为优化工具，无法考虑实际背景下开发活动之间的隐含关系；算法根据优化目标得出的优化结果具有参考价值，但仍然需要使用者根据实际情况进行合理调整。

5.2　精密运动系统开发流程实例

5.2.1　基本信息

Dover Motion 是丹纳赫公司（Danaher Corporation）旗下的子公司，主要产品为空气轴承精密运动台（air-bearing-based precision motion machinery）（Eppinger S. D. & Browning T. R.，2012）。该设备在平板显示制造、半导体光刻、晶片检验、电路板组装、高精度组装等高技术制造领域有着广泛应用。Dover Motion 公司以空气轴承精密运动台为基础，通过定制的方式向客户提供精密运动系统解决方案。这种商业模式要求 Dover Motion 公司必须具备较高的开发速度，因而该公司决定对现有精密运动系统开发流程进行分析并优化，以提高开发速度，降低开发成本。

Steven Eppinger 研究团队通过员工访谈、资料分析等方式，确定了精密运动系统开发流程的主要活动、活动序列、活动间信息依赖关系，并使用 DSM 方法对开发流程进行建模。调查显示，精密运动系统开发流程从分析客户需求开始，到客户接收产品结束，可以分为：需求分析、概念设计、详细设计、制造准备、产品制造、产品配送，共 6 个开发阶段。其中详细设计阶段包含活动最多、活动耦合程度最大，是整个开发流程的主要任务，因此本节选取详细设计阶段进行实例验证。

详细设计阶段共包含 19 个活动，如表 5 - 2 所示。在活动间信息依赖关系明确的情况下，可以得到开发流程 DSM，如图 5 - 3 所示。DSM 存在 3 组活动群（标记为灰色）依次对应 3 个关键子系统设计，分别是：结构设计（structure），涉及核心的空气轴承技术设备；控制系统设计（controls），包括电力、液压和气压控制系统；软件设计（software），涉及通用的标准软件组件与定制的专用软件组件。每组活动群的第 1 个活动，活动 2（basic structure；基础结构）、活动 6（control system；控制系统）和活动 12（software development；软件开发），分别代表 3 个子系统设计的整体。此类特殊活动与所在子系统设计的其他活动交互较少，而与外部活动的信息交换较多。例如，属于结构设计的活动 2 存在前馈发往属于控制系统设计的活动 6；活动 12 与属于软件设计的内部活动不存在任何信息依赖；活动 16（review all final designs for a system and then a product level signoff；评估所有系统设计，批准制造产品）与活动 18（complete design review for the product；完整产品评估）的反馈发往活动 2、活动 6 和活动 12，代表对结构设计、控制设计与软件设计的整体评估，此类反馈涉及的活动最多，因此引发活动返工的成本也最高。

表 5 - 2   **详细设计阶段的活动**

1	Detailed designing/3D modelling
2	Basic structure
3	Basic structure designed inhouse
4	Detailing（drawings for manufacturing）for basic structure

5	Review and signoff detailed drawings
6	Control system
7	Identify required control system parts from within market-available range
8	Identify unique developments required for control system parts and appropriate suppliers
9	Develop specifications and deliverables for unique system parts and place order on suppliers
10	Complete design for unique control system parts
11	Agree on final design for unique control system parts（equivalent to ok to manufacture）
12	Software development
13	Identify specifications and deliverables for software developer
14	Software development
15	Agree on proposal from software developer
16	Review all final designs for a system and then a product level signoff
17	Develop BoM for the product
18	Complete design review for the product
19	TOLL GATE #3

资料来源：Eppinger S. D. , Browning T. R. Design structure matrix methods and applications ［M］. Cambridge，MA：MIT press，2012.

三个子系统设计的内部其他活动则是高度耦合，经常处于返工状态。例如，活动 8 （identify unique developments required for control system parts and appropriate suppliers；确定控制系统专用组件开发任务及组件供应商）与活动 11 （agree on final design for unique control system parts；批准专用控制系统组件最终设计）相互存在信息依赖，属于耦合活动关系。如果活动 11 认定活动 8 的结果不合格，那么组件开发任务与供应商的选取都需要重新考虑。而由于活动 9、活动 10 对活动 8 也存在信息依赖，因此活动 8 的调整可能导致修改订单或者控制系统组件设计。活动 14 （software development；软件开发）与活动 15 （agree on proposal from software developer；批准软件开发人员提案）属于耦合活动关系，两个活动必须频繁交换信息、反复迭代才能完成软件开发。

S	1	2	3	4	5	6	7	8	9	10	11	12	13	14	15	16	17	18	19
1	■																		
2	1	■			1											1		1	
3	1		■		1														
4	1		1	■	1														
5	1		1	1	■														
6	1	1				■										1		1	
7	1					1	■	1											
8							1	■		1	1								
9							1	1	■	1	1								
10							1	1	1	■	1								
11							1	1	1	1	■								
12						1						■				1		1	
13	1												■		1				
14													1	■	1				
15														1	■				
16	1	1			1	1	1				1				1	■			
17	1	1															■		
18	1	1				1						1				1	1	■	1
19	1	1				1						1				1	1	1	■

图 5-3 详细设计阶段的 DSM

5.2.2 流程优化与结果评析

精密运动系统开发流程的详细设计阶段包含 19 个活动，因此适合使用哈希寻址并行分枝剪枝算法直接求出反馈总长度最小的活动序列。然而该阶段具有三个高度耦合的子系统设计阶段，如果直接使用算法对整体进行调整，会使子系统设计活动分散到整个流程中，无法体现子系统设计阶段之间的关系，导致活动序列更加杂乱无序，如图 5-4 所示。为了使调整后的活动序列更加合理，并尽可能降低活动序列的反馈总长度，可以保持特殊活动 2、活动 6、活动 12 位置不变，使其继续代表子系统设计的整体，并使用专用精确算法分别对结构设计、控制系统设计和软件设计的内部活动序列进行调整。

S	1	3	5	4	13	15	14	7	8	11	10	9	16	6	2	17	18	12	19
1	■																		
3	1	■	1																
5	1	1	■	1															
4	1	1	1	■															
13	1				■	1													
15						■	1												
14					1	1	■												
7	1							■	1					1					
8								1	■	1	1								
11								1	1	■	1	1							
10								1	1	1	■	1							
9								1	1	1	1	■							
16	1		1			1		1		1			■	1	1				
6	1												1	■			1		
2	1		1										1		■				
17	1												1	1		■			
18	1												1	1	1	1	■	1	1
12													1	1			1	■	
19	1												1	1	1	1	1		■

图 5 - 4 直接使用精确算法调整后的 DSM

使用式（2 - 11）可以求出详细设计阶段的原始活动序列的反馈总长度为 82。使用哈希寻址并行分枝剪枝算法对活动群（3，4，5）、（7，8，9，10，11）、（13，14，15）进行调整，获得子设计阶段的最优活动子序列分别为（3，5，4）、（7，8，10，11，9）、（15，13，14），将三组子序列整合为完整的开发活动序列可以获得（1，2，3，5，4，6，7，8，10，11，9，12，15，13，14，16，17，18，19），该序列的反馈总长度为 77，低于原始活动序列，调整后的 DSM 如图 5 - 5 所示。

S	1	2	3	5	4	6	7	8	10	11	9	12	15	13	14	16	17	18	19
1	■																		
2	1	■		1												1		1	
3	1		■	1															
5	1		1	■	1														
4	1		1	1	■														
6	1	1				■										1		1	
7	1					1	■	1											
8							1	■	1	1									
10							1	1	■	1	1								
11							1	1	1	■	1								
9							1	1	1	1	■								
12						1						■				1		1	
15													■						
13	1												1	■		1			
14													1	1	■				
16	1	1		1		1	1				1					■			
17	1	1		1												1	■		
18	1	1		1								1				1	1	■	1
19	1	1		1								1			1	1	1		■

图 5-5　调整后的详细设计阶段数值型 DSM

实验结果表明，在开发流程不适合使用算法进行整体调整的情况下，可以考虑分别优化相对独立的子系统开发流程，从而在降低反馈总长度的基础上，保持子系统开发流程之间的内在联系，并降低问题求解难度。

5.3　热交换器开发流程实例

5.3.1　基本信息

Alfa Laval AB 公司是全球领先的液体分离、热处理、流体处理设备制造商。该公司的主要业务之一是向食品、能源等加工企业提供热交换器

（Eppinger S. D. & Browning T. R.，2012）。热交换器由多个面板组成，每个面板上装有内含导热介质的加压导管。导管的类型和尺寸会对热交换器的整体性能产生重要影响。在基本热交换器构型的基础上，Alfa Laval AB 公司需要频繁开发各类改进型号，因此该公司决定引入热交换器自动设计系统来提高开发效率。

为实现自动设计系统，Ingvar Rask 研究团队使用 DSM 方法对热交换器开发流程、开发活动、活动间信息依赖关系展开调查。调查结果显示，热交换器开发流程共包括 17 个活动，涉及工程设计、受力分析、流体分析以及制造流程，如表 5 - 3 所示。在活动间信息依赖关系明确的情况下，可以得到开发流程 DSM，如图 5 - 6 所示。

表 5 - 3 活动列表与图 5 - 6 DSM 表明热交换器开发流程存在耦合活动，主要包括：活动 8（cross section design；导管截面设计）、活动 9（cross section analysis；导管截面分析）、活动 10（pattern design；导管类型设计）、活动 11（strength requirements；强度要求）、活动 12（product part design；产品部件设计）、活动 13（cutter design；刀具设计）、活动 14（tool part design；工具组件设计），需要多部门联合完成。

表 5 - 3   **热交换器开发流程的活动**

1	Requirements	10	Pattern design
2	Prognosis	11	Strength requirements
3	Type of concept	12	Product part design
4	Specification	13	Cutter design
5	Main dimensions	14	Tool part design
6	Material selection	15	Tool preparation
7	Gasket design	16	Tool manufacturing
8	Cross section design	17	Prototype series
9	Cross section analysis		

资料来源：Eppinger S. D.，Browning T. R. Design structure matrix methods and applications［M］. Cambridge，MA：MIT press，2012.

S	1	2	3	4	5	6	7	8	9	10	11	12	13	14	15	16	17
1	■																
2	1	■															
3		1	■														
4		1	1	■													
5			1	1	■												
6			1	1		■											
7			1	1	1		■										
8				1				■	1					1			
9				1		1		1	■			1					
10		1		1		1		1		■	1						
11		1	1	1	1	1		1	1		■						
12		1							1			■					
13								1				1	■				
14				1								1	1	■			
15													1	1	■		
16															1	■	
17																1	■

图 5 - 6 热交换器开发流程 DSM

资料来源: Eppinger S. D. , Browning T. R. Design structure matrix methods and applications [M]. Cambridge, MA: MIT press, 2012.

上述活动仅能表示热交换器开发流程的基本阶段。为了使自动设计系统能够输出精准、合理、完善的设计结果，有必要以更为详尽和严格的方式定义活动。因此 Ingvar Rask 研究团队将 7 个耦合活动分解为 46 个子活动（见表 5 - 4），并建立 DSM 模型（见图 5 - 7）。

表 5 - 4   热交换器开发流程的耦合活动分解

Cross section design							
2	CSD：RD	3	CSD：V	4	CSD：aT	5	CSD：h
Cross section analysis							
6	CSA：V_e	7	CSA：Rd_e	8	CSA：aT_e	9	CSA：Yf
10	CSA：tMin	11	CSA：dt	12	CSA：d		

Pattern design

13	PAD：af	14	PAD：am	15	PAD：ap	16	PAD：J
17	PAD：I	18	PAD：Beta				

Strength requirements

19	SR：af_e	20	SR：am_e	21	SR：ap_e	22	SR：Beta_e
23	SR：Afield	24	SR：Af	25	SR：Am	26	SR：Ap
27	SR：dAMin						

Product part design

28	PRD：V	29	PRD：Rd	30	PRD：aT	31	PRD：i
32	PRD：j	33	PRD：Beta	34	PRD：h		

Cutter design

35	CD：Vv	36	CD：R	37	CD：h		

Tool part design

38	TD：Vv	39	TD：Rd	40	TD：aT	41	TD：Beta
42	TD：i	43	TD：j	44	TD：h	45	TD：Vmin
46	TD：dtMin	47	TD：aTMin				

资料来源：Eppinger S. D. , Browning T. R. Design structure matrix methods and applications ［M］. Cambridge，MA：MIT press，2012.

5.3.2　流程优化与结果评析

在图 5-7 的原始 DSM 中，46 个子活动分别隶属于 7 个活动群，开发流程的反馈主要发生在活动群之间，而活动群内部的反馈较少，甚至子活动之间没有任何互动。例如，隶属于冲压工具设计的子活动 38 ~ 活动 47 不存在信息交换，该活动群仅接收来自其他活动群的前馈信息，并向导管截面设计相关的子活动发送 2 个反馈。由于活动群内部的子活动耦合度不高，因此可以使用算法对该开发流程整体进行调整。

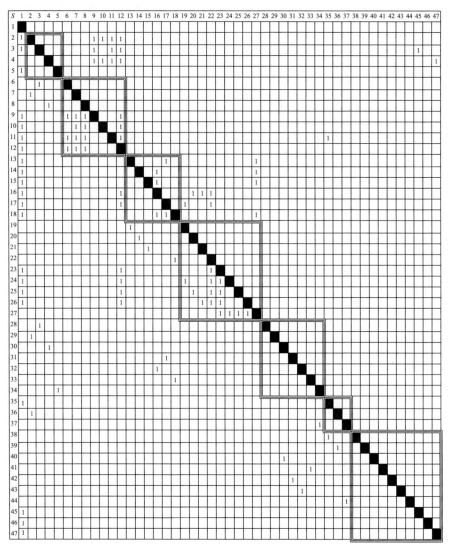

图 5-7　热交换器开发流程的耦合活动分解 DSM
（活动 1 代表外部输入）

资料来源：Eppinger S. D. , Browning T. R. Design structure matrix methods and applications ［M］. Cambridge，MA：MIT press，2012.

　　热交换器开发流程的活动数量超过了精确算法的求解能力，因而更适合使用迭代禁忌搜索算法对开发流程进行处理，需要注意的是迭代禁忌搜索算法求出的活动序列不能保证是最优活动序列。使用式（2-11）可以求出开发流程的原始活动序列的反馈总长度为 275。使用迭代禁忌搜索算法进行调整，获得的活动序列为（1，35，38，5，45，47，8，6，12，7，9，11，3，10，2，4，34，37，28，30，23，22，25，20，14，16，21，26，15，27，18，24，17，19，13，32，33，31，43，40，44，42，46，41，36，39，29），反馈总长度为 50，热交换器开发流程调整后的 DSM 如图 5－8 所示。使用迭代禁忌搜索算法对分解后的大规模耦合活动序列进行调整，能够显著降低反馈总长度，说明该算法具备解决大规模实际问题的能力。

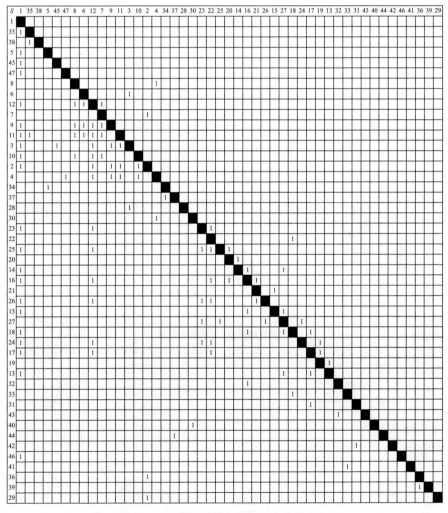

图 5－8 调整后的热交换器开发流程 DSM

5.4 汽车引擎盖开发流程实例

5.4.1 基本信息

在 20 世纪 90 年代，福特汽车公司（Ford Motor Company）面临着激烈的全球竞争，必须以更高的产品更新速率和更好的产品设计来赢得市场（Eppinger S. D. & Browning T. R.，2012）。这种情况要求福特汽车公司对现有的汽车开发流程进行分析和优化，从而加快产品更新速度，提高产品质量，降低开发成本。

1999 年，该公司的资深工程师托尼·赞比托（Tony Zambito）对汽车引擎盖开发流程进行调研并完成 DSM 建模。调查者的数据收集方式主要包括：参与现有的引擎盖开发工作获得实时开发数据；分析产品开发历史资料，提取开发活动工期、开发流程周期、资源水平等数据；与来自造型设计、工程、制造和装配部门的近 15 名资深工程师、技术专家、经理进行访谈，获得了重要补充数据，并确认了数据准确性。根据调研结果，调查者将引擎盖开发流程分解为 44 个关键活动（见表 5-5），并确定了活动间信息依赖强度，构造了数值型 DSM 模型（见图 5-9）。

表 5-5　　　　　　　　汽车引擎盖开发流程的活动

1	Strategies for product, mkt, mfg, supply, design and reusability confirmed
2	Select materials for all system components
3	Select powertrain lineup
4	Freeze proportions and selected hardpoints
5	Verify that hardpoints and structural joint designs are compatible w/program targets
6	Approve master sections
7	Develop initial design concept (preliminary CAD model)
8	Estimate blank size
9	Estimate efforts

续表

10	Develop initial attachment scheme
11	Estimate latch loads
12	Cheat outer panel surface
13	Define hinge concept
14	Get prelim. mfg and asy feas. (form, holes, hem, weld patterns, mastic locations, adhesive)
15	Perform cost analysis (variable and investment)
16	Perform swing study
17	Theme approval for interior and exterior appearance (prelim surf available)
18	Market commits to net revenue; initial ordering guide available
19	Program DVPs and FMEAs complete
20	Approved theme refined for craftsmanship execution (consistent w/PA objectives)
21	PDN0 – Interior and exterior Class 1A surfaces transferred to engineering (+/−0.5mm)
22	Conduct cube review and get surface buyoff
23	Verify mfg and asy feas. (form, holes, hem, weld patterns, mastic locations, adhesive)
24	Evaluate functional performance
25	Iterate from initial design concept to achieve safe design concept
26	PDN1 Release system design intent level concept to manufacturing
27	Develop stamping tooling
28	Develop hemming tooling (if applicable)
29	Develop assembly tooling
30	PDN2 – last Class 1 surface verified and released for major formed parts
31	PDN3 – Final math 1, 2 & 3 data released
32	CAD files reflect pre – CP verification changes
33	Make "like production" part and asy tools/ergonomics/process sheets (to extent feasible)
34	First CPs available for tuning and durability testing
35	Complete CMM analysis of all end items & subassemblies
36	Perform DV tests (physical)
37	Verify manufacturing and assembly process capability
38	Complete prelim. ESO for CP durability testing
39	Complete prelim. ESO for: Known changes from CP containable for 1PP
40	Complete prelim. ESO for: Initial set of road tests completed
41	Complete prelim. ESO for: Design is J1 level-no further changes except No – Bids
42	Complete prelim. ESO for: Eng. confidence that objectives will be met declared
43	Supplier commitment to support 1PP w/PSW parts
44	Readiness to proceed to tool tryout, 1PP and Job#1

资料来源: Eppinger S. D., Browning T. R. Design structure matrix methods and applications [M]. Cambridge, MA: MIT Press, 2012.

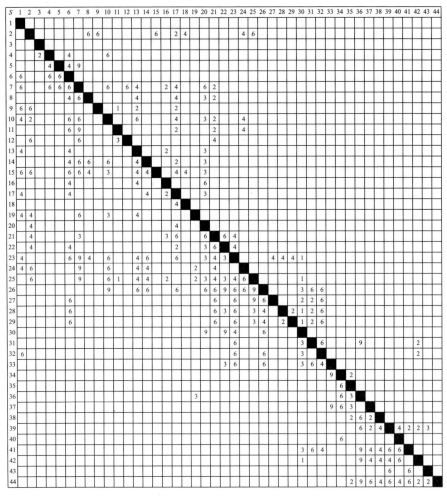

图 5 – 9　福特汽车引擎盖开发流程数值型 DSM

资料来源：Eppinger S. D. , Browning T. R. Design structure matrix methods and applications ［M］. Cambridge，MA：MIT press，2012.

图 5 – 9 的数值型 DSM 使用活动易变度（task volatility）衡量活动间信息依赖关系的强度。活动易变度可以表示一个活动受其他活动影响而返工的可能性。例如，在 DSM 下三角区域，活动 7（develop initial design concept, preliminary CAD model；初始概念设计，建立初始 CAD 模型）对活动 1（strategies for product, mkt, mfg, supply, design and reusability confirmed；确定产品、市场、制造、供给、设计、复用性策略）的活动易变度为 6，

说明活动 7 对活动 1 的信息依赖较强，对活动 1 的调整很可能引发活动 7 的返工。

活动易变度受信息易变度（information variability）与活动敏感度（task sensitivity）的影响。信息易变度和活动敏感度是活动的基本属性，其取值可以通过调研确定。信息易变度表示活动发送的信息发生改变的概率，分为 1、2、3 等级，数值越大则信息越有可能发生改变；活动敏感度表示活动对所接收信息发生改变的敏感程度，同样分为三个等级，数值越大则活动越容易受到信息变化的影响。本实例定义活动易变度为信息易变度和活动敏感度的乘积，如图 5 – 10 所示。例如，假设活动 i 对活动 j 存在信息依赖，活动 i 的活动敏感度为 3，活动 j 的信息易变度为 3，则根据图 5 – 10 的计算规则，活动 i 对活动 j 的活动易变度（信息依赖关系强度）为 9，说明对活动 j 的调整有非常高的概率引发活动 i 返工。使用相同方式可以对任意两个活动之间的活动易变度（信息依赖关系强度）进行量化，从而获得开发流程的数值型 DSM。

活动敏感度	对全部变化敏感	3	3 中等	6 高	9 非常高
	对主要变化敏感	2	2 低	4 中等	6 高
	对变化不敏感	1	1 非常低	2 低	3 中等
			1	2	3
			<25%	25%~50%	>75%

信息易变度（变化概率）

图 5 – 10 活动易变度的取值范围

资料来源：Eppinger S. D. , Browning T. R. Design structure matrix methods and applications ［M］. Cambridge，MA：MIT Press，2012.

5.4.2 流程优化与结果评析

图 5 - 9 的原始数值型 DSM 表明，引擎盖开发流程的活动之间存在大量高强度、长距离的反馈，会导致部分活动频繁返工，使开发周期延长、成本上升。例如，活动 2（select materials for all system components；为所有系统组件选择材料）会收到来自活动 8（estimate blank size；估算盖板尺寸）、活动 9（estimate efforts；估算工作量）、活动 15（perform cost analysis；成本分析）的强度为 6 的反馈，因此活动 8、活动 9、活动 15 的调整均有较高可能导致活动 2 的返工；而由于活动 2 对活动 9、活动 15 也存在强度为 6 的前馈，因此活动 2 的返工也会高概率地造成活动 9、活动 15 的返工；此外活动 2 与活动 8、活动 9、活动 15 之间还存在活动 10、活动 12、活动 19、活动 20、活动 21、活动 22、活动 24，当活动 2 做出调整时，这些活动也会受到一定影响。因而有必要使用算法对活动序列进行调整，降低整体的反馈总长度，从而缓解活动返工情况。

汽车引擎盖开发流程共包含 44 个活动，超过了精确算法的求解能力，因此本实例使用迭代禁忌搜索算法对开发流程进行处理。使用式（2 - 11）可以求出引擎盖开发流程的原始活动序列的反馈总长度为 1705。使用迭代禁忌搜索算法活动序列进行处理，获得的活动序列为（1，3，18，20，17，16，13，6，4，5，7，10，8，14，15，2，9，24，21，12，11，22，19，25，23，30，26，32，28，29，27，31，33，36，34，35，40，37，38，42，39，41，43，44），反馈总长度降低到 655。引擎盖开发流程调整后的 DSM 如图 5 - 11 所示。

在新活动序列中，活动 2 被调整到了活动 8 与活动 15 之后，由于活动 2 不存在发往活动 8 的信息，且在原活动序列中的活动 8 到活动 2 的反馈被转化成了前馈，因此活动序列的反馈数量减少一个；而活动 2 与活动 15 相互存在强度为 6 的信息依赖，在位置交换之后，活动 2 对活动 15 的反馈替换了原先活动 15 对活动 2 的反馈，因此活动序列的反馈数量维持不变；

由于在新活动序列中活动 2 紧跟活动 15 之后，活动 2 对活动 15 的反馈距离更短，因此当活动 15 因活动 2 而返工时，不会引发其他活动返工；此外，活动 2 与活动 9 的相对位置保持不变，因此活动 9 对活动 2 的强度为 6 的反馈依然存在，但长度显著降低，这使得该反馈对其他活动的影响变小。

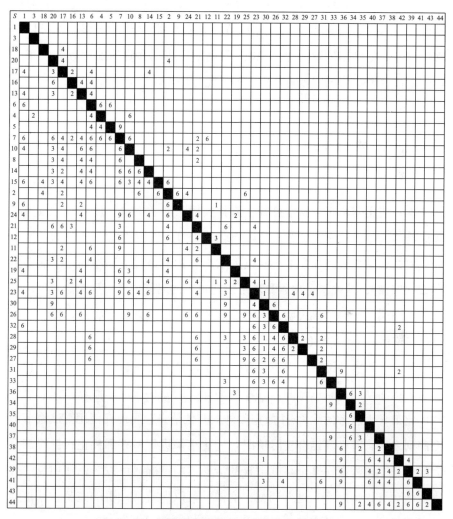

图 5-11 调整后的引擎盖开发流程数值型 DSM

实验结果表明，尽管迭代禁忌搜索算法不能保证求出反馈总长度最小的活动序列，但该算法在短时间内求出的活动序列具有更小的反馈总长度，缓解了活动返工的状况，因此该算法对于更为复杂的大规模企业开发流程实例是有效的。此外，本实例的数值型 DSM 能够表达活动间信息依赖关系的强度，因而经过重新调整后的活动序列依然保留着原始活动序列中隐含的若干固定的活动相对位置关系。这种情况说明在新产品开发流程优化领域，数值型 DSM 相对二值型 DSM 能够表达更加丰富的信息，具有一定优势。对比 5.1 小节、5.2 小节、5.3 小节的企业开发流程实例可以发现，构造数据可靠的数值型 DSM 需要更为翔实、准确的前期数据收集工作，以及合理的信息依赖关系强度的量化方法。

5.5　本章小结

本章使用四个企业新产品开发流程实例验证了哈希寻址并行分枝剪枝算法与迭代禁忌搜索算法解决实际问题的能力。当活动数低于 25 时，并行分枝剪枝算法能够确保在 1 小时以内求出实例的最优活动序列；当活动数在 25 以上时，迭代禁忌搜索算法可以在更短的时间内求出反馈总长度较低的活动序列。实验结果表明，本书提出的专用精确算法与启发式算法均能够满足求解实际问题的需要。

通过分析实验结果可以总结实际应用背景下的注意事项：二值型 DSM 无法表达活动间信息依赖的差异和活动固有的先后次序，而算法作为单纯的优化工具无法考虑除 DSM 数据以外的其他信息，因此在使用算法调节活动序列之后，有必要结合实际情况对优化结果进行检查和校正；针对部分大规模开发流程存在多个高度耦合的活动群的情况，可以考虑使用算法分别对活动群内部的序列进行调整，这样既可以保持活动群的完整性，也能够保留活动群之间的联系，还可以显著降低问题的求解难度。此外，对比多个开发流程实例可以发现，数值型 DSM 相对于二值型 DSM 能够表达更加丰富的信息，但相应地也需要更加翔实、准确的前期数据准备工作，因此应根据实际需要选择合适的 DSM 方法对新产品开发流程进行建模和优化。

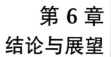

第 6 章
结论与展望

6.1 研究结论

最小化反馈总长度是新产品开发流程的有效优化目标，能够降低反馈总量和反馈影响的活动数量，减少非必要活动返工的发生，进而缩短新产品开发周期、降低开发成本和风险。由于反馈、反馈长度为新产品开发流程的普遍特征，因此该目标具有一定的普适性，被广泛应用于各种新产品开发流程优化实践，或者作为重要因素引入各类复合型开发流程优化目标，具有较高的理论价值和实践意义。

本书以反馈总长度最小化问题为研究对象，目的是提出有效方法在有限时间内找到具有较小反馈总长度的活动执行序列，实现新产品开发流程的优化。本书遵循提出问题、分析问题、解决问题、实例验证的研究思路，从分析问题模型并证明问题性质开始，到实现基于问题性质的高效算法，最后使用开发流程实例检验算法性能并提出改良措施，达成了既定的研究目标。本书的主要研究工作与结论总结如下所示。

（1）反馈总长度最小化问题具有三种等价数学模型。结构分析表明，活动序列模型表达问题更加简单直观，有利于问题性质分析；活动序列占用存储空间小，有利于高效地执行算符、计算反馈总长度。因此选定活动序列模型作为具体研究对象，用于后续的问题性质证明，专用精确算法和启发式算法设计。

（2）通过分析活动序列模型结构，证明了反馈总长度最小化问题具有最优子结构性质并提出了序列筛选规则。性质 1、性质 2 说明反馈总长度最小化问题能够被分解为相互独立的反馈量最小化子问题；推论 1、推论 2提出了使用子问题最优子序列、最小反馈量获得原问题最优活动序列、最小反馈总长度的方法，综合性质与推论可以说明问题具有最优子结构性质。序列筛选规则 1、规则 2 允许根据子序列反馈量评价活动序列的质量，支持算法在构造活动序列的过程中提前排除低质量活动序列。通过反馈再分解与重新组合的方法，证明了最优子结构性质，完成了相关公式的推导。以上研究工作为后续的算法设计提供了良好的理论支持。

（3）设计了哈希寻址并行分枝剪枝算法，提高了专用精确算法的问题求解能力，加快了最优活动序列的寻找速度。本书先后设计了分枝剪枝算法、并行分枝剪枝算法、基于哈希排除和哈希寻址的并行分枝剪枝算法，逐步引入序列筛选规则、并行计算机制、哈希查找技术用于提高算法性能。哈希寻址并行分枝剪枝算法是专用精确算法的完成版本，该算法使用两种序列筛选规则，同时从正反两个方向构造活动序列，并应用哈希查找技术提高相似节点查找与子序列匹配任务的处理效率。随机算例验证表明，该算法在大多数情况下求解速度高于 CPLEX 与 Gurobi 通用求解器，并将 1 小时内精确算法的问题求解规模提高到 25 个活动，且不受 DSM 密度的影响。

（4）设计了迭代禁忌搜索算法，丰富了专用启发式算法的搜索与扰动策略，提高了大规模问题的活动序列质量。本书首先定义了三种活动序列操作算符，通过评估算符邻域规模以及运行特点，确定了算符的应用方式；在兼顾算法集中性与疏散性的情况下，引入了迭代搜索总体框架，设计了以活动互换算符为核心的禁忌搜索阶段，以及以活动群互换算符为核心的混合扰动阶段，最终构成完整的迭代禁忌搜索算法。包含 1200 个算例的随机实验表明，该算法对参数不敏感，能够在 180 秒内求出高质量活动序列，且平均反馈总长度低于同类算法的求解结果。

（5）使用四种不同规模、不同特点的新产品开发流程实例，分别验证了专用精确算法与启发式算法解决实际问题的能力。实验结果表明，哈希寻址并行分枝剪枝算法与迭代禁忌搜索算法均能够迅速完成企业的新产品开发流程优化，具有较强的实用价值。针对实际应用背景下暴露出的一些问题，本书也提出了相应的改进措施：根据开发流程的实际情况，对调整后的活动序列进行检查和校正；可以分别优化高耦合度的活动群，以保留原始开发流程的基本结构，并降低问题的求解难度；数值型 DSM 表达信息更加丰富，但需要更为复杂的前期准备工作，当时间、成本均比较有限时，应当选择合适的 DSM 方法表达和分析开发流程。

6.2 研究展望

本书对反馈总长度最小化问题进行深入研究，证明了问题具有最优子结构性质，提出了序列筛选规则，并设计专用精确算法和启发式算法进行问题求解，取得了较好的研究成果。根据新产品开发流程优化的实际需求，可以从以下几个方面展开未来的研究工作。

（1）考虑资源约束的多开发流程优化模型研究。与许多基于 DSM 方法的开发流程优化研究相似，本书仅仅关注了单个新产品开发流程优化，没有考虑多种新产品开发流程以及人力、财力、物力等资源约束。然而企业往往需要在资源有限的条件下同时进行多个新产品的开发工作，因此有必要对当前的反馈总长度最小化问题数学模型进行扩展，使其能够描述考虑资源约束的多开发流程优化问题。

（2）基于模糊 DSM 的新产品开发流程优化研究。本书假设产品开发活动之间的信息依赖强度是可以测量并确定的。然而在企业的开发实践中，有时无法获得精确的信息依赖强度值。根据模糊集理论，可以将不确定的活动关系表达在模糊 DSM 中，并在此基础上建立数学模型，设计算法求解。

（3）专用精确算法研究。哈希寻址并行分枝剪枝算法应用了并行计算框架与哈希快速查找技术，但该算法仅使用单一的序列筛选规则排除低质量活动序列。通过对问题结构进行更深入的研究，如果能够发现其他序列筛选规则，将会进一步提高剪枝效率，从而提高专用精确算法的问题解决能力。

（4）精确/启发式混合算法研究。设计精确/启发式混合算法是近年来求解 NP 难问题的研究趋势。精确/启发式混合算法通常使用某类算法作为主要框架进行宏观控制；使用另一类算法解决具体问题。对精确算法和启发式算法的合理整合，能够在算法的相互协同中提高求解问题的效率和解的质量。将该类算法引入新产品开发流程优化领域，有利于更有效地解决实际问题。

参 考 文 献

[1] 白思俊，万小兵 . 基于设计结构矩阵的项目进度周期 [J]. 系统工程理论与实践，2008（11）：51 – 54，61.

[2] 陈冬宇，邱菀华，杨青，等 . 基于 DSM 的复杂产品开发流程优化遗传算法 [J]. 控制与决策，2008（8）：910 – 914.

[3] 陈芳，王珍，田相林 . 基于计划评审技术的生产进度评估方法 [J]. 兵器装备工程学报，2016，37（8）：177 – 180.

[4] 陈国良，孙广中，徐云，等 . 并行算法研究方法学 [J]. 计算机学报，2008（9）：1493 – 1502.

[5] 陈劲，吴波 . 开放式技术创新范式下企业全面创新投入研究 [J]. 管理工程学报，2011，25（4）：227 – 234.

[6] 陈羽，滕弘飞 . 产品设计耦合分析研究进展 [J]. 计算机集成制造系统，2011，17（8）：1729 – 1736.

[7] 达林 . 切平面在混合整数非线性规划中的应用 [D]. 北京：北京交通大学，2009.

[8] 丁剑锋，徐海燕 . 不确定信息下基于灰色设计结构矩阵的产品研制项目设计过程优化 [J]. 数学的实践与认识，2018，48（20）：1 – 9.

[9] 丁俊文 . 启发式算法中疏散性机制在求解组合优化问题中的应用 [D]. 武汉：华中科技大学，2017.

[10] 郭斌，刘鹏，汤佐群 . 新产品开发过程中的知识管理 [J]. 研究与发展管理，2004（5）：58 – 64.

[11] 郭峰，武建伟，潘双夏，等 . 基于设计结构矩阵族的过程建模

方法研究 [J]. 浙江大学学报（工学版），2006（9）：1609－1613.

[12] 焦云强. 炼油企业氢气系统优化研究及应用 [D]. 杭州：浙江大学，2013.

[13] 李洪波，徐哲，于静. 基于 DSM 的研发项目流程多目标仿真优化 [J]. 系统工程理论与实践，2015，35（1）：142－149.

[14] 李军，谢秉磊，郭耀煌. 非满载车辆调度问题的遗传算法 [J]. 系统工程理论方法应用，2000（3）：235－239.

[15] 李潇波，赵亮，许正蓉. 基于改进的 DSM 耦合任务规划方法的研究 [J]. 中国机械工程，2010，21（2）：212－217.

[16] 刘建刚，唐敦兵，刘思峰，等. 基于联系信息流量的产品结构模块化方法 [J]. 计算机集成制造系统，2011，17（11）：2373－2382.

[17] 柳玲，胡登宇，李百战. 基于设计结构矩阵的过程模型优化算法综述 [J]. 计算机工程与应用，2009，45（11）：22－25.

[18] 钱艳俊，林军. 基于设计结构矩阵的耦合活动排程 [J]. 系统工程，2018，36（6）：154－158.

[19] 钱艳俊，林军. 新产品开发流程管理 [M]. 北京：科学出版社，2019.

[20] 钱艳俊，林军. 最小化总反馈长度的耦合活动排程研究 [J]. 运筹与管理，2019，28（4）：94－99.

[21] 裘乐淼，张树有，徐春伟，等. 基于动态设计结构矩阵的复杂产品配置过程规划技术 [J]. 机械工程学报，2010，46（7）：136－141，147.

[22] 任南，韩冰洁，马梦园. 基于工作包排序的项目风险传播控制 [J]. 系统工程，2015，33（12）：146－152.

[23] 容芷君，荣文谦，但斌斌，等. 面向返工量变化的产品设计过程分析与优化 [J]. 武汉科技大学学报，2015，38（1）：54－58.

[24] 盛海涛，魏法杰. 基于遗传算法的设计结构矩阵优化方法研究 [J]. 中国管理科学，2007（4）：98－104.

[25] 盛海涛, 魏法杰. 设计结构矩阵优化算法的研究与比较 [J]. 计算机集成制造系统, 2007 (7): 1255 – 1260.

[26] 唐敦兵, 钱晓明, 刘建刚. 基于设计结构矩阵 DSM 的产品设计与开发 [M]. 北京: 科学出版社, 2009.

[27] 唐敦兵, 徐荣华, 唐吉成, 等. 基于设计结构矩阵的工程变更影响分析 [J]. 机械工程学报, 2010, 46 (1): 154 – 161.

[28] 田启华, 明文豪, 文小勇, 等. 基于 NSGA – Ⅱ 的产品开发任务调度多目标优化 [J]. 中国机械工程, 2018, 29 (22): 2758 – 2766.

[29] 汪强, 李早, 王德才, 等. 基于设计结构矩阵的装配式住宅设计流程建模及优化研究 [J]. 工业建筑, 2019, 49 (1): 194 – 200.

[30] 王计斌, 熊光楞, 陈加栋. 支持并行迭代的基于规则的产品开发过程建模 [J]. 清华大学学报 (自然科学版), 1999 (11): 114 – 117.

[31] 温跃杰, 赵晟. 基于 DSM 的航天器信息建模方法及应用 [J]. 航天器工程, 2012, 21 (1): 83 – 88.

[32] 熊伟清, 魏平, 赵杰煜. 遗传算法的早熟现象研究 [J]. 计算机应用研究, 2001 (9): 12 – 14.

[33] 徐晓刚, 刘伟, 李明, 等. 基于 DSM 的产品开发流程再造 [J]. 机械设计与制造工程, 2001 (4): 34 – 36.

[34] 徐一帆, 吕建伟, 杨晶, 等. 基于设计结构矩阵的舰船设计流程多分辨率建模 [J]. 哈尔滨工程大学学报, 2019, 40 (1): 102 – 111.

[35] 玄光男, 程润伟. 遗传算法与工程优化 [M]. 北京: 清华大学出版社, 2004.

[36] 杨国辉, 刘继红. 基于设计结构矩阵和 SysML 的复杂产品研制流程建模与优化方法 [J]. 计算机辅助设计与图形学学报, 2017, 29 (5): 921 – 928.

[37] 杨启文, 蒋静坪, 张国宏. 遗传算法优化速度的改进 [J]. 软件学报, 2001 (2): 270 – 275.

[38] 杨青, 单晨, 唐尔玲. 基于返工风险传播和预处理的研发项目

流程 DSM 优化 [J]. 系统工程理论与实践, 2015, 35 (6): 1501 – 1508.

[39] 杨青, 黄建美. 基于活动重叠的 DSM 项目时间计算及排序优化 [J]. 系统工程理论与实践, 2011, 31 (3): 496 – 504.

[40] 杨青, 刘志林, 单晨. 研发项目中重叠活动间沟通对返工风险的影响分析与优化 [J]. 系统工程理论与实践, 2017, 37 (9): 2384 – 2393.

[41] 杨青, 吕佳芮, 索尼亚. 基于设计结构矩阵 (DSM) 的复杂研发项目建模与优化研究进展 [J]. 系统工程理论与实践, 2016, 36 (4): 989 – 1002.

[42] 杨青, 吕杰峰, 黄健美. 基于 DSM 的复杂研发项目价值流优化 [J]. 管理评论, 2012, 24 (3): 171 – 176.

[43] 杨青, 吕杰峰. 基于 DSM 返工风险评价矩阵的项目优化与仿真 [J]. 系统工程理论与实践, 2010, 30 (9): 1665 – 1671.

[44] 杨青, 唐尔玲. 研发项目产品与流程架构的跨领域集成与优化 [J]. 系统工程理论与实践, 2014, 34 (6): 1525 – 1532.

[45] 杨青, 郑璐, 索尼亚. 研发项目中"团队—产品—功能"多领域集成与组织聚类研究 [J]. 系统工程理论与实践, 2018, 38 (6): 1557 – 1565.

[46] 姚国辉. 若干组合优化问题的算法研究 [D]. 济南: 山东大学, 2009.

[47] 姚咏, 范文慧, 熊光楞. 复杂产品开发过程仿真及其优化方法研究 [J]. 系统仿真学报, 2006 (3): 726 – 730.

[48] 依俊楠, 刘攀, 徐小伟, 等. 基于混合整数线性规划模型的水电站日优化调度研究 [J]. 水电能源科学, 2011, 29 (7): 33 – 35, 193.

[49] 殷亚, 张惠珍. 求解带硬时间窗的多目标车辆路径问题的多种混合蝙蝠算法 [J]. 计算机应用研究, 2017, 34 (12): 3632 – 3636.

[50] 于莹莹, 陈燕, 李桃迎. 改进的遗传算法求解旅行商问题 [J]. 控制与决策, 2014, 29 (8): 1483 – 1488.

［51］余有明，刘玉树，阎光伟．遗传算法的编码理论与应用［J］．计算机工程与应用，2006（3）：86－89．

［52］张朝霞，刘耀军．有效的哈希冲突解决办法［J］．计算机应用，2010，30（11）：2965－2966，3004．

［53］张东民，廖文和，罗衍领．基于设计结构矩阵的设计过程建模研究［J］．应用科学学报，2004（4）：518－522．

［54］张东民，廖文和，罗衍领．企业产品开发过程建模及重组研究［J］．系统工程，2004（2）：69－73．

［55］张惠珍，魏欣，马良．一类特殊二次分配问题的线性化求解新方法［J］．运筹学学报，2013，17（4）：87－95．

［56］张西林，谭跃进，杨志伟．多重不确定因素影响下的高端装备研制任务流程优化［J］．系统工程理论与实践，2019，39（3）：725－734．

［57］郑日荣．基于欧氏距离和精英交叉的免疫算法研究［D］．广州：华南理工大学，2004．

［58］Abdelsalam H. M. , Bao H. P. A simulation-based optimization framework for product development cycle time reduction［J］．IEEE Transactions on Engineering Management，2006，53（1）：69－85．

［59］Abdelsalam H. M. , Bao H. P. Re-sequencing of design processes with activity stochastic time and cost: An optimization-simulation approach［J］．Journal of Mechanical Design，2007，129（2）：150－157．

［60］Adler P. S. , Mandelbaum A. , Nguyen V. , et al. From project to process management: An empirically-based framework for analyzing product development time［J］．Management Science，1995，41（3）：458－484．

［61］Ahmadi R. , Roemer T. A. , Wang R. H. Structuring product development processes［J］．European Journal of Operational Research，2001，130（3）：539－558．

［62］Algeddawy T. , Elmaraghy H. Optimum granularity level of modular product design architecture［J］．CIRP Annals，2013，62（1）：151－154．

［63］ Allen W. M. Data structures and algorithm analysis in C ++ ［M］. Bangalore： Pearson Education India, 2007.

［64］ Altus S. S. , Kroo I. M. , Gage P. J. A genetic algorithm for scheduling and decomposition of multidisciplinary design problems ［J］. Journal of Mechanical Design, 1996, 118 (4)： 486 – 489.

［65］ Avritzer A. , Paulish D. , Cai Y. , et al. Coordination implications of software architecture in a global software development project ［J］. Journal of Systems and Software, 2010, 83 (10)： 1881 – 1895.

［66］ Banerjee A. , Carrillo J. E. , Paul A. Projects with sequential iteration： Models and complexity ［J］. IIE Transactions, 2007, 39 (5)： 453 – 463.

［67］ Barber P. , Graves A. , Hall M. , et al. Quality failure costs in civil engineering projects ［J］. International Journal of Quality & Reliability Management, 2000, 17 (4/5)： 479 – 492.

［68］ Batallas D. A. , Yassine A. A. Information leaders in product development organizational networks： Social network analysis of the design structure matrix ［J］. IEEE Transactions on Engineering Management, 2006, 53 (4)： 570 – 582.

［69］ Bean J. C. Genetic algorithms and random keys for sequencing and optimization ［J］. ORSA Journal on Computing, 1994, 6 (2)： 154 – 160.

［70］ Bekdik B. , Pörzgen J. , Bull S. S, et al. Modularising design processes of façades in Denmark： Re-exploring the use of design structure matrix ［J］. Architectural Engineering and Design Management, 2018, 14 (1 – 2)： 95 – 108.

［71］ Berger T. , Rublack R. , Nair D. , et al. A survey of variability modeling in industrial practice ［C］. Proceedings of the Seventh International Workshop on Variability Modelling of Software-intensive Systems, 2013： 7.

［72］ Bilal N. , Galinier P. , Guibault F. An iterated-tabu-search heuristic for a variant of the partial set covering problem [J]. Journal of Heuristics, 2014, 20 (2): 143 – 164.

[73] Birgin E. G., Feofiloff P., Fernandes C. G., et al. A MILP model for an extended version of the flexible job shop problem [J]. Optimization Letters, 2014, 8 (4): 1417 – 1431.

[74] Braha D., Bar – Yam Y. The statistical mechanics of complex product development: Empirical and analytical results [J]. Management Science, 2007, 53 (7): 1127 – 1145.

[75] Browning T. R. Applying the design structure matrix to system decomposition and integration problems: A review and new directions [J]. IEEE Transactions on Engineering Management, 2001, 48 (3): 292 – 306.

[76] Browning T. R. Design structure matrix extensions and innovations: A survey and new opportunities [J]. IEEE Transactions on Engineering Management, 2015, 63 (1): 27 – 52.

[77] Browning T. R., Eppinger S. D. Modeling impacts of process architecture on cost and schedule risk in product development [J]. IEEE Transactions on Engineering Management, 2002, 49 (4): 428 – 442.

[78] Browning T. R. Modeling and analyzing cost, schedule, and performance in complex system product development [D]. Massachusetts Institute of Technology, Sloan School of Management, 1998.

[79] Browning T. R. On the alignment of the purposes and views of process models in project management [J]. Journal of Operations Management, 2010, 28 (4): 316 – 332.

[80] Browning T. R., Ramasesh R. V. A survey of activity network-based process models for managing product development projects [J]. Production and operations management, 2007, 16 (2): 217 – 240.

[81] Browning T. R., Yassine A. A. A random generator of resource-constrained multi-project network problems [J]. Journal of Scheduling, 2010, 13

（2）：143 – 161.

［82］ Buchheim C. , Wiegele A. , Zheng L. Exact algorithms for the quadratic linear ordering problem ［J］. Informs Journal on Computing, 2010, 22 （1）：168 – 177.

［83］ Charon I. , Hudry O. A branch-and-bound algorithm to solve the linear ordering problem for weighted tournaments ［J］. Discrete Applied Mathematics, 2006, 154 （15）：2097 – 2116.

［84］ Chen C. H. , Khoo L. P. , Jiao L. Information deduction approach through quality function deployment for the quantification of the dependency between design tasks ［J］. International Journal of Production Research, 2004, 42 （21）.

［85］ Chen C. – H. , Ling S. F. , Chen W. Project scheduling for collaborative product development using DSM ［J］. International Journal of Project Management, 2003, 21 （4）：291 – 299.

［86］ Chen L. , Li S. Analysis of decomposability and complexity for design problems in the context of decomposition ［J］. Journal of Mechanical Design, 2005, 127 （4）：545 – 557.

［87］ Chen L. , Macwan A. , Li S. Model-based rapid redesign using decomposition patterns ［J］. Journal of Mechanical Design, 2007, 129 （3）：283 – 294.

［88］ Chen S. J. , Mazur L. M. , Sąsiadek M. Project task flow optimisation and departmental flow analysis using design structure matrix and genetic algorithm ［J］. International Journal of Logistics Systems and Management, 2013, 15 （1）：68 – 92.

［89］ Cho S. – H. , Eppinger S. D. A simulation-based process model for managing complex design projects ［J］. IEEE Transactions on Engineering Management, 2005, 52 （3）：316 – 328.

［90］ Clark A. , Mahdieh M. , Rangel S. Production lot sizing and scheduling with non-triangular sequence-dependent setup times [J]. International Journal of Production Research, 2014, 52 (8): 2490 – 2503.

[91] Clarkson P. J., Simons C., Eckert C. Predicting change propagation in complex design [J]. Journal of Mechanical Design, 2004, 126 (5): 788 – 797.

[92] Cook I., Coates G. Optimising the time-based design structure matrix using a divide and hybridise algorithm [J]. Journal of Engineering Design, 2016, 27 (4 – 6): 306 – 332.

[93] Cooper K. G. The rework cycle: Benchmarks for the project manager [J]. Project Management Journal, 1993, 24 (1): 17 – 21.

[94] Cooper R. G. Agile-stage-gate hybrids: The next stage for product development blending agile and stage-cate methods can provide flexibility, speed, and improved communication in new-product development [J]. Research – Technology Management, 2016, 59 (1): 21 – 29.

[95] Cordeau J. – F., Maischberger M. A parallel iterated tabu search heuristic for vehicle routing problems [J]. Computers & Operations Research, 2012, 39 (9): 2033 – 2050.

[96] Cormen T. H., Leiserson C. E., Rivest R. L., et al. Introduction to algorithms [M]. MIT Press, 2009.

[97] Corneil D. G. Lexicographic breadth first search-a survey [C]. International Workshop on Graph – Theoretic Concepts in Computer Science, 2004: 1 – 19.

[98] Danilovic M., Browning T. R. Managing complex product development projects with design structure matrices and domain mapping matrices [J]. International Journal of Project Management, 2007, 25 (3): 300 – 314.

[99] Denker S., Steward D. V., Browning T. R. Planning concurrency and managing iteration in projects [J]. Project Management Journal, 2001, 32 (3): 31 – 38.

［100］Duarte A. , Laguna M. , Martí R. , et al. Optimization procedures for the bipartite unconstrained 0 − 1 quadratic programming problem ［J］. Computers & Operations Research, 2014, 51 (3): 123 − 129.

［101］Earl M. G. , D'andrea R. Iterative MILP methods for vehicle-control problems ［J］. IEEE Transactions on Robotics, 2005, 21 (6): 1158 − 1167.

［102］Eckert C. , Clarkson P. J, Zanker W. Change and customisation in complex engineering domains ［J］. Research in Engineering Design, 2004, 15 (1): 1 − 21.

［103］Elshaikh A. , Salhi S. , Brimberg J. , et al. an Adaptive perturbation-based heuristic: An application to the continuous p-centre problem ［J］. Computers & Operations Research, 2016, 75: 1 − 11.

［104］Engel A. , Browning T. R. , Reich Y. Designing products for adaptability: Insights from four industrial cases ［J］. Decision Sciences, 2017, 48 (5): 875 − 917.

［105］Eppinger S. D. , Browning T. R. Design structure matrix methods and applications ［M］. Cambridge, MA: MIT Press, 2012.

［106］Eppinger S. D. Innovation at the speed of information ［J］. Harvard Business Review, 2001, 79 (1): 149 − 158.

［107］Eppinger S. D. Model-based approaches to managing concurrent engineering ［J］. Journal of Engineering Design, 1991, 2 (4): 283 − 290.

［108］Eppinger S. D. , Whitney D. E. , Smith R. P. , et al. A model-based method for organizing tasks in product development ［J］. Research in Engineering Design, 1994, 6 (1): 1 − 13.

［109］Eppinger S. , Ulrich K. Product design and development ［M］. McGraw − Hill Higher Education, 2015.

［110］Erat S. , Kavadias S. , Gaimon C. The pitfalls of subsystem integration: When less is more ［J］. Management Science, 2013, 59 (3): 659 − 676.

［111］ Erat S. , Kavadias S. Sequential testing of product designs: Implications for learning ［J］. Management Science, 2008, 54 (5): 956 –968.

［112］ Fang C. , Marle F. , Xie M. , et al. An integrated framework for risk response planning under resource constraints in large engineering projects ［J］. IEEE Transactions on Engineering Management, 2013, 60 (3): 627 – 639.

［113］ Fischetti M. , Lodi A. , Monaci M. , et al. Improving branch-and-cut performance by random sampling ［J］. Mathematical Programming Computation, 2016, 8 (1): 113 – 132.

［114］ Fisher M. L. The Lagrangian relaxation method for solving integer programming problems ［J］. Management Science, 2004, 50 (12 _ supplement): 1861 –1871.

［115］ Fox E. A. , Chen Q. F. , Heath L. S. A faster algorithm for constructing minimal perfect hash functions ［C］. Proceedings of the 15th annual international ACM SIGIR conference on Research and development in information retrieval, 1992: 266 –273.

［116］ Fricke E. , Gebhard B. , Negele H. , et al. Coping with changes: Causes, findings, and strategies ［J］. Systems Engineering, 2000, 3 (4): 169 – 179.

［117］ Fréville A. The multidimensional 0 – 1 knapsack problem: An overview ［J］. European Journal of Operational Research, 2004, 155 (1): 1 –21.

［118］ Fu K. , Wang M. , Guo Y. , et al. MILP – based automatic search algorithms for differential and linear trails for speck ［C］. International Conference on Fast Software Encryption, 2016: 268 –288.

［119］ Gebala D. A. , Eppinger S. D. Methods for analyzing design procedures ［J］. Theory Methodol, 1991: 227 –233.

［120］ Ghaeli M. , Sadi – Nezhad S. Recent advances on graphical evaluation and review techniques ［J］. Journal of Project Management, 2017, 2 (3):

107 – 112.

［121］ Gil N. , Beckman S. , Tommelein I. D. Upstream problem solving under uncertainty and ambiguity： Evidence from airport expansion projects ［J］. IEEE Transactions on Engineering Management, 2008, 55 （3）： 508 – 522.

［122］ Glover F. , Laguna M： Tabu search, Handbook of combinatorial optimization ［M］. Boston： Springer, 1998： 2093 – 2229.

［123］ Glover F. Tabu search—part Ⅱ ［J］. ORSA Journal on Computing, 1990, 2 （1）： 4 – 32.

［124］ Glover F. Tabu search—part Ⅰ ［J］. ORSA Journal on Computing, 1989, 1 （3）： 190 – 206.

［125］ Glover F. , Tao Y. , Punnen A. P. , et al. Integrating tabu search and VLSN search to develop enhanced algorithms： A case study using bipartite boolean quadratic programs ［J］. European Journal of Operational Research, 2015, 241 （3）： 697 – 707.

［126］ Grøtli E. I. , Johansen T. A. Path planning for UAVs under communication constraints using SPLAT! and MILP ［J］. Journal of Intelligent & Robotic Systems, 2012, 65 （1 – 4）： 265 – 282.

［127］ Haller M. , Lu W. , Stehn L. , et al. An indicator for superfluous iteration in offsite building design processes ［J］. Architectural Engineering and Design Management, 2015, 11 （5）： 360 – 375.

［128］ Hamraz B. , Caldwell N. H. , Clarkson P. J. A multidomain engineering change propagation model to support uncertainty reduction and risk management in design ［J］. Journal of Mechanical Design, 2012, 134 （10）： 100905.

［129］ Hatami S. , Ruiz R. , Andres – Romano C. The distributed assembly permutation flowshop scheduling problem ［J］. International Journal of Production Research, 2013, 51 （17）： 5292 – 5308.

［130］ He H. , Daume Iii H. , Eisner J. M. Learning to search in branch and bound algorithms [C]. Advances in Neural Information Processing Systems, 2014: 3293 – 3301.

[131] Hollins B. , Pugh S. Successful product design: What to do and when [M]. Butterworth – Heinemann, 1990.

[132] Huang Y. , Chen C. – H. , Khoo L. P. Kansei clustering for emotional design using a combined design structure matrix [J]. International Journal of Industrial Ergonomics, 2012, 42 (5): 416 – 427.

[133] Hutter F. , Hoos H. H. , Leyton – Brown K. Automated configuration of mixed integer programming solvers [C]. International Conference on Integration of Artificial Intelligence (AI) and Operations Research (OR) Techniques in Constraint Programming, 2010: 186 – 202.

[134] Ingvar R. , Sunnersj S. Design structure matrices for the planning of rule-based engineering systems [C]. Changing the Ways We Work: Shaping the ICT – solutions for the Next Century: Proceedings of the Conference on Integration in Manufacturing, Göteborg, Sweden, 6 – 8 October 1998, 1998: 349.

[135] Ison F. Measuring up or muddling through: Best practice in the Australian non-residential construction industry [M] . Construction Industry Development Agency, 1995.

[136] Jiao L. , Khoo L. , Chen C. An intelligent concurrent design task planner for manufacturing systems [J]. The International Journal of Advanced Manufacturing Technology, 2004, 23 (9 – 10): 672 – 681.

[137] Jünger M. , Liebling T. M. , Naddef D. , et al. 50 Years of integer programming 1958 – 2008: From the early years to the state-of-the-art [M]. Springer Science & Business Media, 2009.

[138] Joglekar N. R. , Yassine A. A. , Eppinger S. D. , et al. Performance of coupled product development activities with a deadline [J]. Management Science, 2001, 47 (12): 1605 – 1620.

[139] Jun H. – B. , Suh H. – W. A modeling framework for product de-

velopment process considering its characteristics [J]. IEEE Transactions on Engineering Management, 2008, 55 (1): 103 –119.

[140] Kanzow C. , Nagel C. , Kato H. , et al. Successive linearization methods for nonlinear semidefinite programs [J]. Computational Optimization and Applications, 2005, 31 (3): 251 –273.

[141] Karapetyan D. , Punnen A. P. , Parkes A. J. Markov chain methods for the bipartite boolean quadratic programming problem [J]. European Journal of Operational Research, 2017, 260 (2): 494 –506.

[142] Karniel A. , Reich Y. From DSM – based planning to design process simulation: A review of process scheme logic verification issues [J]. IEEE Transactions on Engineering Management, 2009, 56 (4): 636 –649.

[143] Keeney R. L. Value-focused thinking [M]. Boston: Harvard University Press, 1996.

[144] Kellegöz T. Assembly line balancing problems with multi-manned stations: A new mathematical formulation and Gantt based heuristic method [J]. Annals of Operations Research, 2017, 253 (1): 377 –404.

[145] Kleinberg J. , Tardos E. Algorithm design [M]. Bangalore: Pearson Education India, 2006.

[146] Kline S. J. Innovation is not a linear process [J]. Research Management, 1985, 28 (4): 36 –45.

[147] Koopmans T. C. , Beckmann M. Assignment problems and the location of economic activities [J]. Econometrica: Journal of the Econometric Society, 1957: 53 –76.

[148] Korf R. E. Depth-first iterative-deepening: An optimal admissible tree search [J]. Artificial intelligence, 1985, 27 (1): 97 –109.

[149] Ko Y. – T. Optimizing product architecture for complex design [J]. Concurrent Engineering, 2013, 21 (2): 87 –102.

[150] Krishnamachari R. S. A decomposition synthesis methodology for

optimal systems design [D]. Ann Arbor: University of Michigan, 1996.

[151] Krishnan V., Eppinger S. D., Whitney D. E. A model-based frame-work to overlap product development activities [J]. Management Science, 1997, 43 (4): 437 –451.

[152] Krishnan V., Eppinger S. D., Whitney D. E. Ordering cross-func-tional decision making in product development [M]. Cambridge: Alfred P. Sloan School of Management, Massachusetts Institute of Technology, 1992.

[153] Krishnan V., Ulrich K. T. Product development decisions: A review of the literature [J]. Management Science, 2001, 47 (1): 1 –21.

[154] Kusiak A., Larson N. Decomposition and representation methods in mechanical design [J]. Journal of Mechanical Design, 1995, 117 (B): 17 –24.

[155] Kusiak A., Larson T. N. Reengineering of design and manufacturing processes [J]. Computers & Industrial Engineering, 1994, 26 (3): 521 – 536.

[156] Kusiak A., Park K. Concurrent engineering: Decomposition and scheduling of design activities [J]. The International Journal of Production Research, 1990, 28 (10): 1883 – 1900.

[157] Kusiak A., Wang J. Concurrent engineering: Simplification of the design process [J]. Computer Applications in Production and Engineering: Inte-gration Aspects, 1991: 297 –304.

[158] Kusiak A., Wang J. Efficient organizing of design activities [J]. The International Journal of Production Research, 1993, 31 (4): 753 –769.

[159] Lai X., Yue D., Hao J. – K., et al. Solution-based tabu search for the maximum min-sum dispersion problem [J]. Information Sciences, 2018, 441: 79 –94.

[160] Lancaster J., Cheng K. A fitness differential adaptive parameter controlled evolutionary algorithm with application to the design structure matrix [J]. International Journal of Production Research, 2008, 46 (18): 5043 –

5057.

[161] Li B. , Krushinsky D. , Reijers H. A. , et al. The share-a-ride problem: People and parcels sharing taxis [J]. European Journal of Operational Research, 2014, 238 (1): 31 –40.

[162] Lindemann U. , Maurer M. Facing multi-domain complexity in product development, The future of product development [M]. Boston: Springer, 2007: 351 –361.

[163] Linderoth J. T. , Lodi A. MILP software [J]. Wiley Encyclopedia of Operations Research and Management Science, 2010.

[164] Lin J. , Chai K. H. , Brombacher A. C. , et al. Optimal overlapping and functional interaction in product development [J]. European Journal of Operational Research, 2009, 196 (3): 1158 –1169.

[165] Lin J. , Chai K. H. , San Wong Y. , et al. A dynamic model for managing overlapped iterative product development [J]. European Journal of Operational Research, 2008, 185 (1): 378 –392.

[166] Lin J. , Huang W. , Qian Y. , et al. Scheduling interrelated activities using insertion-based heuristics [J]. IEEE Transactions on Engineering Management, 2018, 65 (1): 113 –127.

[167] Lin J. , Qian Y. , Cui W. , et al. An effective approach for scheduling coupled activities in development projects [J]. European Journal of Operational Research, 2015, 243 (1).

[168] Lin J. , Qian Y. , Cui W. , et al. Overlapping and communication policies in product development [J]. European Journal of Operational Research, 2010, 201 (3): 737 –750.

[169] Lin J. , Qian Y. , Cui W. Managing the concurrent execution of dependent product development stages [J]. IEEE Transactions on Engineering Management, 2011, 59 (1): 104 –114.

[170] Lin J. , Qian Y. , Yassine A. A. , et al. A fuzzy approach for

sequencing interrelated activities in a DSM [J]. International Journal of Production Research, 2012, 50 (23): 7012 – 7025.

[171] Li R. , Hu S. , Wang Y. , et al. A local search algorithm with tabu strategy and perturbation mechanism for generalized vertex cover problem [J]. Neural Computing and Applications, 2017, 28 (7): 1775 – 1785.

[172] Li S. , Chen L. Identification of clusters and interfaces for supporting the implementation of change requests [J]. IEEE Transactions on Engineering Management, 2014, 61 (2): 323 – 335.

[173] Loch C. H. , Terwiesch C. Communication and uncertainty in concurrent engineering [J]. Management Science, 1996, 44 (8): 1032 – 1048.

[174] Loch C. H. , Terwiesch C. Rush and be wrong or wait and be late? A model of information in collaborative processes [J]. Production and Operations Management, 2005, 14 (3): 331 – 343.

[175] Love P. E. , Edwards D. J. , Watson H. , et al. Rework in civil infrastructure projects: Determination of cost predictors [J]. Journal of Construction Engineering and Management, 2010, 136 (3): 275 – 282.

[176] Love P. E. Influence of project type and procurement method on rework costs in building construction projects [J]. Journal of Construction Engineering and Management, 2002, 128 (1): 18 – 29.

[177] Lozano M. , García – Martínez C. Hybrid metaheuristics with evolutionary algorithms specializing in intensification and diversification: Overview and progress report [J]. Computers & Operations Research, 2010, 37 (3): 481 – 497.

[178] Luh D. – B. , Ko Y. – T. , Ma C. – H. A dynamic planning approach for new product development [J]. Concurrent Engineering, 2009, 17 (1): 43 – 59.

[179] Luh D. , Ko Y. , Ma C. A structural matrix-based modelling for designing product variety [J]. Journal of Engineering Design, 2011, 22 (1):

1 – 29.

[180] Lu Y. , Cao B. , Rego C. , et al. A tabu search based clustering algorithm and its parallel implementation on Spark [J]. Applied Soft Computing, 2018, 63: 97 – 109.

[181] Lévárdy V. , Browning T. R. An adaptive process model to support product development project management [J]. IEEE Transactions on Engineering Management, 2009, 56 (4): 600 – 620.

[182] Lü Z. , Hao J. – K. Adaptive tabu search for course timetabling [J]. European Journal of Operational Research, 2010, 200 (1): 235 – 244.

[183] Lü Z. , Huang W. Iterated tabu search for identifying community structure in complex networks [J]. Physical Review E, 2009, 80 (2): 026130.

[184] Maccormack A. , Rusnak J. , Baldwin C. Y. Exploring the structure of complex software designs: An empirical study of open source and proprietary code [J]. Management Science, 2006, 52 (7): 1015 – 1030.

[185] Maccormack A. , Verganti R. , Iansiti M. Developing products on "Internet time": The anatomy of a flexible development process [J]. Management Science, 2001, 47 (1): 133 – 150.

[186] Maurer M. Structural awareness in complex product design [D]. Technische Universität München, 2007.

[187] Mcculley C. , Bloebaum C. A genetic tool for optimal design sequencing in complex engineering systems [J]. Structural Optimization, 1996, 12 (2 – 3): 186 – 201.

[188] Meier C. , Yassine A. A. , Browning T. R. Design process sequencing with competent genetic algorithms [J]. Journal of Mechanical Design, 2007, 129 (6): 566 – 585.

[189] Michelena N. F. , Papalambros P. Y. Optimal model-based decomposition of powertrain system design [J]. Journal of Mechanical Design, 1995,

117 (4): 499 – 505.

[190] Misevicius A. , Lenkevicius A. , Rubliauskas D. Iterated tabu search: An improvement to standard tabu search [J]. Information Technology and Control, 2006, 35 (3).

[191] Misevičius A. Using iterated tabu search for the traveling salesman problem [J]. Information Technology and Control, 2004, 32 (3).

[192] Nafkha R. , Wiliński A. The critical path method in estimating project duration [J]. Information Systems in Management, 2016, 5 (1): 78 – 87.

[193] Öncan T. Milp formulations and an iterated local search algorithm with tabu thresholding for the order batching problem [J]. European Journal of Operational Research, 2015, 243 (1): 142 – 155.

[194] Nightingale P. The product-process-organisation relationship in complex development projects [J]. Research Policy, 2000, 29 (7 – 8): 913 – 930.

[195] Nonsiri S. , Christophe F. , Mokammel F. A combined design structure matrix (DSM) and discrete differential evolution (DDE) approach for scheduling and organizing system development tasks modelled using SysML [J]. Journal of Integrated Design and Process Science, 2014, 18 (3): 19 – 40.

[196] Nyberg A. , Westerlund T. A new exact discrete linear reformulation of the quadratic assignment problem [J]. European Journal of Operational Research, 2012, 220 (2): 314 – 319.

[197] Osborne S. M. Product development cycle time characterization through modeling of process iteration [D]. Massachusetts Institute of Technology, 1993.

[198] Palubeckis G. Iterated tabu search for the maximum diversity problem [J]. Applied Mathematics and Computation, 2007, 189 (1): 371 – 383.

[199] Patriksson M. Partial linearization methods in nonlinear programming

[J]. Journal of Optimization Theory and Applications, 1993, 78 (2): 227 – 246.

[200] Pektaş Ş. T. , Pultar M. Modelling detailed information flows in building design with the parameter-based design structure matrix [J]. Design Studies, 2006, 27 (1): 99 – 122.

[201] Petroski H. , Baratta A. J. To engineer is humam: The role of failure in successful design [J]. Endeavour, 1988, 10 (3): 156 – 156.

[202] Punnen A. P. , Wang Y. The bipartite quadratic assignment problem and extensions [J]. European Journal of Operational Research, 2016, 250 (3): 715 – 725.

[203] Qian Y. , Goh T. Development projects scheduling and design structure matrix [C]. 2007 IEEE International Conference on Industrial Engineering and Engineering Management, 2007: 1042 – 1046.

[204] Qian Y. , Lin J. , Goh T. N. , et al. A novel approach to DSM – based activity sequencing problem [J]. IEEE Transactions on Engineering Management, 2011, 58 (4): 688 – 705.

[205] Qian Y. , Lin J. Organizing interrelated activities in complex product development [J]. IEEE Transactions on Engineering Management, 2013, 61 (2): 298 – 309.

[206] Qian Y. , Xie M. , Goh T. N. , et al. Optimal testing strategies in overlapped design process [J]. European Journal of Operational Research, 2010, 206 (1): 131 – 143.

[207] Rajaraman A. , Ullman J. D. Mining of massive datasets [M]. Cambridge University Press, 2011.

[208] Rhee C. , Liang Y. D. , Dhall S. K. , et al. Efficient algorithms for finding depth-first and breadth-first search trees in permutation graphs [J]. Information Processing Letters, 1994, 49 (1): 45 – 50.

[209] Rivkin J. W. , Siggelkow N. Patterned interactions in complex sys-

tems: Implications for exploration [J]. Management Science, 2007, 53 (7):
1068 – 1085.

[210] Roemer T. A. , Ahmadi R. Concurrent crashing and overlapping in
product development [J]. Operations Research, 2004, 52 (4): 606 – 622.

[211] Roemer T. A. , Ahmadi R. Models for concurrent product and
process design [J]. European Journal of Operational Research, 2010, 203
(3): 601 – 613.

[212] Roemer T. A. , Ahmadi R. , Wang R. H. Time-cost trade-offs in
overlapped product development [J]. Operations Research, 2000, 48 (6):
858 – 865.

[213] Rogers J. L. A knowledge-based tool for multilevel decomposition of
a complex design problem [J]. Journal of Computing in Civil Engineering,
1990, 4 (4): 298 – 312.

[214] Rogers J. L. , Mcculley C. M. , Bloebaum C. L. Integrating a genet-
ic algorithm into a knowledge-based system for ordering complex design processes
[J]. Artificial Intelligence in Design' 96: Springer, 1996: 119 – 133.

[215] Safoutin M. J. A methodology for empirical measurement of iteration
in engineering design processes [D]. University of Washington Seattle, 2003.

[216] Sawik T. Integrated selection of suppliers and scheduling of customer
orders in the presence of supply chain disruption risks [J]. International Journal
of Production Research, 2013, 51 (23 – 24): 7006 – 7022.

[217] Scott J. A. A strategy for modelling the design-development phase of
a product [D]. Newcastle University, 1999.

[218] Shaja A. , Sudhakar K. Optimized sequencing of analysis compo-
nents in multidisciplinary systems [J]. Research in Engineering Design, 2010,
21 (3): 173 – 187.

[219] Shang Z. , Zhao S. , Hao J. – K. , et al. Multiple phase tabu
search for bipartite boolean quadratic programming with partitioned variables [J].

Computers & Operations Research, 2019, 102: 141 – 149.

[220] Shang Z. , Zhao S. , Qian Y. , et al. Exact algorithms for the feedback length minimisation problem [J]. International Journal of Production Research, 2019, 57 (2): 544 – 559.

[221] Sharon A. , Dori D. Model-based project-product lifecycle management and gantt chart models: A comparative study [J]. Systems Engineering, 2017, 20 (5): 447 – 466.

[222] Shephard G. G, Kirkwood C. W. Managing the judgmental probability elicitation process: A case study of analyst/manager interaction [J]. IEEE Transactions on Engineering Management, 1994, 41 (4): 414 – 425.

[223] Shobaki G. , Jamal J. An exact algorithm for the sequential ordering problem and its application to switching energy minimization in compilers [J]. Computational Optimization and Applications, 2015, 61 (2): 343 – 372.

[224] Smith R. P. , Eppinger S. D. A predictive model of sequential iteration in engineering design [J]. Management Science, 1997, 43 (8): 1104 – 1120.

[225] Smith R. P. , Eppinger S. D. Identifying controlling features of engineering design iteration [J]. Management Science, 1997, 43 (3): 276 – 293.

[226] Sosa M. E. A structured approach to predicting and managing technical interactions in software development [J]. Research in Engineering Design, 2008, 19 (1): 47 – 70.

[227] Sosa M. E. , Eppinger S. D. , Rowles C. M. The misalignment of product architecture and organizational structure in complex product development [J]. Management Science, 2004, 50 (12): 1674 – 1689.

[228] Sosa M. E. Realizing the need for rework: From task interdependence to social networks [J]. Production and Operations Management, 2014, 23 (8): 1312 – 1331.

[229] Steward D. V. The design structure system: A method for managing

the design of complex systems ［J］. IEEE Transactions on Engineering Management, 1981, （3）: 71 - 74.

［230］ Sullivan K. J. , Griswold W. G. , Cai Y. , et al. The structure and value of modularity in software design ［C］. Acm Sigsoft Software Engineering Notes, 2001: 99 - 108.

［231］ Tang D. , Zheng L. , Li Z. , et al. Re-engineering of the design process for concurrent engineering ［J］. Computers & Industrial Engineering, 2000, 38 （4）: 479 - 491.

［232］ Tarjan R. Depth-first search and linear graph algorithms ［J］. SIAM Journal on Computing, 1972, 1 （2）: 146 - 160.

［233］ Terwiesch C. , Loch C. H. , Meyer A. D. Exchanging preliminary information in concurrent engineering: Alternative coordination strategies ［J］. Organization Science, 2002, 13 （4）: 402 - 419.

［234］ Todd D. S. Multiple criteria genetic algorithms in engineering design and operation ［D］. Citeseer, 1997.

［235］ Tripathy A. , Eppinger S. D. Organizing global product development for complex engineered systems ［J］. IEEE Transactions on Engineering Management, 2011, 58 （3）: 510 - 529.

［236］ Tripathy A. , Eppinger S. D. Structuring work distribution for global product development organizations ［J］. Production and Operations Management, 2013, 22 （6）: 1557 - 1575.

［237］ Tripathy A. Work distribution in global product development organizations ［D］. Massachusetts Institute of Technology, 2010.

［238］ Tuholski S. J. , Tommelein I. D. Design structure matrix implementation on a seismic retrofit ［J］. Journal of Management in Engineering, 2010, 26 （3）: 144 - 152.

［239］ Voss C. A. , Hsuan J. Service architecture and modularity ［J］. Decision Sciences, 2009, 40 （3）: 541 - 569.

［240］Wang Y. , Wu Q. , Glover F. Effective metaheuristic algorithms for the minimum differential dispersion problem ［J］. European Journal of Operational Research, 2017, 258 (3): 829 – 843.

［241］Wang Y. , Wu Q. , Punnen A. P. , et al. Adaptive tabu search with strategic oscillation for the bipartite boolean quadratic programming problem with partitioned variables ［J］. Information Sciences, 2018, 450: 284 – 300.

［242］Whitfield R. I. , Duffy A. H. , Coates G. , et al. Efficient process optimization ［J］. Concurrent Engineering, 2003, 11 (2): 83 – 92.

［243］Whitney D. E. Designing the design process ［J］. Research in Engineering Design, 1990, 2 (1): 3 – 13.

［244］Xiao H. , Rasul K. , Vollgraf R. Fashion-mnist: A novel image dataset for benchmarking machine learning algorithms ［J］. arXiv preprint arXiv: 1708. 07747, 2017.

［245］Yang Q. , Shan C. , Jiang B. , et al. Managing the complexity of new product development project from the perspectives of customer needs and entropy ［J］. Concurrent Engineering, 2018, 26 (4): 328 – 340.

［246］Yang Q. , Yao T. , Lu T. , et al. An overlapping-based design structure matrix for measuring interaction strength and clustering analysis in product development project ［J］. IEEE Transactions on Engineering Management, 2013, 61 (1): 159 – 170.

［247］Yang Q. , Zhang X. , Yao T. An overlapping-based process model for managing schedule and cost risk in product development ［J］. Concurrent Engineering, 2012, 20 (1): 3 – 17.

［248］Yan Y. , Sohn H. – S. , Reyes G. A modified ant system to achieve better balance between intensification and diversification for the traveling salesman problem ［J］. Applied Soft Computing, 2017, 60: 256 – 267.

［249］Yassine A. A. , Whitney D. E. , Zambito T. Assessment of rework probabilities for simulating product development processes using the design structure matrix (DSM) [C]. International DesignEngineering Technical Conferences and Computers and Informationin Engineering Conference. American Society of Mechanical Engineers, 2001, 80258: 105 – 113.

[250] Yassine A. , Braha D. Complex concurrent engineering and the design structure matrix method [J]. Concurrent Engineering, 2003, 11 (3): 165 – 176.

[251] Yassine A. , Falkenburg D. , Chelst K. Engineering design management: An information structure approach [J]. International Journal of Production Research, 1999, 37 (13): 2957 – 2975.

[252] Yassine A. , Joglekar N. , Braha D. , et al. Information hiding in product development: The design churn effect [J]. Research in Engineering Design, 2003, 14 (3): 145 – 161.

[253] Yu T. – L. , Yassine A. A. , Goldberg D. E. An information theoretic method for developing modular architectures using genetic algorithms [J]. Research in Engineering Design, 2007, 18 (2): 91 – 109.

[254] Zhang H. , Qiu W. , Zhang H. An approach to measuring coupled tasks strength and sequencing of coupled tasks in new product development [J]. Concurrent Engineering, 2006, 14 (4): 305 – 311.

[255] Zhang J. , Song X. , Chen H. , et al. Optimisation of critical chain sequencing based on activities' information flow interactions [J]. International Journal of Production Research, 2015, 53 (20): 6231 – 6241.

[256] Zhang J. , Song X. , Díaz E. Buffer sizing of critical chain based on attribute optimization [J]. Concurrent Engineering, 2014, 22 (3): 253 – 264.

[257] Zheng P. , Chen C. – H. , Shang S. Towards an automatic engineering change management in smart product-service systems – A DSM – based learning approach [J]. Advanced Engineering Informatics, 2019, 39: 203 – 213.

[258] Zhou R. , Hansen E. A. Breadth-first heuristic search [J]. Artificial Intelligence, 2006, 170 (4 – 5): 385 – 408.

附录 1　哈希寻址并行分枝剪枝算法（HAPBP）源代码

---

function [BEST , MIN , time] = HAPBP(a)

% 输入:参数 a　DSM 矩阵;

% 输出:BEST 为最优活动序列,MIN 为目标函数值,time 为求解时间;

% 启动前需要开启 Matlab 并行工具箱。

```
t1 = clock;

spmd

switch labindex

        case 1

        n = size( a,1 );

        oo = 1;

        numTable1 = ones( 1,n );

        for i = 2 : n

            oo = oo * 2;

            numTable1( i ) = oo;

        end

        xN = sum( numTable1 );

        store = ones( xN,2 );

        store = 1000 * store;

        ASet = [ 1 : n ];
```

```
BS = combntns(ASet,2);
BSN = size(BS,1);
BSV = 100. * ones(1,BSN);
BSS = zeros(BSN,2);
OS = zeros(BSN,n-2);
for i = 1:BSN
    OS(i,:) = setdiff(ASet,BS(i,:));
end
OSCN = size(OS,2);
for t = 1:BSN
    BSC = perms(BS(t,:));
    SUM = 0;
    for i = 1:size(BSC,1)
        SUM = SUM + a(BSC(i,1),BSC(i,2));
        for k = 1:OSCN
            SUM = SUM + a(OS(t,k),BSC(i,2));
        end
        if SUM < BSV(t)
            BSV(t) = SUM;
            BSS(t,:) = BSC(i,:);
        end
        SUM = 0;
    end
end
    BSVm = BSV;
    BSSm = BSS;
    BSSmN = size(BSSm,1);
    for i = 1:BSSmN
```

```
        SUM = BSVm(i);
        for j = 1 : OSCN
            for k = 1 : size(BSSm,2)
                SUM = SUM + a(OS(i,j),BSSm(i,k));
            end
        end
        BSVm(i) = SUM;
    end
for q = 3 : fix(n/2)
    size1 = nchoosek(n,q);
    BSV = zeros(1,size1);
    BSS = zeros(size1,q);
    OSm = zeros(size1,n - q);
    flag = 0;
    BSRR = 0;
    for i = 1 : BSSmN
        SUM = BSVm(i);
        for j = 1 : OSCN
            BS1 = [OS(i,j),BSSm(i,:)];
            OS1 = [OS(i,1:j - 1),OS(i,j + 1:OSCN)];
            if flag = = 0
                BSRR = 1;
                BSS(BSRR,:) = BS1;
                BSV(BSRR) = SUM;
                OSm(BSRR,:) = OS1;
                aBin1 = sum(numTable1(BS1));
                store(aBin1,1) = SUM;
                store(aBin1,2) = BSRR;
```

```
                    flag = 1;
            else
                    aBin1 = sum( numTable1( BS1 ) ) ;
                    if store( aBin1 ,1 ) = = 1000
                        BSRR = BSRR + 1;
                        BSS( BSRR , : ) = BS1;
                        BSV( BSRR ) = SUM;
                        OSm( BSRR , : ) = OS1;
                        store( aBin1 ,1 ) = SUM;
                        store( aBin1 ,2 ) = BSRR;
                    else
                        if SUM < store( aBin1 ,1 )
                        store( aBin1 ,1 ) = SUM;
                        BSV( store( aBin1 ,2 ) ) = SUM;
                        BSS( store( aBin1 ,2 ) , : ) = BS1;
                        end
                    end
                end
            end
end
OS = OSm;
OSCN = size( OS ,2 ) ;
BSVm = BSV;
BSSm = BSS;
BSSmN = size( BSSm ,1 ) ;
for i = 1 : BSSmN
    SUM = BSVm( i ) ;
    for j = 1 : OSCN
```

```
            for k = 1 : size(BSSm,2)
                    SUM = SUM + a(OS(i,j),BSSm(i,k));
            end
        end
            BSVm(i) = SUM;
    end
end
case 2
n = size(a,1);
oo = 1;
numTable1 = ones(1,n);
for i = 2 : n
    oo = oo * 2;
    numTable1(i) = oo;
end
xN = sum(numTable1);
store = ones(xN,2);
store = 1000 * store;
ASet = [1 : n];
BS = combntns(ASet,2);
BSN = size(BS,1);
BSV = 100. * ones(1,BSN);
BSS = zeros(BSN,2);
OS = zeros(BSN,n - 2);
for i = 1 : BSN
    OS(i,:) = setdiff(ASet,BS(i,:));
end
OSCN = size(OS,2);
```

```
for t = 1 : BSN
    BSC = perms(BS(t, : ));
    SUM = 0;
    for i = 1 : size(BSC,1)
        SUM = SUM + a(BSC(i,1),BSC(i,2));
        for j = 1 : 2
            for k = 1 : OSCN
                SUM = SUM + a(BSC(i,j),OS(t,k)) * (3 − j);
            end
        end
        if SUM < BSV(t)
            BSV(t) = SUM;
            BSS(t, : ) = BSC(i, : );
        end
        SUM = 0;
    end
end
for q = 3 : n − fix(n/2)
    BSVm = BSV;
    BSSm = BSS;
    BSSmN = size(BSSm,1);
    size1 = nchoosek(n,q);
    BSV = zeros(1,size1);
    BSS = zeros(size1,q);% 重置
    OSm = zeros(size1,n − q);
    flag = 0;
    BSRR = 0;
    for i = 1 : BSSmN
```

```
            SUM = BSVm(i);
        for j = 1 : OSCN
            BS1 = [BSSm(i,:),OS(i,j)];
            OS1 = [OS(i,1:j-1),OS(i,j+1:OSCN)];
            for k = 1 : size(BS1,2)
                for l = 1 : size(OS1,2)
                    SUM = SUM + a(BS1(k),OS1(l));
                end
            end
            if flag = = 0
                BSRR = 1;
                BSS(BSRR,:) = BS1;
                BSV(BSRR) = SUM;
                OSm(BSRR,:) = OS1;
                aBin1 = sum(numTable1(BS1));
                store(aBin1,1) = SUM;
                store(aBin1,2) = BSRR;
                flag = 1;
            else
                aBin1 = sum(numTable1(BS1));
                if store(aBin1,1) = = 1000
                    BSRR = BSRR + 1;
                    BSS(BSRR,:) = BS1;
                    BSV(BSRR) = SUM;
                    OSm(BSRR,:) = OS1;
                    store(aBin1,1) = SUM;
                    store(aBin1,2) = BSRR;
                else
```

```
                    if SUM < store( aBin1 ,1)
                        store( aBin1 ,1) = SUM;
                        BSV( store( aBin1 ,2)) = SUM;
                        BSS( store( aBin1 ,2) : ) = BS1;
                    end
                end
            end
        SUM = BSVm( i);
        end
    end
    OS = OSm;
    OSCN = size( OS ,2);
    end
end
end
max = [ 10000 ,10000 ,10000 ];
numTable_P = numTable1{1};
xN_P = xN{1};
BSS_P1 = BSS{1};
store_P1 = store{1};
BSS_P2 = BSS{2};
store_P2 = store{2};
for i = 1 : size( BSS_P1 ,1)
    address1 = sum( numTable_P( BSS_P1( i, : )));
    address2 = xN_P − address1;
    current = store_P1( address1 ,1) + store_P2( address2 ,1);
    if( current < max( 1))
        max( 1) = current;
```

```
            max(2) = address1;
            max(3) = address2;
        end
end
BEST = [BSS_P2(store_P2(max(3),2),:),BSS_P1(store_P1(max(2),2),:)];
MIN = max(1);
t2 = clock;
time = etime(t2,t1);
```

附录 2 迭代禁忌搜索算法（ITH）源代码

```
function[ bstF,bstS,bstT] = ITS
% 输入：参数 a  DSM 矩阵,stime 程序运行时间；
% cutoff 最优目标函数值连续不更新的迭代次数的上限；
% cutoff1 局部搜索阶段,最优目标函数值连续不更新的迭代次数的上限；
% 输出：bstS 为最优活动序列,bstF 为目标函数值,bstT 为找到质量最高序
列所用时间。
n = size( a,1) ;
t1 = clock ;
t2 = clock ;
time = etime( t2,t1) ;
tt = fix( tt1 * n) ;
inte = fix( 0. 5 * n) ;
TL = zeros( 1,n) ;
iter = 1 ;
RS = randperm( n) ;
F = CalculateF( a,RS,n) ;
bstS = RS ;
bstF = F ;
bstT = time ;
cutNum = 0 ;
```

```
while  time < stime
    if  cutNum > cutoff
        if  randperm(10,1) >7
            RS = randperm(n);
            F = CalculateF(a,RS,n);
            cutNum = 0;
            TL = zeros(1,n);
            iter = 1;
        else
            cutNum = 0;
            TL = zeros(1,n);
            iter = 1;
            [F,RS,bstF,bstS,bstT] = DoubleChange(a,RS,F,n,cutoff1,
                bstF,bstS,bstT,t1,t2);
        end
    end
    bstF1 = realmax;
    bstF1T = realmax;
    Tcount = 0;
    for  p = 1:n - 1
        for  q = p + 1:n
            F1 = ChangeF(a,RS,F,n,p,q);
            if  TL(RS(p)) < iter || TL(RS(q)) < iter
                Tcount = Tcount + 1;
                if  abs(F1 - bstF1) < 0.00000001
                    if  randperm(10,1) >4
                        bstF1 = F1;
                        bstP = p;
```

```
                    bstQ = q;
            end
        else if Fl < bstFl
                    bstFl = Fl;
                    bstP = p;
                    bstQ = q;
                    t2 = clock;
                    BstFlTime = etime(t2,t1);
            end
        end
    else
        if abs(Fl − bstFlT) < 0.00000001
            if randperm(10,1) > 4
                    bstFlT = Fl;
                    bstPT = p;
                    bstQT = q;
            end
        else if Fl < bstFlT
                    bstFlT = Fl;
                    bstPT = p;
                    bstQT = q;
                    t2 = clock;
                    BstFlTimeT = etime(t2,t1);
            end
        end
    end
  end
end
```

```
if bstF1T < bstF1 && bstF1T < bstF
    moveF = bstF1T;
    moveP = bstPT;
    moveQ = bstQT;
    moveTime = BstF1TimeT;
else
    if Tcount == 0
        moveF = bstF1T;
        moveP = bstPT;
        moveQ = bstQT;
        moveTime = BstF1TimeT;
    else
        moveF = bstF1;
        moveP = bstP;
        moveQ = bstQ;
        moveTime = BstF1Time;
    end
end
F = moveF;
m = RS(moveP);
RS(moveP) = RS(moveQ);
RS(moveQ) = m;
FT = moveTime;
TL(RS(moveP)) = iter + tt + randperm(inte,1);
TL(RS(moveQ)) = iter + tt + randperm(inte,1);
iter = iter + 1;
if abs(F - bstF) < 0.00000001
    cutNum = cutNum + 1;
```

```
        else if F < bstF
                bstF = F;
                bstS = RS;
                bstT = FT;
                cutNum = 0;
            else
                cutNum = cutNum + 1;
            end
        end
t2 = clock;
time = etime(t2,t1);
end
end
function[F] = CalculateF(a,RS,n)
F = 0;
for h = 1 : n - 1
    for k = h + 1 : n
        F = F + a(RS(h),RS(k)) * (k - h);
    end
end
if(F < 0)
    F = 0;
end
end
function[F1] = ChangeF(a,RS,F,n,p,q)
Fqp1 = 0;
Fqp2 = 0;
Fqh = 0;
```

```
Fph = 0;

qp = q - p;

for h = 1 : p - 1

    Fqp1 = Fqp1 + a(RS(h),RS(p)) - a(RS(h),RS(q));

end

Fqp1 = Fqp1 * qp;

for h = q + 1 : n

    Fqp2 = Fqp2 + a(RS(q),RS(h)) - a(RS(p),RS(h));

end

Fqp2 = Fqp2 * qp;

Fqp = Fqp1 + Fqp2;

for h = p + 1 : q - 1

    Fqh = Fqh + a(RS(h),RS(p)) * (q - h) - a(RS(h),RS(q)) * (q - h);

    Fph = Fph + a(RS(q),RS(h)) * (h - p) - a(RS(p),RS(h)) * (h - p);

end

Fl = F + Fqp + Fqh + Fph - a(RS(p),RS(q)) * qp + a(RS(q),RS(p)) *
qp;

if Fl < 0

    Fl = 0;

end

end

function[Fl] = ChangeFl(a,RS,F,n,p,q)

Fqp1 = 0;

Fqp2 = 0;

Fqh = 0;

Fph = 0;

Fqp3 = 0;

qp = q - p;
```

```
for h = 1 : p − 1
    Fqp1 = Fqp1 + a( RS( h) ,RS( p) ) + a( RS( h) ,RS( p + 1) ) − a( RS( h) ,
    RS( q) ) − a( RS( h) ,RS( q + 1) ) ;
end
Fqp1 = Fqp1 * qp;
for h = q + 2 : n
    Fqp2 = Fqp2 + a( RS( q) ,RS( h) ) + a( RS( q + 1) ,RS( h) ) − a( RS( p) ,
    RS( h) ) − a( RS( p + 1) ,RS( h) ) ;
end
Fqp2 = Fqp2 * qp;
Fqp = Fqp1 + Fqp2;
for h = p + 2 : q − 1
    Fqh = Fqh + ( a( RS( h) ,RS( p) ) + a( RS( h) ,RS( p + 1) ) ) * ( q − h) −
    ( a( RS( h) ,RS( q) ) + a( RS( h) ,RS( q + 1) ) ) * ( q − h) ;
    Fph = Fph + ( a( RS( q) ,RS( h) ) + a( RS( q + 1) ,RS( h) ) ) * ( h − p) −
    ( a( RS( p) ,RS( h) ) + a( RS( p + 1) ,RS( h) ) ) * ( h − p) ;
    Fqp3 = Fqp3 + a( RS( h) ,RS( p + 1) ) + a( RS( p + 1) ,RS( h) ) − a( RS( q +
    1) ,RS( h) ) − a( RS( h) ,RS( q + 1) ) ;
end
F1 = F + Fqp + Fqh + Fph + Fqp3 − a( RS( p) ,RS( q) ) * qp + a( RS( q) ,RS
( p) ) * qp − a( RS( p) ,RS( q + 1) ) * ( qp + 1) + a( RS( q + 1) ,RS( p) ) *
( qp − 1) − a( RS( p + 1) ,RS( q) ) * ( qp − 1) + a( RS( q) ,RS( p + 1) ) *
( qp + 1) − a( RS( p + 1) ,RS( q + 1) ) * qp + a( RS( q + 1) ,RS( p + 1) ) *
qp;
if F1 < 0
    F1 = 0;
end
end
```

```
function[ F, RS, bstF, bstS, bstT ] = DoubleChange ( a, RS, F, n, cutoff1, bstF,
   bstS, bstT, t1, t2 )
   cutNum1 = 0;
   while cutNum1 < cutoff1
       bstF1 = realmax;
       for p = 1 : n − 3
           for q = p + 2 : 2 : n − 1
               F1 = ChangeF1 ( a, RS, F, n, p, q );
               if abs( F1 − bstF1 ) < 0. 00000001
                   if randperm( 10, 1 ) > 4
                       bstF1 = F1 ;
                       bstP = p;
                       bstQ = q;
                   end
               else if F1 < bstF1
                   bstF1 = F1 ;
                   bstP = p;
                   bstQ = q;
                   t2 = clock;
                   BstF1Time = etime( t2, t1 );
               end
           end
       end
   end
   F = bstF1 ;
   m = RS( bstP );
   RS( bstP ) = RS( bstQ );
   RS( bstQ ) = m;
```

```
    m = RS(bstP + 1);
    RS(bstP + 1) = RS(bstQ + 1);
    RS(bstQ + 1) = m;
    FT = BstFlTime;
    if abs(F − bstF) < 0.00000001
        cutNum1 = cutNum1 + 1;
    else if F < bstF
            bstF = F;
            bstS = RS;
            bstT = FT;
            cutNum1 = 0;
        else
            cutNum1 = cutNum1 + 1;
        end
    end
    end
if F < 0
    F = 0;
end
end
```

附录3 随机DSM算例与最小反馈总长度活动序列

算例规格 $n=15$，$den=0.1$ 随机算例一

DSM															
S	1	2	3	4	5	6	7	8	9	10	11	12	13	14	15
1	0	0	0.02	0	0	0	0.34	0	0	0	0	0	0	0	0
2	0	0	0	0.25	0	0	0	0	0	0	0	0	0	0	0
3	0	0.87	0	0	0	0	0	0	0	0	0	0	0	0	0.24
4	0	0	0	0	0	0	0	0	0	0	0	0	0	0	0.03
5	0	0	0	0	0	0	0	0	0	0	0	0	0.75	0	0
6	0	0	0	0	0	0	0	0	0	0.52	0	0	0	0	0
7	0	0	0	0	0	0.12	0	0	0	0	0	0	0	0	0
8	0	0	0	0	0	0.2	0	0	0	0	0	0	0	0	0
9	0	0	0	0	0	0	0	0	0	0	0	0	0	0	0.7
10	0	0	0	0	0	0	0.22	0	0	0	0	0	0	0	0
11	0	0	0	0	0	0.12	0	0	0	0	0	0	0	0	0
12	0	0	0	0	0	0.74	0	0	0	0	0	0	0	0	0.48
13	0	0	0	0	0	0	0	0	0	0	0	0	0	0	0
14	0	0	0	0.72	0.79	0	0	0	0	0	0	0.42	0	0	0
15	0.7	0.55	0	0.52	0	0	0	0	0	0	0	0	0	0	0
最优序列															
S	7	10	6	8	4	2	1	15	3	13	12	11	9	5	14
最优值															
0.37															

算例规格 $n = 15$，$den = 0.1$ 随机算例二

DSM														
S	1	2	3	4	5	6	7	8	9	10	11	12	13	14	15
1	0	0	0	0	0	0	0.72	0	0	0	0	0.24	0	0	0
2	0.91	0	0	0	0	0	0	0	0	0	0	0	0	0.76	0
3	0	0	0	0	0.72	0	0	0	0	0	0	0	0	0	0
4	0	0	0	0	0	0.39	0	0	0	0	0	0	0	0	0
5	0	0.22	0	0	0	0	0	0.61	0	0	0	0	0	0.65	0
6	0	0	0	0.01	0	0	0	0	0	0	0.27	0	0	0	0
7	0	0	0	0	0	0	0	0	0	0	0	0	0	0	0
8	0	0	0	0	0.86	0	0	0	0	0	0	0	0	0	0
9	0	0	0	0	0	0	0	0	0	0	0	0.4	0	0	0.61
10	0	0	0	0.11	0	0	0	0	0	0	0	0.22	0	0	0
11	0	0	0.07	0	0	0	0	0	0.59	0	0	0	0	0	0
12	0.41	0	0	0	0	0	0	0	0	0	0	0	0	0	0
13	0	0	0	0	0	0	0	0.7	0	0	0	0	0	0	0
14	0	0	0	0	0	0	0	0	0	0	0.59	0	0	0	0
15	0	0	0	0	0	0	0	0	0	0	0	0	0	0	0

最优序列														
S	7	1	12	15	9	11	14	2	5	8	3	13	6	4	10

最优值

1.21

算例规格 $n=15$, $den=0.2$ 随机算例一

DSM

S	1	2	3	4	5	6	7	8	9	10	11	12	13	14	15
1	0	0	0	0	0.1	0	0	0	0	0	0.13	0	0	0	0
2	0	0	0	0	0	0.65	0	0	0	0	0.74	0	0	0	0
3	0.64	0.8	0	0	0	0	0	0	0	0	0	0	0	0.98	0
4	0	0.75	0	0	0	0	0	0	0.37	0	0	0	0.28	0	0.27
5	0	0	0	0	0	0	0	0	0.19	0	0	0.92	0	0	0.71
6	0.69	0	0	0	0	0	0	0	0	0	0	0.49	0	0	0
7	0	0	0	0	0	0	0	0.25	0	0	0	0	0	0	0
8	0	0	0	0.65	0	0.97	0	0	0	0	0	0	0.27	0	0
9	0	0	0	0	0	0	0	0	0	0	0	0	0.69	0	0
10	0	0	0	0	0	0.66	0	0	0	0	0	0	0.61	0	0
11	0.14	0	0	0	0.52	0	0	0	0	0	0	0	0	0	0
12	0	0	0.42	0	0.63	0	0	0	0	0	0	0	0	0.7	0
13	0.71	0	0	0	0	0	0	0	0	0	0	0	0	0	0.37
14	0.63	0	0	0	0	0.4	0	0.34	0	0.24	0.79	0	0.36	0	0.07
15	0.98	0	0.28	0.6	0	0	0	0.64	0	0	0	0	0	0	0

最优序列

S	1	13	9	11	6	2	4	8	15	5	12	14	3	10	7

最优值

14.54

算例规格 $n = 15$，$den = 0.2$ 随机算例二

DSM															
S	1	2	3	4	5	6	7	8	9	10	11	12	13	14	15
1	0	0	0.99	0.05	0	0	0	0	0	0	0	0	0	0	0
2	0	0	0	0	0.68	0	0	0	0	0	0.55	0	0	0	0
3	0.97	0.43	0	0	0	0	0	0.27	0.34	0	0	0	0	0.03	0
4	0	0.41	0	0	0	0	0	0	0	0	0.59	0	0	0	0
5	0	0	0	0	0	0	0	0.25	0.91	0	0	0	0	0.67	0
6	0	0	0	0	0	0	0.69	0	0	0	0.72	0	0.84	0	0.88
7	0.41	0	0	0	0.21	0	0	0	0	0.26	0	0.27	0.39	0	0
8	0	0	0	0	0	0.08	0	0	0	0	0.16	0	0	0	0
9	0.48	0	0	0.27	0	0	0	0	0	0	0	0	0.81	0	0.97
10	0	0	0	0	0	0	0	0	0	0	0	0	0	0	0
11	0	0	0.5	0	0	0	0	0	0	0	0	0	0	0.31	0.24
12	0	0	0	0	0	0	0.51	0	0	0	0	0	0	0	0.45
13	0.72	0.32	0	0	0	0	0	0	0	0	0.12	0	0	0	0
14	0.1	0	0	0	0	0	0	0	0	0.37	0	0.86	0	0	0
15	0	0	0	0.45	0.51	0	0	0	0	0	0	0	0	0	0

最优序列														
S	10	8	1	3	11	2	4	13	15	9	5	14	12	7	6

最优值

15.44

算例规格 $n=15$，$den=0.4$ 随机算例一

DSM															
S	1	2	3	4	5	6	7	8	9	10	11	12	13	14	15
1	0	0	0	0.62	0.49	0	0.64	0.9	0	0.7	0	0	0	0	0
2	0	0	0.08	0	0.75	0.06	0	0.1	0.96	0	0	0.96	0.58	0	0
3	0	0	0	0.53	0	0	0.84	0.04	0	0.89	0	0	0.71	0	0
4	0.18	0	0	0	0	0	0.99	0	0	0	0	0	0	0	0
5	0	0	0	0	0	0.15	0	0	0.27	0	0	0	0.14	0.98	0
6	0.19	0	0	0.65	0	0	0.48	0	0	0.67	0	0	0	0	0
7	0.45	0	0.25	0.97	0.94	0	0	0	0	0.27	0.27	0	0.41	0	0
8	0	0	0.31	0.8	0	0.87	0	0	0.05	0	0	0	0	0.87	0
9	0.23	0	0	0	0.22	0	0	0	0	0	0.6	0	0.91	0.75	0
10	0.61	0	0	0	0	0.35	0.86	0.92	0	0	0	0	0	0.44	0
11	0	0.8	0	0.17	0	0.45	0	0	0	0	0	0.26	0.43	0	0.09
12	0.1	0.61	0	0.98	0.35	0	0	0.03	0.27	0	0.41	0	0.68	0.13	0
13	0	0	0	0.3	0	0	0.15	0	0.23	0	0	0.53	0	0	0
14	0.49	0	0.06	0.07	0.65	0	0.14	0	0.38	0.34	0.03	0.36	0.8	0	0.56
15	0	0	0	0	0.12	0	0.75	0	0.66	0.24	0	0	0	0.88	0

最优序列															
S	4	13	7	5	6	1	10	8	14	3	9	12	2	11	15

最优值

41.63

算例规格 $n=15$，$den=0.4$ 随机算例二

DSM

S	1	2	3	4	5	6	7	8	9	10	11	12	13	14	15
1	0	0.28	0.78	0	0	0	0	0	0	0.3	0	0.11	0	0	0.26
2	0.81	0	0.04	0	0	0	0.43	0	0.96	0	0	0	0	0	0.04
3	0	0	0	0	0	0.17	0	0.53	0	0	0	0.15	0.29	0.9	0
4	0.33	0.73	0	0	0	0	0	0.9	0.84	0	0	0	0	0.09	0.91
5	0.94	0.37	0	0	0	0	0	0.57	0	0	0	0.82	0	0.67	0
6	0	0.76	0	0.38	0	0	0.52	0.01	0.49	0	0.14	0	0	0	0.29
7	0	0	0	0	0	0	0	0.9	0	0	0	0	0.73	0.05	0
8	0.87	0	0.32	0.94	0.81	0.81	0	0	0.9	0	0	0.76	0	0.69	0
9	0	0	0	0	0.69	0	0	0	0	0	0	0.79	0	0	0
10	0.41	0.51	0.13	0.04	0.12	0.78	0	0	0	0	0	0.71	0	0.57	0.52
11	0.47	0.79	0.81	0.84	0	0	0.79	0.02	0	0	0	0	0	0	0
12	0	0	0	0	0	0	0.1	0	0	0	0	0	0	0	0
13	0.13	0	0.05	0	0.86	0.95	0.88	0	0.96	0	0	0	0	0.19	0
14	0.15	0	0	0.24	0.5	0.4	0.91	0.93	0	0.41	0.96	0	0	0	0.14
15	0	0.69	0	0	0	0	0.96	0.45	0	0	0.14	0	0.38	0.25	0

最优序列

S	12	9	2	1	5	7	13	6	15	8	4	14	3	11	10

最优值

42.01

算例规格 $n=15$，$den=0.6$ 随机算例一

DSM															
S	1	2	3	4	5	6	7	8	9	10	11	12	13	14	15
1	0	0	0.67	0.38	0.93	0	0	0.88	0	0.34	0	0	0.78	0	0.52
2	0.6	0	0	0	0.61	0	0	0.24	0.83	0.63	0	0	0	0.08	0
3	0	0	0	0.87	0	0.5	0	0.09	0.62	0.8	0.09	0.87	0.61	0.75	0.88
4	0	0	0	0	0.25	0	0.08	0	0.17	0.32	0.91	0.47	0	0	0.66
5	0	0.98	0	0	0	0.04	0.59	0.82	0	0.64	0	0.57	0	0	0.21
6	0.64	0.12	0.69	0	0.58	0	0	0	0.89	0.88	0.9	0.11	0	0.87	0
7	0.15	0	0.76	0.43	0.29	0.79	0	0	0.1	0.24	0.77	0.82	0.34	0.97	0
8	0.92	0.56	0	0.95	0.61	0.6	0.85	0	0.9	0	0	0	0	0	0.96
9	0	0.19	0.26	0	0.72	0.52	0.36	0.46	0	0.24	0	0	0.39	0.62	0.37
10	0.48	0	0	0	0.09	0.87	0.98	0.22	0	0	0	0	0.62	0.43	0
11	0.1	0	0	0.73	0	0.38	0.27	0.19	0.94	0.94	0	0	0.92	0.32	0.31
12	0	0.91	0	0.81	0.82	0	0	0	0.66	0.09	0	0	0	0	0
13	0.18	0.04	0.23	0.06	0	0.17	0.91	0.85	0.11	0.12	0.69	0.19	0	0.39	0.32
14	0	0.24	0	0.61	0.97	0	0	0.89	0	0.8	0	0.13	0	0	0
15	0.41	0.5	0	0.7	0.82	0.14	0	0.93	0.99	0.47	0.03	0.88	0	0	0

最优序列

S	2	5	12	4	9	15	8	1	10	14	6	11	7	13	3

最优值

104.73

算例规格 $n=15$，$den=0.6$ 随机算例二

DSM

S	1	2	3	4	5	6	7	8	9	10	11	12	13	14	15
1	0	0.31	0.34	0	0.26	0	0	0.64	0.14	0	0	0.99	0.71	0.8	0.83
2	0	0	0	0.03	0	0.18	0	0	0.94	0	0.21	0.84	0.08	0	0.59
3	0.39	0	0	0	0.96	0.69	0	0.24	0	0.47	0	0.74	0.38	0.91	0
4	0.37	0.04	0.7	0	0	0	0.87	0	0.13	0.72	0.79	0.15	0.27	0.41	0.15
5	0.03	0	0	0	0	0.21	0.33	0	0.55	0	0.69	0.98	0.54	0.35	0
6	0	0.82	0.97	0.81	0	0	0	0	0.77	0	0.34	0	0	0.67	0.82
7	0.22	0.32	0.87	0	0.98	0.27	0	0.04	0	0	0.29	0	0.15	0	0.83
8	0.4	0.69	0	0.77	0	0	0.62	0	0.55	0	0.86	0.33	0.51	0	0.94
9	0	0.62	0.83	0.61	0	0	0	0.9	0	0	0.3	0.78	0.4	0	0
10	0	0	0.45	0	0.28	0.23	0.8	0	0.8	0	0.81	0.87	0.92	0.49	0.73
11	0	0.23	0.55	0	0.36	0.11	0	0	0	0.92	0	0	0	0	0
12	0.84	0.25	0.94	0.96	0	0	0	0	0	0.69	0.19	0	0.04	0	0
13	0	0	0.24	0.39	0.21	0.74	0	0.81	0	0.76	0.68	0.06	0	0.32	0
14	0.67	0.76	0.48	0.97	0.93	0	0	0.69	0	0.35	0.51	0.78	0	0	0.52
15	0	0	0	0.05	0.8	0.1	0.38	0	0.7	0.93	0.76	0.55	0.71	0.18	0

最优序列

S	11	2	12	5	9	3	10	13	15	7	4	6	14	8	1

最优值

113.93

算例规格 $n=15$，$den=0.8$ 随机算例一

DSM

S	1	2	3	4	5	6	7	8	9	10	11	12	13	14	15
1	0	0.21	0.82	0.24	0.17	0.28	0	0.62	0	0	0.32	0.37	0.66	0	0.8
2	0.49	0	0	0.36	0.46	0.06	0.29	0.35	0	0.24	0.87	0.65	0.8	0.94	0.66
3	0.05	0	0	0	0	0.55	0.31	0.9	0.68	0	0	0.49	0	0.09	0.71
4	0.77	0.79	0	0	0	0.36	0.7	0.78	0.03	0.23	0.67	0	0	0.48	0.07
5	0.95	0.25	0	0	0	0.9	0.77	0.22	0	0.7	0.59	0.17	0.75	0	0.57
6	0.77	0.77	0.5	0	1	0	0.88	0.64	0.61	0.45	0	0.02	0.52	0	0.71
7	0.83	0.92	0.71	0.62	0.6	0.55	0		0.75	0.4	0.26	0	0.21	0.76	0.16
8	0.32	0	0.32	0.12	0.54	0.78	0.38	0	0.12	0.43	0.09	0.86	0.82	0.04	0.56
9	0.37	0.55	0	0.52	0.62	0.26	0.83	0.65	0	0	0	0.24	0	0.18	0.19
10	0	0	0.38	0.88	0	0.41	1	0.41	0.76	0	0	0.91	0.9	0.24	0.92
11	0.51	0	0.39	0.08	0.08	0.24	0.04	0.49	0.42	0	0	0.56	0.31	0.3	0.24
12	0.13	0.16	0.13	0	0	0.68	0.12	0	0.65	0.77	0.96	0	0.49	0.06	0.07
13	0.1	0.83	0.87	0.86	0.89	0.36	0.86	0.85	0.37	0.14	0.23	0.09	0	0.03	0.16
14	0.22	0.16	0.67	0.07	0.17	0.6	0.22	0.97	0.38	0.25	0.83	0.76	0.83	0	0
15	0.21	0.5	0.79	0.14	0.34	0.1	0	0.88	0.98	0.79	0.52	0	0.07	0.76	0

最优序列

S	11	12	3	1	8	9	15	6	5	13	7	2	14	10	4

最优值

151.18

算例规格 $n=15$，$den=0.8$ 随机算例二

DSM

S	1	2	3	4	5	6	7	8	9	10	11	12	13	14	15
1	0	0.78	0	0.38	0.27	0	0	0.44	0.52	0	0.08	0.99	0.32	0	0.13
2	0.13	0	0.17	0	0.92	0.3	0.73	0	0	0.2	0.81	0	0.17	0	0.94
3	0.32	0.77	0	0.19	0.98	0.65	0.15	0.21	0.16	0.01	0.68	0.96	0.93	0	0.42
4	0.33	0.8	0.8	0	0.69	0.85	0	0	0.36	0.27	0	0.65	0.9	0.56	0.52
5	0.03	0.92	0	0	0	0.45	0.92	0.48	0.48	0.83	0	0	0	0.63	0.97
6	0.9	0.15	0.57	0.18	0.62	0	0.38	0.8	0.82	0.94	0	0.01	0.66	0.72	0.43
7	0.27	0.53	0.5	0.6	0	0.66	0	0.89	0.91	0.3	0.32	0.87	0.4	0.87	0.55
8	0.18	0.53	0.47	0.49	0.77	0.13	0	0	0.02	0.35	0.55	0.69	0.57	0.57	0.88
9	0.42	0.77	0	0.39	0.32	0.59	0.14	0.35	0	0.36	0.36	0	0.08	0.37	0
10	0.8	0.42	0.99	0.12	0.47	0.85	0.55	0.17	0.21	0	0.94	0.97	0.86	0	0.35
11	0.74	0.14	0.86	0	0.55	0.6	0	0.28	0.52	0		0.66	0.2	0.95	0
12	0.86	0.88	0.29	0.63	0.56	0.87	0.71	0	0.21	0	0.59	0	0	0	0
13	0.45	0	0	0.07	0.44	0.59	0.05	0.98	0.88	0	0.05	0	0	0.47	0
14	0.11	0	0.52	0	0.05	0.84	0.85	0.19	0.22	0.4	0	0.49	0.19	0	0.72
15	0.69	0.93	0.25	0.82	0.44	0.18	0.54	0.44	0.63	0.34	0.78	0	0.9	0.76	0

最优序列

S	1	13	9	2	5	8	15	14	6	7	12	11	3	10	4

最优值

164.78

算例规格 $n = 15$，$den = 1$ 随机算例一

							DSM								
S	1	2	3	4	5	6	7	8	9	10	11	12	13	14	15
1	0	0.76	0.52	0.01	0.17	0.79	0.7	0.61	0.11	0.22	0.23	0.1	0.4	0.19	0.4
2	0.37	0	0.56	0.39	0.94	0.78	0.23	0.36	0.24	0.37	0.57	0.52	0.54	0.56	0.41
3	0.32	0.02	0	0.32	0.91	0.71	0.68	0.69	0.05	0.34	0.02	0.9	0.93	0.62	0.26
4	0.93	0.58	0.53	0	0.61	0.98	0.15	0.41	0.58	0.15	0.55	0.75	0.56	0.78	0.89
5	0.01	0.36	0.53	0.43	0	0.61	0.01	0.48	0.26	0.51	0.23	0.18	0.68	0.03	0.55
6	0.71	0.29	0.18	0.58	0.81	0	0.57	0.51	0	0.78	0.82	0.49	0.06	0.51	0.62
7	0.86	0.3	0.8	0.25	0.41	0.7	0	0.88	0.39	0.93	0.3	0.24	0.13	0.45	0.28
8	0.32	0.8	0.67	0.53	0.58	0.84	0.71	0	0.66	0.5	0.36	0.05	0.44	0.08	0.61
9	0.37	0.74	0.85	0.82	0.35	0.68	0.46	0.97	0	0.92	0.59	0.34	0.57	0.41	0.68
10	0.33	0.3	0.91	0.02	0.68	0.32	0.95	0.17	0.97	0	0.86	0.75	0.72	0.89	0.14
11	0.66	0.32	0.06	0.85	0.08	0.63	0.37	0.89	0.47	0.86	0	0.17	0.77	0.4	0.55
12	0.29	0.46	0.3	0.23	0.98	0.83	0.81	0.69	0.15	0.74	0.31	0	0.16	0.84	0.73
13	0.75	0.06	0.54	0.41	0.43	0.67	0.71	0.38	0.04	0.14	0.05	0.66	0	0.35	0.51
14	0.77	0.08	0.02	0.84	1	0.34	0.97	0.78	0.28	0.41	0.76	0.35	0.94	0	0.11
15	0.92	0.41	0.81	0.23	0.55	0.61	0.54	0.5	0.96	0.65	0.95	0.47	0.5	0.41	0

最优序列

S	5	13	3	1	6	7	8	10	14	12	11	15	4	2	9

最优值

206.09

算例规格 $n=15$，$den=1$ 随机算例二

DSM															
S	1	2	3	4	5	6	7	8	9	10	11	12	13	14	15
1	0	0.13	0.44	0.13	0.02	0.55	0.72	0.05	0.86	0.95	0.78	0.52	0.28	0.49	0.78
2	0.04	0	0.16	0.01	0.24	0.62	0.55	0.57	0.76	0.83	0.12	0.89	0.63	0.02	0.28
3	0.18	0.05	0	0.69	0.86	0.34	0.48	0.9	0.06	0.19	0.96	0.7	0.66	0.73	0.17
4	0.59	0.31	0.53	0	0.54	0.89	0.75	0.94	0.78	0.59	0.67	0.4	0.15	0.63	0.27
5	0.37	0.14	0.35	0.5	0	0.34	0.54	0.3	0.87	0.13	0.06	0.84	0.74	0.3	0.36
6	0.19	0.59	0.49	0.44	0.68	0	0.48	0.25	0.64	0.26	0.34	0.19	0.3	0.96	0.27
7	0.91	0	0.29	0.68	0.58	0.08	0	0.25	0.64	0.77	0.6	0.41	0.04	0.55	0.24
8	0.91	0.54	0.54	0.1	0.56	0.5	0.8	0	0.79	0.39	0.7	0.77	0.62	0.12	0.4
9	0.16	0.51	0.94	0.05	0.2	0.1	0.81	0.61	0	0.52	0.77	0.75	0.67	0.67	0.14
10	0.78	0.04	0.55	0.95	0.29	0.57	0.18	0.26	0.11	0	0.48	0.76	0.16	0.27	0.61
11	0.04	0.46	0.09	0.23	0.25	0.23	0.87	0.06	0.23	0.98	0	0.45	0.64	0.93	0.09
12	0.33	0.39	0.06	0.34	0.73	0.84	0.02	0.26	0.34	0.88	0.61	0	0.71	0.91	0.07
13	0.79	0.92	0.28	0.42	0.99	0.51	0.49	0.94	0.83	0.65	0.14	0.73	0	0.97	0.82
14	0.8	0.72	0.53	0.31	0.03	0.81	0.7	0.37	0.75	0.91	0.93	0.64	0.48	0	0.9
15	0.55	0.36	0.18	0.37	0.17	0.79	0.62	0.27	0.99	0.75	0.43	0.89	0.78	0.32	0

最优序列

S	11	10	7	1	12	9	14	6	15	2	13	5	8	3	4

最优值

207.61

算例规格 $n = 17$，$den = 0.1$ 随机算例一

									DSM								
S	1	2	3	4	5	6	7	8	9	10	11	12	13	14	15	16	17
1	0	0	0	0	0	0	0	0	0	0	0	0	0	0.44	0.7	0	0
2	0	0	0.06	0.29	0.35	0	0	0	0	0	0	0	0	0	0	0	0
3	0	0	0	0.33	0	0	0	0	0	0	0	0	0	0	0	0	0
4	0	0	0	0	0	0	0	0	0	0	0	0	0	0.24	0	0	0
5	0	0	0.92	0	0	0	0	0	0	0	0	0	0	0	0	0.31	0
6	0	0	0	0.59	0	0	0	0	0	0	0	0.46	0	0	0	0	0
7	0	0.8	0	0	0	0	0	0	0	0	0	0	0	0	0	0	0
8	0	0	0	0	0	0	0	0	0	0	0	0	0	0	0	0	0
9	0	0	0	0	0	0	0	0	0	0.34	0	0	0	0	0	0	0.79
10	0	0	0.56	0.66	0	0	0	0	0	0	0	0	0	0	0	0	0
11	0	0	0	0.67	0	0	0	0	0	0	0	0	0	0	0	0	0
12	0	0	0	0	0	0	0	0	0	0	0	0	0	0	0	0.81	0.58
13	0.45	0	0	0	0	0.71	0	0	0.09	0	0	0	0	0	0.62	0	0
14	0	0	0	0	0.08	0.76	0.58	0	0	0	0	0	0	0	0	0	0
15	0	0	0	0	0	0	0	0	0	0	0.99	0	0	0	0	0	0
16	0	0	0	0	0	0	0	0	0	0	0	0	0	0	0	0	0
17	0	0	0	0	0.85	0	0	0	0	0	0	0	0	0	0	0	0

							最优序列										
S	16	4	3	5	2	17	12	7	6	14	11	15	10	9	8	1	13

最优值

1.92

算例规格 $n = 17$，$den = 0.1$ 随机算例二

											DSM						
S	1	2	3	4	5	6	7	8	9	10	11	12	13	14	15	16	17
1	0	0	0	0	0	0	0	0	0	0	0.41	0	0	0.45	0	0	0
2	0	0	0	0	0	0	0	0	0	0	0	0	0	0.71	0.95	0.07	0
3	0	0	0	0	0	0	0	0	0	0	0	0	0	0	0	0	0
4	0	0	0	0	0	0	0	0	0	0	0	0	0.78	0	0	0	0.66
5	0	0	0	0	0	0.07	0	0.53	0	0	0	0	0.77	0	0	0	0
6	0	0.1	0	0	0	0	0	0	0	0	0	0	0	0.21	0	0	0
7	0	0	0	0	0	0	0	0	0	0	0.06	0.01	0	0	0	0	0.27
8	0	0	0	0.23	0	0	0	0	0	0	0.62	0.29	0	0	0	0	0
9	0	0	0	0	0	0	0.18	0	0	0	0.36	0	0	0	0	0	0
10	0	0	0	0	0	0	0	0	0.77	0	0	0	0	0.99	0	0	0
11	0	0	0	0	0	0	0	0	0	0	0	0	0	0	0	0	0
12	0	0	0	0	0	0	0.09	0	0.61	0	0	0	0	0	0	0	0
13	0	0	0	0	0	0	0	0.9	0	0	0	0	0	0	0	0	0
14	0	0	0	0	0	0	0	0	0	0	0	0	0	0	0	0	0
15	0	0	0	0	0	0	0	0	0	0	0	0	0	0.18	0	0	0
16	0	0	0	0	0	0	0	0	0	0	0	0	0	0	0	0	0
17	0	0	0	0	0.38	0	0	0.01	0	0	0	0	0	0	0	0	0

最优序列

S	14	11	1	3	15	16	2	6	9	12	7	8	13	5	17	4	10

最优值

2.47

算例规格 $n=17$，$den=0.2$ 随机算例一

DSM

S	1	2	3	4	5	6	7	8	9	10	11	12	13	14	15	16	17
1	0	0	0	0	0.48	0.62	0	0	0	0.69	0	0	0	0	0	0	0.31
2	0	0	0	0	0	0.85	0	0	0	0	0	0	0	0	0	0	0
3	0	0	0	0	0	0	0	0.43	0	0	0	0	0.1	0.07	0.77	0	0
4	0	0	0	0	0.88	0	0	0.86	0	0	0	0	0	0	0	0	0
5	0	0	0	0	0	0	0.47	0	0	0	0.87	0	0	0	0	0	0
6	0	0	0.59	0	0	0	0	0	0	0.96	0	0	0.33	0.62	0.37	0.17	0.56
7	0	0.95	0	0	0	0	0	0	0.26	0	0	0	0	0	0	0	0.37
8	0	0	0	0.34	0.27	0	0.16	0	0	0.76	0	0	0.43	0	0	0	0
9	0	0	0	0	0	0	0	0	0	0	0	0	0	0	0.21	0.68	0
10	0	0	0	0.35	0.59	0	0	0	0.95	0	0	0	0	0	0	0	0
11	0	0	0.19	0	0	0	0	0.69	0.34	0	0	0	0	0	0.33	0	0
12	0	0	0	0	0	0	0	0	0	0	0	0	0	0	0	0	0
13	0.25	0	0	0	0.38	0	0	0	0.48	0	0	0.22	0	0	0.96	0.06	0
14	0	0	0	0.24	0.61	0	0	0	0	0	0	0.78	0	0	0	0	0
15	0.78	0.73	0	0	0	0.46	0	0.49	0	0	0	0.45	0	0	0	0.19	0
16	0	0	0	0	0	0	0	0	0	0	0	0	0	0	0	0	0
17	0	0	0	0	0	0	0.47	0.86	0	0	0	0	0	0	0.67	0	0

最优序列

S	16	12	9	10	5	4	8	11	14	7	2	17	15	6	1	13	3

最优值

26.28

算例规格 $n=17$，$den=0.2$ 随机算例二

DSM

S	1	2	3	4	5	6	7	8	9	10	11	12	13	14	15	16	17
1	0	0	0.96	0.48	0	0	0	0	0	0	0	0	0	0.34	0	0	0.22
2	0	0	0	0	0	0	0	0	0.31	0	0.4	0	0	0	0	0	0
3	0	0	0	0	0.18	0.86	0	0	0	0	0	0	0.01	0	0.36	0	0.5
4	0	0	0	0	0	0	0	0	0	0	0	0	0	0.65	0.3	0	0
5	0.15	0	0.23	0	0	0	0	0.03	0	0.96	0	0.37	0	0	0	0	0.37
6	0	0	0	0	0.18	0	0	0	0	0	0.91	0	0	0	0	0	0
7	0	0	0	0.33	0	0	0	0	0	0	0	0	0.05	0	0	0	0
8	0	0	0.29	0	0	0	0	0	0	0.69	0	0.68	0	0.93	0	0	0.05
9	0.72	0	0	0	0	0.19	0	0	0	0	0	0	0.61	0	0.17	0	0
10	0	0.95	0	0.37	0	0	0	0	0	0	0	0.35	0	0.34	0	0.57	0
11	0	0	0.37	0	0	0	0	0	0	0	0	0	0	0.8	0.21	0	0.96
12	0	0	0	0.71	0	0	0	0	0	0	0	0	0	0	0	0	0
13	0	0	0	0	0	0	0	0	0.6	0	0	0	0	0.8	0	0	0
14	0	0	0	0	0	0	0.91	0.96	0	0	0	0	0	0	0	0	0
15	0	0	0	0	0	0	0	0	0	0	0.62	0.42	0	0	0	0	0
16	0	0	0	0	0	0	0	0	0	0.73	0	0	0	0.73	0	0	0
17	0	0.06	0.94	0	0	0	0	0.04	0	0.41	0	0	0.98	0	0	0	0

最优序列

S	7	4	12	14	8	16	10	2	15	11	6	3	17	13	9	1	5

最优值

22.84

算例规格 $n = 17$，$den = 0.4$ 随机算例一

DSM

S	1	2	3	4	5	6	7	8	9	10	11	12	13	14	15	16	17
1	0	0	0.38	0.71	0	0	0	0	0	0	0.18	0	0.81	0	0	0	0
2	0	0	0	0	0	0.22	0.12	0	0.02	0.02	0.26	0.21	0	0.63	0.4	0.88	0
3	0	0.38	0	0	0	0	0	0.12	0.23	0	0	0	0.93	0.78	0	0.05	0
4	0	0	0	0	0.82	0.08	0	0	0.43	0	0.27	0	0.8	0.17	0.43	0	0.09
5	0.62	0.04	0	0	0	0	0	0	0	0.31	0	0	0	0.77	0.03	0	0
6	0	0	0.54	0.2	0	0	0.07	0.2	0	0	0	0	0.59	0	0	0	0
7	0.08	0	0	0.16	0.3	0	0	0.7	0	0.96	0.66	0	0.97	0.82	0.06	0	0
8	0	0	0.5	0	0.28	0	0.14	0	0.39	0.02	0	0	0	0	0	0.41	0
9	0	0.38	0	0.24	0	0.88	0.14	0	0	0	0.23	0	0.23	0.24	0	0	0
10	0	0.3	0	0.55	0	0.24	0.9	0	0	0	0.15	0	0	0.99	0	0.61	0
11	0	0	0	0.23	0	0.74	0	0.63	0	0	0	0	0	0	0	0	0
12	0	0.74	0.24	0.26	0	0.17	0	0.01	0	0.32	0	0	0	0.49	0.39	0	0
13	0.04	0	0	0	0	0	0.1	0.86	0.44	0.09	0	0	0	0	0	0	0
14	0	0.16	0	0	0	0.49	0	0.39	0.58	0.75	0.2	0	0.02	0	0.54	0.79	0
15	0	0.56	0	0.96	0.18	0	0.09	0	0	0	0.63	0	0	0	0	0.62	0
16	0.76	0	0.79	0.69	0	0.87	0.57	0	0.19	0	0	0.77	0	0.26	0.93	0	0.76
17	0	0	0.42	0	0	0	0	0.96	0	0	0	0	0	0	0	0	0

最优序列

S	17	8	13	3	6	9	11	1	4	5	14	15	16	2	12	7	10

最优值

56.58

算例规格 $n = 17$，$den = 0.4$ 随机算例二

DSM

S	1	2	3	4	5	6	7	8	9	10	11	12	13	14	15	16	17
1	0	0	0	0	0	0	0.31	0	0	0	0.8	0	0	0.74	0	0	0.32
2	0.1	0	0	0.16	0.26	0.37	0	0.06	0	0	0	0.58	0.62	0	0.4	0	0
3	0.37	0.61	0	0.78	0	0	0	0	0.35	0	0	0	0.34	0	0.48	0.01	0
4	0.24	0	0	0	0	0	0	0.23	0.48	0	0.68	0	0	0	0	0	0.07
5	0	0	0.73	0	0	0	0.25	0	0.77	0	0	0	0.34	0	0	0	0
6	0	0	0.9	0.4	0	0	0.45	0	0.71	0	0	0	0.2	0	0.87	0	0.74
7	0	0	0	0.44	0.31	0.06	0	0.46	0	0.31	0.19	0	0	0	0	0	0.36
8	0	0.58	0	0.85	0.99	0	0	0.19	0.48	0	0.87	0	0.85	0.53	0.61	0	0
9	0	0	0	0	0	0	0	0.97	0	0	0	0	0.83	0	0	0	0.38
10	0.45	0	0	0	0.47	0	0	0.9	0.93	0	0	0	0	0	0	0	0.56
11	0	0.51	0	0.25	0	0	0.93	0	0.84	0	0	0	0.58	0.07	0	0.29	0
12	0.29	0	0.59	0.81	0.14	0	0	0	0	0	0.39	0	0.23	0.63	0.44	0.76	0
13	0.22	0	0	0.59	0	0	0	0	0	0.35	0.06	0	0	0	0	0.9	0
14	0.39	0.56	0.76	1	0.53	0.88	0.42	0.98	0	0	0	0	0.56	0	0	0	0.79
15	0	0	0	0.39	0	0	0.96	0	0	0	0	0	0.66	0.8	0	0.11	0
16	0.49	0	0.19	0.37	0	0.75	0	0.72	0.85	0	0.53	0	0.76	0	0	0	0.36
17	0	0.12	0	0	0	0	0	0	0	0	0	0.45	0	0.66	0.81	0.13	0

最优序列

S	4	13	9	5	3	7	15	17	6	14	8	2	12	11	16	1	10

最优值

88.3

算例规格 $n=17$, $den=0.6$ 随机算例一

DSM																
S	1	2	3	4	5	6	7	8	9	10	11	12	13	14	15	16	17
1	0	0	0.95	0	0	0	0.06	0	0.12	0	0.48	0	0.73	0.67	0	0	0.44
2	0.53	0	0	0	0	0	0	0.57	0.7	0.66	0.19	0.87	0	0.14	0.17	0	0
3	0.1	0.65	0	0	0	0.66	0.56	0.52	0.64	0.99	0.22	0.07	0.12	0.89	0.51	0	0.27
4	0	0.71	0	0	0.21	0.28	0	0.2	0.99	0	0.31	0.07	0	0.67	0.03	0.19	0
5	0.65	0.9	0	0.09	0	0.87	0	0.73	0.13	0.65	0	0	0	0	0.2	0.48	0
6	0.86	0	0.21	0.97	0	0	0	0.13	0.89	0	0	0.14	0.99	0	0	0	0.38
7	0	0.14	0.04	0	0	0	0	0.13	0	0.75	0	0.72	0	0.89	0.47	0.61	0
8	0.69	0	0	0.02	0.74	0	0	0	0	0.55	0.78	0.46	0.44	0	0	0	0.18
9	0.36	0	0	0.58	0.07	0.06	0.75	0	0	0.87	0	0.47	0.21	0.51	0	0	0
10	0.12	0	0.32	0.44	0.52	0.97	0	0	0.49	0	0.88	0.31	0.22	0.4	0	0	0.76
11	0	0.74	0.3	0.75	0	0	0.84	0	0.97	0.75	0	0.46	0.23	0.38	0.23	0	0.37
12	0	0	0	0.2	0.47	0	0	0.46	0	0.04	0	0	0.69	0	0	0	0
13	0.02	0.8	0.73	0.19	0.8	0	0.94	0	0	0.57	0.35	0.66	0	0	0.9	0.78	0
14	0.86	0.49	0	0.6	0.2	0.49	0.31	0.9	0.95	0	0.47	0.52	0.72	0	0	0	0
15	0	0.51	0	0.11	0.43	0.32	0.85	0.52	0	0.73	0	0.73	0.29	0	0	0.06	0
16	0	0	0.33	0.96	0.57	0.08	0	0.05	0.62	0.77	0.78	0.09	0.99	0.67	0.44	0	0.54
17	0	0.65	0.72	0.74	0.96	0	0.02	0.04	0	0	0.03	0.62	0	0.82	0.18	0.43	0

最优序列

S	12	9	4	2	14	7	11	10	8	1	5	6	13	15	3	17	16

最优值

133.52

算例规格 $n = 17$，$den = 0.6$ 随机算例二

DSM

S	1	2	3	4	5	6	7	8	9	10	11	12	13	14	15	16	17
1	0	0	0	0	0	0	0.74	0	0.05	0	0	0.34	0	0.67	0	0.83	0.87
2	0.84	0	0.52	0.79	0	0.54	0.17	0	0	0.5	0.48	0	0.14	0	0	0	0.97
3	0.1	0	0	0.5	0	0.63	0.49	0	0.62	0.81	0.61	0.11	0.09	0	0.15	0.94	0.12
4	0.52	0.99	0	0	0	0	0	0.96	0.57	0.8	0.64	0.96	0	0.41	0	0.51	0.43
5	0	0	0	0	0	0.33	0.35	0.95	0.3	0.83	0	0	0.33	0.16	0	0.75	0
6	0.86	0.76	0	0	0	0	0.34	0	0.75	0	0.74	0.34	0	0.35	0	0.5	0
7	0.04	0.11	0.19	0.8	0	0.64	0	0.46	0	0.96	0	0	0.81	0.97	0	0.55	0
8	0	0.99	0	0.45	0	0.4	0.96	0	0	0	0	0.72	0.7	0.9	0.7	0	0.45
9	0.52	0.7	0.88	0.84	0.63	0.56	0	0.1	0	0.86	0.08	0	0.29	0.9	0	0.46	0
10	0	0	0.27	0.26	0	0	0	0.94	0.59	0	0.4	0.18	0.86	0.8	0.13	0	0
11	0	0	0.59	0	0	0	0	0.94	0.98	0.88	0	0.67	0.75	0.95	0.2	0.76	0.28
12	0	0.06	0.32	0.79	0.33	0.96	0.19	0.67	0	0	0.79	0	0.21	0.44	0	0.21	0
13	0	0.17	0.43	0	0	0.61	0	0.04	0	0.97	0	0	0	0.27	0.52	0.78	0.06
14	0.81	0.68	0.47	0.3	0	0.38	0.11	0	0.49	0	0.99	0	0	0	0	0	0.91
15	0.37	0	0	0.47	0	0.47	0	0	0.35	0	0	0.32	0	0.99	0	0.48	0
16	0.41	0.14	0.2	0.95	0	0.52	0.78	0	0.8	0.31	0	0.78	0.57	0	0	0	0.1
17	0.75	0.3	0	0.86	0.71	0.82	0.39	0.05	0.7	0.7	0.67	0.2	0.58	0	0.3	0	0

最优序列

S	13	10	1	14	7	16	6	3	9	12	4	2	11	8	17	15	5

最优值

173.48

算例规格 $n=17$，$den=0.8$ 随机算例一

DSM

S	1	2	3	4	5	6	7	8	9	10	11	12	13	14	15	16	17
1	0	0.57	0	0	0.77	0.16	0.96	0.82	0.44	0.28	0.25	0.44	0	0.07	0.3	0.79	0.53
2	0.77	0	0	0	0.98	0.25	0.8	0.25	0.12	0.58	0.65	0.39	0	0.12	0.98	0.85	0.7
3	0.72	0	0	0.07	0.18	0.2	0.71	0.4	0.76	0.86	0	0.99	0.8	0.66	0.64	0	0
4	0.52	0.37	0	0	0.82	0.75	0.9	0.69	0.38	0.86	0	0	0	0.37	0.79	0.91	0.44
5	0.88	0.78	0.63	0.98	0	0.27	0	0.63	0	0	0	0.95	0.01	0.8	0.03	0.65	0.45
6	0.01	0.56	0.08	0.4	0.04	0	0.98	0.23	0.56	0.77	0.75	0.37	0.28	0.91	0.04	0.88	0
7	0.44	0.49	0.59	0.81	0.23	0	0	0.86	0.68	0.33	0.15	0	0.11	0.45	0.25	0	0.68
8	0.74	0.67	0.04	0	0	0.44	0.47	0	0.83	0	0.32	0.94	0.38	0	0.28	0	0.02
9	0.96	0.63	0	0.92	0.85	0	0.88	0.36	0	0	0.82	0.88	0.32	0.03	0.55	0.74	0.78
10	0	0.52	0.43	0	0.46	0.47	0.01	0.48	0.78	0	0.74	0.95	0.86	0.72	0.29	0.2	0.23
11	0.25	0.46	0	0	0.56	0	0.24	0.94	0.01	0	0	0.96	0.55	0.9	0.12	0.82	0.29
12	0.91	0.1	0.3	0.38	0	0.33	0.72	0.37	0	0.83	0.65	0	0.9	0.97	0.37	1	0
13	0.24	0.72	0.98	0.23	0.2	0.17	0.77	0.27	0.29	0.83	0.15	0	0	0	0.01	0.76	0.65
14	0.07	0.25	0	0.11	0	0.23	0.91	0.98	0.54	0.29	0	0.95	0	0	0	0.83	0.77
15	0	0.87	0.37	0.22	0.09	0.33	0.02	0.95	0.49	0.37	0.5	0.07	0	0.37	0	0.45	0.16
16	0.3	0.6	0.14	0.75	0	0.78	0.99	0.6	0.21	0.46	0.09	0.32	0.73	0	0.76	0	0
17	0.28	0.93	0.08	0.67	0.12	0.34	0.61	0.07	0.43	0	0.24	0.71	0.13	0	0	0	0

最优序列

S	17	7	8	1	2	15	16	9	4	5	14	12	11	6	10	13	3

最优值

232.30

算例规格 $n = 17$，$den = 0.8$ 随机算例二

DSM

S	1	2	3	4	5	6	7	8	9	10	11	12	13	14	15	16	17
1	0	0.29	0.77	0.98	0.75	0	0	0	0.71	0.82	0	0.07	0	0.78	0	0.45	0.18
2	0.51	0	0.71	0.13	0.63	0.43	0.86	0.11	0.49	0.74	0.05	0	0.53	0.95	0.31	0.28	0.4
3	0.66	0.4	0	0	0.21	0.81	0.09	0.84	0.79	0.28	0.22	0.97	0.1	0.44	0.06	0.44	0.71
4	0.21	0.03	0.57	0	0	0	0	0.37	0.33	0	0	0.77	0.02	0.67	0.99	0.16	0.18
5	0.46	0	0	0.35	0	0.06	0.37	0	0.36	0.52	0	0	0.99	0.6	0.68	0.93	0.58
6	0.63	0.16	0.91	0.74	0.4	0	0.89	0.63	0.73	0	1	0.36	0.4	0	0	0.11	0.54
7	0.35	0.88	0.8	0	0.25	0.68	0	0.37	0	0.82	0	0.36	0.31	0.83	0	0.28	0.33
8	0.29	0.38	0.19	0.97	0.32	0.28	0	0	0.22	0.3	0.76	0.75	0.62	0.78	0	0.92	0.43
9	0.99	0	0.95	0.17	0.79	0.11	0.71	0	0	0	0.54	0.35	0.74	0.3	0.04	0.08	0.86
10	0.48	0.25	0.4	0	0.58	0.52	0.76	0.36	0	0	0.73	0	0.8	0.64	0.96	0.84	0
11	0.87	0	0.96	0.48	0.89	0	0.57	0.17	0	0.41	0	0.96	0	0	0.97	0.01	0
12	0.25	0.6	0.72	0.54	0	0.54	0.18	0.44	0	0	0.96	0	0.85	0.21	0	0.85	0.26
13	0.97	0.6	0.16	0.94	0.39	0.61	0.28	0	0	0.71	0.96	0.64	0	0.14	0	0.41	0.28
14	0	0.06	0.18	0.2	0.93	0	0.23	0.03	0.51	0.56	0.79	0.98	0.78	0	0	0.73	0.32
15	0.56	0.46	0.82	0.61	0.38	0.33	0	0.54	0.65	0.01	0.22	0.76	0.75	0.49	0	0.86	0.27
16	0.07	0.02	0	0.36	0.21	0.43	0	0.97	0.58	0.46	0.26	0	0.66	0.65	0.91	0	0.64
17	0.43	0.79	0.34	0.37	0.59	0.67	0.03	0	0.32	0	0.38	0.06	0.16	0.74	0.43	0.03	0

最优序列

S	4	1	17	5	14	9	3	11	12	13	16	15	8	6	10	7	2

最优值

239.40

算例规格 $n=17$，$den=1$ 随机算例一

DSM																	
S	1	2	3	4	5	6	7	8	9	10	11	12	13	14	15	16	17
1	0	0.97	0.12	0.98	0.26	0.63	0.48	0	0.02	0.5	0.09	0.5	0.26	0.23	0.93	0.98	0.77
2	0.5	0	0.98	0.27	0.83	0.32	0.5	0.6	0.61	0.94	0.79	0.25	0.67	0.08	0.95	0.09	0.89
3	0.01	0.82	0	0.68	0.11	0.79	0.51	0.33	0.51	0.95	0.46	0.45	0.84	0.7	0.59	0.96	0.08
4	0.55	0.25	0.6	0	0.44	0.23	0.3	0.91	0.96	0.34	0.89	0.17	0.74	0.03	0.04	0.2	0.66
5	0.1	0.53	0.62	0.7	0	0.91	0.35	0.44	0.69	0.37	0.82	0.8	0.27	0.01	0.19	0.91	0.05
6	0.61	0.22	0.27	0.11	0.03	0	0.36	0.3	0.86	0.44	0.43	0.6	0.37	0.64	0.85	0.41	0.55
7	0.93	0.84	0.62	0.41	0.86	0.55	0	0.41	0.34	0.23	0.69	0.7	0.65	0.08	0.5	0.66	0.3
8	0.75	0.2	0.52	0.59	0.88	0.59	0.65	0	0.74	0.08	0.81	0.5	0.27	0.24	0.55	0.87	0.53
9	0.41	0.64	0.74	0.17	0.56	0.55	0.92	0.86	0	0.01	0.61	0.03	0.48	0.76	0.95	0.97	0.08
10	0.68	0.19	0.26	0.54	0.41	0.63	0.2	0.17	0.05	0	0.41	0.94	0.92	0.22	0.21	0.53	0.8
11	0.57	0.61	0.33	0.98	0.54	0.13	0.07	0.48	0.4	0.56	0	0.02	0.25	0.6	0.55	0.27	0.68
12	0.22	0.51	0.75	0.12	0.08	0.29	0.88	0.17	0.87	0.09	0.43	0	0.3	0.52	0.42	0.64	0.45
13	0.07	0.59	0.21	0.19	0.68	0.84	0.43	0.62	0.24	0.75	0.16	0.84	0	0.97	0.67	0.82	0.44
14	0.86	0.85	0.09	0.93	0.17	0.43	0.59	0.39	0.97	0.15	0.53	0.98	0.05	0	0.33	0.01	0.23
15	0.31	0.69	0.46	0.44	0.74	0.91	0.14	0.39	0.71	0.17	0.6	0.4	0.43	0.63	0	0.08	0.16
16	0.45	0.78	0.68	0.42	0.56	0.8	0.49	0.78	0.23	0.53	0.65	0.28	0.41	0.02	0.76	0	0.74
17	0.43	0.73	0.52	0.47	0.53	0.23	0.78	0.79	0.12	0.14	0.9	0.15	0.61	0.27	0.47	0.89	0

最优序列

S	11	4	5	15	6	9	8	16	1	17	2	7	3	12	13	10	14

最优值

338.85

算例规格 $n=17$，$den=1$ 随机算例二

DSM

S	1	2	3	4	5	6	7	8	9	10	11	12	13	14	15	16	17
1	0	0.08	0.72	0.07	0.39	0.5	0.59	0.87	0.89	0.5	0.58	0.98	0.61	0.63	0.97	0.69	0.86
2	0.46	0	0.11	0.39	0.6	0.88	0.53	0.25	0.45	0.57	0.86	0.5	0.03	0.85	0.97	0.78	0.16
3	0.18	0.74	0	0.15	0.03	0.91	0.14	0.16	0.44	0.12	0.4	0.67	0.97	0.58	0.94	0.81	0.19
4	0.53	0.69	0.75	0	0.46	0.13	0.73	0.34	0.34	0.61	0.35	0.84	0.29	0.55	0.29	0.72	0.16
5	0.09	0.71	0.37	0.97	0	0.3	0.16	0.02	0.34	0.86	0.92	0.44	0.26	0.71	0.36	0.3	0.45
6	0.11	0.13	0.91	0.61	0.52	0	0.43	0.33	0.23	0.75	0.54	0.34	0.26	0.81	0.37	0.38	0.77
7	0.58	0.67	0.52	0.6	0.97	0.33	0	0.19	0.61	0.03	0.75	0.46	0.58	0.9	0.57	0.77	0.32
8	0.58	0.17	0.84	0.16	0.62	0.19	0.47	0	0.87	0.66	0.65	0.81	0.09	0.01	0.23	0.01	0.92
9	0.22	0.38	0.33	0.41	0.26	0.7	0.84	0.5	0	0.42	0.08	0.18	0.55	0.79	0.58	0.05	0.89
10	0.75	0.44	0.12	0.89	0.76	0.23	0.09	0.24	0.17	0	0.99	0.66	0.22	0.95	0.47	0.54	0.4
11	0.37	0.06	0.26	0.2	0.94	0.62	0.34	0.74	0.87	0.82	0	0.57	0.74	0.8	0.94	0.12	0.63
12	0.76	0.26	0.3	0.19	0.86	0.69	0.05	0.34	0.26	0.12	0.23	0	0.01	0.35	0.59	0.33	0.76
13	0.4	0.7	0.3	0.33	0.94	0.23	0.8	0.69	0.96	0.82	0.47	0.71	0	0.62	0.08	0.15	0.47
14	0.47	0.36	0.64	0.84	0.14	0.2	0.43	0.16	0.09	0.37	0.48	0.06	0.26	0	0.99	0.33	0.95
15	0.28	0.29	0.12	0.98	0.76	0.61	0.09	0.86	0.94	0.19	0.77	0.37	0.91	0.66	0	0.53	0.11
16	0.72	0.48	0.83	0.23	0.06	0.84	0.37	0.71	0.44	0.82	0.5	0.07	0.99	0.46	0.91	0	0.21
17	0.69	0.47	0.44	0.22	0.35	0.3	0.83	0.25	0.48	0.93	0.64	0.77	0.16	0.93	0.27	0.77	0

最优序列

S	12	5	4	10	14	11	15	6	17	9	8	3	1	16	13	7	2

最优值

328.41

算例规格 $n=19$, $den=0.1$ 随机算例一

DSM

S	1	2	3	4	5	6	7	8	9	10	11	12	13	14	15	16	17	18	19
1	0	0	0	0	0	0	0	0	0	0	0	0	0	0	0	0	0	0	0
2	0	0	0	0	0	0	0	0	0	0.23	0	0	0.35	0	0.61	0	0.72	0	0
3	0	0	0	0.05	0	0.89	0	0	0.4	0	0.58	0	0.02	0	0	0	0	0.3	0
4	0	0	0	0	0.79	0	0	0	0	0	0	0	0	0	0	0	0	0	0
5	0.81	0	0	0	0	0.03	0	0	0	0	0	0	0	0	0	0	0	0	0
6	0	0	0	0	0	0	0	0	0	0	0.92	0	0	0	0	0	0	0	0
7	0	0	0	0	0	0	0	0.35	0	0	0	0	0	0	0.13	0	0	0	0
8	0	0	0	0	0	0	0	0	0	0	0	0	0	0	0	0	0.81	0	0
9	0	0	0	0	0	0	0	0.51	0	0.24	0	0	0	0	0	0	0	0	0
10	0	0	0	0	0.61	0	0	0	0	0	0	0	0	0	0	0	0	0	0.77
11	0	0	0	0.17	0	0	0	0	0	0	0	0	0	0	0	0	0	0	0
12	0.8	0	0	0	0	0	0	0.02	0	0	0	0	0	0	0	0	0.32	0	0
13	0.8	0	0	0	0	0	0	0	0	0	0	0	0	0	0	0	0	0	0
14	0	0	0	0	0	0	0	0	0	0	0	0.6	0	0.63	0	0	0.25	0	0
15	0	0	0	0	0	0	0	0	0	0	0	0	0	0	0	0	0.45	0	0
16	0	0	0	0	0	0	0	0.18	0.32	0	0	0	0	0	0	0	0	0	0
17	0	0	0	0	0	0	0	0	0	0	0	0	0	0	0.61	0	0	0	0
18	0	0.79	0	0	0	0	0	0	0	0	0	0	0	0	0	0	0	0.2	0
19	0	0	0	0	0	0	0	0	0	0	0	0	0	0	0	0	0	0	0

最优序列

S	1	2	3	4	5	6	7	8	9	10	11	12	13	14	15	16	17	18	19
17	8	19	10	1	13	5	4	12	14	15	2	18	11	6	9	16	7	3	

最优值

2.24

算例规格 n=19, den=0.1 随机算例二

DSM

S	1	2	3	4	5	6	7	8	9	10	11	12	13	14	15	16	17	18	19
1	0	0	0.36	0.39	0	0.82	0	0	0	0	0	0.74	0	0	0	0	0	0	0
2	0	0	0	0	0.2	0.58	0	0	0	0	0	0	0	0	0	0	0	0	0
3	0	0	0	0	0	0	0	0	0	0	0	0	0	0.96	0	0	0	0	0.89
4	0	0	0	0	0	0	0	0	0	0	0	0	0	0.69	0	0	0.55	0	0
5	0	0	0	0.64	0	0	0	0	0	0.5	0	0	0	0	0	0	0	0	0
6	0	0	0	0	0	0	0	0	0	0	0	0	0	0	0	0	0	0	0
7	0	0	0.53	0	0	0	0	0	0.42	0	0	0	0	0	0	0	0.64	0	0
8	0	0	0	0	0	0	0	0	0	0.67	0	0	0	0	0.79	0	0	0	0
9	0	0	0	0	0	0	0	0	0	0	0	0	0	0	0	0	0	0	0
10	0	0	0	0	0	0	0	0	0	0	0	0	0	0	0	0	0	0	0
11	0.35	0	0	0	0	0	0	0.56	0	0	0	0	0	0	0	0	0	0	0
12	0	0	0	0.07	0	0	0	0	0	0	0	0	0	0	0	0	0	0	0
13	0	0	0	0	0	0	0	0.8	0	0	0	0.68	0	0	0	0	0	0	0
14	0	0	0	0	0	0	0	0	0.33	0	0	0	0	0	0	0	0	0.46	0
15	0	0	0.72	0	0	0	0	0.11	0	0	0	0	0.97	0	0	0	0	0	0
16	0	0	0.42	0	0	0	0	0	0	0	0	0	0.5	0	0	0	0	0	0
17	0	0	0	0	0.78	0	0	0.23	0	0	0	0	0	0	0	0.5	0	0	0.63
18	0	0	0	0	0	0	0	0	0	0	0	0	0	0	0	0	0	0	0
19	0	0	0	0	0	0	0	0.57	0	0	0	0	0	0	0	0.57	0	0	0

最优序列

S	10	9	14	12	8	13	15	3	19	16	4	5	17	18	7	6	2	1	11

最优值

5.35

算例规格 $n = 19$, $den = 0.2$ 随机算例一

DSM

S	1	2	3	4	5	6	7	8	9	10	11	12	13	14	15	16	17	18	19
1	0	0	0.68	0	0	0	0	0	0	0	0.15	0.13	0	0	0	0	0	0	0
2	0	0	0	0	0	0	0	0	0	0	0	0	0	0	0	0	0	0.92	0.48
3	0	0	1	0	0.26	0	0	0.26	0	0	0	0	0	0	0	0.73	0.29	0	0
4	0.23	0	0	0.21	0	0	0	1	0	0	0	0	0	0.43	0	0	0	0	0
5	0	0.28	0	0	0	0	0.58	0.07	0	0	0	0	0.61	0	0	0	0	0	0
6	0	0	0	0.77	0.71	0	0	0.02	0	0.26	0.68	0.03	0	0	0.51	0	0	0.64	0.61
7	0	0	0	0	0	0	0	0	0	0	0	0.51	0.33	0.71	0	0	0	0.78	0.39
8	0.79	0	0	0.58	0.53	0	0	0	0	0	0	0	0	0	0.39	0	0	0	0
9	0.98	0	0.86	0	0.86	0	0	0	0	0	0.39	0.63	0.71	0	0.7	0	0	0	0.02
10	0	0	0	0	0	0.05	0	0.96	0	0	0.22	0	0	0	0	0	0	0	0
11	0.45	0	0.07	0	0	0	0.49	0	0	0.77	0	0	0	0.24	0	0	0.73	0	0
12	0	0	0	0	0.7	0	0.29	0	0	0	0	0	0	0	0	0	0	0	0
13	0	0	0	0	0	0	0	0	0	0	0.77	0.39	0.32	0	0.77	0.87	0.77	0	0
14	0	0	0	0	0	0	0	0	0	0	0	0	0	0.43	0	0	0.9	0	0
15	0	0	0	0	0	0	0	0	0	0	0	0	0	0	0.14	0	0	0.25	0
16	0	0	0	0	0	0	0	0	0	0	0	0	0	0	0	0	0.87	0	0
17	0	0	0	0	0	0	0	0	0	0	0	0	0	0	0	0	0	0	0
18	0	0	0	0	0	0	0	0.64	0	0	0	0	0	0	0	0	0	0	0
19	0	0	0	0	0	0	0	0	0	0	0	0	0	0	0	0	0	0	0
最优序列	19	1	3	8	12	11	17	15	16	13	5	14	4	10	18	7	2	6	9
最优值	34.01																		

算例规格 $n=19$，$den=0.2$ 随机算例二

DSM

S	1	2	3	4	5	6	7	8	9	10	11	12	13	14	15	16	17	18	19
1	0	0	0	0	0	0	0	0	0	0	0.5	0	0	0	0.86	0.62	0.76	0.91	0.02
2	0	0	0	0	0	0.56	0	0	0	0	0	0	0.47	0	0	0	0.09	0	0
3	0	0	0	0	0	0	0.48	0	0.43	0.81	0	0	0	0	0	0.31	0	0	0
4	0	0	0	0	0	0	0	0	0.56	0	0	0	0	0	0	0	0	0.04	0
5	0	0	0	0	0.93	0	0	0	0.88	0	0	0	0	0	0	0	0	0	0
6	0	1	0.17	0	0	0	0	0	0	0	0	0	0	0.66	0	0	0.22	0	0
7	0	0	0.74	0	0	0	0	0	0	0.84	0.43	0	0.34	0	0	0	0.65	0.51	0.17
8	0	0.5	0	0	0	0	0	0	0	0.23	0	0	0	0.72	0	0	0	0.1	0
9	0.72	0	0.41	0.2	0.15	0	0	0	0	0	0	0	0	0	0	0	0	0	0.37
10	0.7	0	0	0	0	0	0	0	0	0	0	0	0.4	0	0	0	0	0	0
11	0	0	0	0	0	0	0	0.34	0	0	0	0.15	0.81	0	0	0.98	0.84	0	0
12	0	0	0	0	0.32	0	0	0.57	0	0	0	0.3	0	0.26	0.51	0	0	0	0.66
13	0	0	0	0	0.49	0	0	0.81	0	0	0	0	0	0	0	0	0	0	0.45
14	0	0	0	0	0	0.94	0	0	0.5	0	0	0	0	0	0.31	0	0	0	0
15	0	0.87	0	0	0	0	0	0	0	0	0	0.77	0	0	0	0	0	0	0
16	0	0.74	0	0.98	0	0	0	0	0	0	0	0	0	0	0	0	0	0	0.94
17	0	0.44	0	0	0	0	0	0	0	0	0.6	0.33	0	0	0	0	0	0	0
18	0	0	0	0.8	0	0	0	0	0	0	0	0.93	0	0	0	0	0	0	0
19	0	0.09	0	0	0	0.48	0	0	0	0	0	0	0	0	0	0.17	0	0	0
最优序列	4	16	2	9	5	19	6	15	12	18	17	1	11	13	14	8	10	3	7

最优值 36.28

算例规格 $n = 19$，$den = 0.4$ 随机算例—

DSM

S	1	2	3	4	5	6	7	8	9	10	11	12	13	14	15	16	17	18	19
1	0	0	0.11	0.29	0	0	0.89	0	0	0.96	0.87	0	0.98	0	0	0	0.91	0	0
2	0	0	0.81	0	0	0	0	0	0	0.11	0	0	0.92	0.64	0.6	0	0.38	0	0
3	0	0.81	0	0	0.8	0	0	0	1	0.01	0	0	0.85	0.75	0.01	0.32	0	0	0.56
4	0.74	0	0	0	0	0.49	0.78	0	0.03	0	0.75	0.7	0	0	0	0	0	0	0
5	0.15	0	0	0	0	0	0.16	0.06	0	0.66	0	0	0.77	0	0	0	0	0.92	0.56
6	0	0.97	0.52	0	1	0	0.59	0	0	0	0.23	0	0	0.03	0.7	0.43	0.35	0	0
7	0	0	0.79	0.39	0.54	0	0	0	0	0	0	0.87	0	0	0	0	0.8	0.39	0
8	0.96	0.99	0	0.76	0	0.58	0	0.36	0.84	0.01	0	0	0	0	0	0	0	0.24	0.3
9	0.57	0	0	0	0.43	0	0.97	0.36	0	0.83	0.53	0	0.32	0	0	0	0.81	0.33	0.36
10	0.57	0	0	0.73	0.14	0	0	0.84	0	0	0	0	0	0	0	0.01	0.52	0.13	0
11	0	0	0.42	0.43	0	0.79	0.95	0.23	0	0.71	0	0	0	0	0.64	0	0	0.29	0
12	0.04	0	0.49	0	0	0	0.41	0	0.04	0.37	0	0	0	0	0	0.77	0	0	0
13	0	0	0.5	0	0.66	0.81	0.49	0	0	0.75	0	0	0	0.47	0.11	0	0.27	0	0
14	0	0	0	0	0	0	0.01	0.28	0.68	0	0.74	0	0	0	0	0.14	0.01	0.62	0
15	0	0	0	0	0	0.88	0.28	0.71	0.38	0.16	0	0	0	0.79	0	0	0.49	0.19	0
16	0	0.25	0.58	0	0	0	0.64	0.94	0.49	0	0	0	0.5	0	0.74	0.92	0	0.28	0
17	0.41	0.28	0	0	0	0	0	0	0.24	0	0.1	0	0.07	0.86	0.26	0.71	0	0	0
18	0	0	0	0	0	0	0	0	0	0	0	0	0	0.78	0.11	0	0	0	0
19	0	0.11	0.49	0	0	0	0	0	0	0	0	0.11	0	0.96	0	0	0	0	0

最优序列

S	15	14	19	2	3	16	13	5	6	18	7	17	9	8	10	1	11	4	12

最优值

130.82

算例规格 $n=19$，$den=0.4$　随机算例二

DSM

S	1	2	3	4	5	6	7	8	9	10	11	12	13	14	15	16	17	18	19
1		0.77	0	0.03	0	0.61	0	0	0	0	0	0	0	0	0	0	0.13	0.36	0.85
2	0		0	0.62	0	0	0.22	0.59	0	0	0	0	0	0.02	0	0	0	0	0
3	0.01	0		0.13	0	0	0	0.2	0	0.84	0	0.43	0	0.23	0.94	0.29	0.2	0	0
4	0.23	0.65	0.98		0	0	0	0.84	0.35	0	0.5	0	0	0	0	0	0	0	0
5	0	0.97	0.7	0		0.91	0	0	0	0	0	0.15	0.3	0.99	0.74	0	0	0	0
6	0	0.1	0.22	0.58	0.79		0	0.55	0.08	0	0.28	0.71	0.4	0.39	0.48	0.5	0	0	0
7	0	0	0	0	0	0		0.27	0.64	0.83	0.92	0.78	0	0	0.17	0.95	0	0	0
8	0.51	0	0	0	0	0	0.37		0	0.88	0.48	0.02	0	0.37	0	0.2	0	0	0
9	0	0.97	0.4	0	0.47	0.68	0	0		0	0.37	0	0.8	0.04	0	0	0	0	0
10	0	0	0	0	0.09	0.42	0.43	0.93	0.38		0	0	0	0	0.28	0.11	0	0	0
11	0.33	0.48	0.17	0	0.19	0.41	0.66	0	0.52	0		0	0	0	0	0	0	0.95	0.27
12	0	0	0	0	0.77	0.97	0	0	0.82	0	0		0	0.61	0.61	0.42	0	0	0.54
13	0.01	0	0	0.34	0.04	0.93	0.57	0	0.09	0	0	0.63		0.3	0.44	0	0	0	0
14	0	0.55	0	0.81	0	0.72	0	0.87	0	0.72	0.94	0	0		0.75	0	0	0	0
15	0	0	0	0	0	0.31	0.68	0	0.48	0	0	0	0	0		0	0	0	0
16	0	0	0	0.01	0	0.2	0.63	0	0.56	0	0.99	0	0.29	0	0		0	0.59	0.71
17	0	0	0	0	0.3	0	0.24	0.22	0	0.77	0.94	0.16	0	0.93	0	0		0.02	0
18	0	0.18	0	0.43	0	0	0	0	0	0	0.36	0.46	0	0.39	0	0	0		0
19	0.94	0	0	0	0.69	0	0	0	0	0.98	0.7	0.22	0	0	0.06	0.63	0.12	0	

最优序列

1	19	16	3	5	17	6	4	9	14	13	12	7	11	10	8	18	15	2

最优值

114.38

算例规格 $n=19$，$den=0.6$ 随机算例一

DSM

S	1	2	3	4	5	6	7	8	9	10	11	12	13	14	15	16	17	18	19
1	0	0	0	0.76	0.77	0.15	0	0.57	0.25	0.13	0.71	0	0	0	0.9	0.92	0.48	0.61	0.37
2	0	0	0	0.63	0	0.95	0.38	0.71	0	0.27	0.5	0.44	0.78	0	0.16	0.78	0	0.88	0.55
3	0.57	0.87	0	0.19	0.36	0.15	0.67	0	0.43	0	0	0.68	0	0.88	0.35	0.5	0	0	0.81
4	0.37	0.41	0.15	0	0	0.18	0	0	0.29	0	0	0.88	0.62	0.65	0.08	0.89	0.63	0.1	0.83
5	0.54	0	0.97	0	0	0.49	0	0.43	0.91	0.47	0.7	0	0	0.92	0.82	0	0.55	0.93	0.73
6	0	0.71	0	0.77	0.12	0	0	0	0.99	0.75	0.47	0.76	0	0.45	0.28	0.09	0.72	0	0
7	0	0	0.82	0.86	0.59	0	0	0	0.41	0.79	0.45	0	0	0	0.47	0	0	0.2	0
8	0	0	0.82	0	0	0.75	0	0	0.6	0.55	0	0.58	0.48	0.83	0	0.23	0	0.73	0
9	0.07	0.27	0.41	0	0	0.98	0.49	0.26	0	0	0	0.51	0.19	0	0	0	0.87	0.33	0
10	0.79	0.36	0	0.9	0.52	0	0.92	0	0.76	0	0	0.31	0.36	0.14	0	0	0.06	0.11	0.67
11	0	0.7	0.15	0.21	0.35	0.71	0.16	0.58	0	0.34	0	0.84	0	0.67	0	0.83	0.44	0	0
12	0	0.03	0.11	0	0.95	0.05	0.03	0	0.13	0.3	0.82	0	0	0	0	0.22	0.04	0.52	0.6
13	0.25	0.15	0.74	0.92	0.97	0	0	0	0.74	0.72	0.38	0.12	0	0	0.24	0.31	0	0	0.72
14	0.24	0	0.51	0.5	0	0.41	0	0.17	0.75	0.1	0	0	0.47	0	0	0.21	0	0.74	0.24
15	0	0.61	0.28	0	0.75	0	0.57	0	0.31	0.58	0.33	0	0	0.47	0	0	0.79	0	0
16	0	0.55	0	0.94	0	0.23	0	0	0	0.59	0	0.02	0.45	0	0.17	0	0	0	0
17	0	0	0	0	0.25	0	0	0	0	0.6	0.68	0	0	0	0.21	0	0	0.74	0
18	0.62	0	0.94	0.26	0.85	0.2	0.15	0	0.65	0.62	0.65	0.65	0	0.88	1	0	0.84	0	0.35
19	0	0.67	0	0.47	0.59	0	0	0	0.08	0.9	0	0	0	0.58	0	0	0	0.37	0
最优序列	17	9	14	15	6	10	18	5	12	19	4	3	2	16	7	11	1	13	8
最优值	224.08																		

算例规格 $n = 19$, $den = 0.6$ 随机算例二

DSM

S	1	2	3	4	5	6	7	8	9	10	11	12	13	14	15	16	17	18	19
1	0	0.67	0.04	0.87	0	0.56	0.44	0	0.74	0	0.28	0	0.26	0.73	0.85	0	0.77	0	0.16
2	0	0	0.73	0.1	0	0.94	0	0	0.75	0.62	0.45	0	0	0.07	0	0	0.04	0.55	0
3	0.14	0	0	0	0.43	0.06	0	0.27	0	0.47	0	0.81	0.91	0	0.65	0.32	0.69	0.64	0.29
4	0	0.24	0	0	0.38	0.19	0.94	0.37	0	0.38	0.48	0.95	0.03	0.82	0	0	0.08	0.75	0
5	0	0.28	0.06	0.07	0	0	0.08	0	0.92	0	0	0.17	0.31	0	0	0.81	0.41	0	0.65
6	0.38	0.72	0	0	0.64	0	0.95	0	0	0.43	0.38	0	0.05	0	0.47	0.36	0	0.17	0
7	0	0.08	0	0.94	0.07	0	0.3	0.31	0.58	0.97	0.86	0.69	0.53	0	0	0	0.14	0.57	0.19
8	0	0	0	0.82	0	0.54	0.18	0.29	0.6	0	0.69	0.59	0.92	0	0	0.13	0.26	0.4	0
9	0	0.57	0.31	0.46	0.97	0	1	0.12	0	0	0.52	0.66	0.82	0.7	0.76	0	0	0	0
10	0	0.36	0	0.43	0.35	0.56	0.91	0	0.43	0.3	0	0	0.65	0	0	0.15	0	0.15	0
11	0.38	0	0.95	0.28	0	0	0.2	0.39	0	0.32	0.57	0	0	0.67	0	0.82	0.57	0.15	0.54
12	0.22	0.53	0.36	0.07	0.88	0	0	0.98	0.3	0.1	0.93	0.52	0.56	0	0.58	0	0	0.41	0
13	0.7	0	0.99	0.68	0	0.4	0.28	0	0.71	0	0.29	0.64	0	0.55	0.03	0	0	0.73	0.54
14	0	0	0.39	0.47	0.98	0.93	0.23	0	0	0	0.8	0	0.54	0.69	0	0.88	0.18	0	0.17
15	0.04	0.41	0.52	0	0.4	0.06	0.47	0.47	0	0.15	0.84	0.27	0.65	0	0	0	0.35	0	0
16	0.57	0.01	0	0.81	0.55	0	0.53	0.86	0.73	0.1	0.47	0.38	0.22	0	0	0.49	0	0.3	0
17	0.71	0.2	0	0.29	0	0	0	0	0.91	0.11	0.06	0	0.66	0	0.73	0.51	0.67	0	0.9
18	0	0.93	0.8	0.8	0.01	0	0	0.46	0	0	0	0	0.73	0	0.61	0.06	0	0.99	0
19	0	0.49	0	0	0	0	0	0	0	0	0	0	0	0	0	0	0	0	0

最优序列

S	2	9	5	8	12	11	4	7	10	13	18	17	3	19	15	16	6	14	1

最优值

223.39

算例规格 $n = 19$, $den = 0.8$ 随机算例一

DSM

S	1	2	3	4	5	6	7	8	9	10	11	12	13	14	15	16	17	18	19
1	0	0.43	0.82	0.22	0.42	0.32	0.99	0	0	0.62	0.05	0.14	0.85	0.2	0.39	0.04	0.69	0.61	0
2	0	0	0.02	0	0.75	0.14	0.34	0	0	0.63	0.65	0.8	0.95	0.19	0.09	0.3	0.1	0	0
3	0.15	0	0	0.15	0	0.14	0.59	0	0.32	0.92	0.57	0	0.89	0.36	0.53	0.48	0.6	0.75	0.32
4	0	0.83	0	0	0.55	0.93	0.98	0.74	0.36	0.86	0.19	0.13	0.09	0	0.02	0.71	0.96	0.17	0.09
5	0.23	0.48	0.2	0.44	0	0.33	0.56	0.27	0	0.39	0.3	0.24	0.91	0.71	0.18	0.22	0.57	0.88	0.92
6	0.41	0	0.82	0.86	0.72	0	0.73	0.58	0.74	0.11	0.71	0.82	0	0.14	0.31	0	0.86	0.89	0.2
7	0	0.92	0.97	0.17	0.56	0.53	0	0.3	0	0.17	0	0.06	0.59	0.96	0.92	0.5	0.35	0.34	0
8	0.54	0.06	0.45	0.42	0.42	0.09	0.87	0	0.93	0.38	0.89	0.27	0.01	0.21	0.39	0.93	0.62	0.48	0.76
9	0.53	0.67	0.08	0.26	0.19	0.92	0.47	0.56	0	0.06	0.83	0.06	0.75	0.58	0	0.5	0	0	0
10	0.94	0	0.14	0.98	0	0.6	0.91	0.93	0.02	0	0.01	0.25	0.26	0.74	0.7	0.24	0.87	0.89	0.13
11	0.97	0.68	0.34	0.44	0.57	0.39	0.62	0	0.1	0.01	0	0.72	0.33	0.84	0.15	0.55	0.09	0	0.8
12	0.89	0.28	0.74	0.01	0.12	0.75	0.86	0.14	0.34	0.2	0.72	0	0.69	0.4	0.11	0.97	0	0	0.33
13	0.1	0.18	0.02	0.71	0.24	0	0.56	0.12	0.26	0.34	0	0	0	0.24	0.16	0.43	0.64	0.33	0.31
14	0.1	0.27	0.98	0.76	0	0.17	0.96	0	0	0	0.08	0.22	0.22	0	0.45	0.63	0.95	0	0.7
15	0	0.67	0.91	0.65	0.16	0.86	0.14	0.91	0	0.08	0	0.46	0.59	0.45	0	0	0.04	0.04	0
16	0.72	0.38	0	0.68	0	0.72	0.32	0.35	0	0.94	0.37	0	0.87	0.14	0.04	0	0.26	0.65	0.51
17	0.91	0.76	0.51	0.54	0.16	0.19	0.04	0.64	0	0.99	0.58	0	0	0.42	0	0.78	0	0.91	0.12
18	0.61	0	0	0.28	0.16	0.39	0.87	0.89	0	0	0.36	0.92	0	0	0.2	0	0.38	0	0.98
19	0	0.28	0.09	0.57	0.81	0.82	0.26	0	0.51	0	0.07	0.47	0.91	0.33	0.09	0.9	0	0.29	0

最优序列

S																			
13	2	14	7	3	15	4	17	10	1	16	6	18	11	8	12	19	5	9	

最优值

313.71

算例规格 $n=19$, $den=0.8$ 随机算例二

DSM

S	1	2	3	4	5	6	7	8	9	10	11	12	13	14	15	16	17	18	19
1	0	0	0.76	0.31	0	0.82	0.22	0.15	0.68	0.23	0.25	0.08	0.73	0	0.53	0	0	0.98	0.63
2	0.58	0	0.42	0.53	0.64	0	0.52	0.49	0.8	0	0.94	0.46	0.07	0.12	0.34	0.19	0.14	0.07	0.02
3	0.21	0.27	0	0	0.22	0.14	0	0	0.26	0.2	0	0.04	0.43	0.33	0.48	0	0.87	0.24	0.55
4	0.06	0.44	0	0	0.11	0.12	0.52	0	0.23	0	0.31	0.58	0	0.69	0.71	0.14	0.12	0	0.93
5	0.8	0	0.63	0.82	0	0.79	0.83	0	0.97	0.17	0.33	0.99	0.55	0.3	0	0.78	0.19	0.59	0.19
6	0	0.72	0.38	0.88	0.65	0	0	0.47	0.86	0.17	0	0.63	0.23	0.17	0.1	0.83	0.01	0.16	0.02
7	0.69	0	0	0	0.62	0.91	0	0.3	0	0.25	0.33	0.3	0.52	0.19	0.23	0	0.87	0.84	0.5
8	0.57	0.89	0.16	0.88	0.83	0.48	0.36	0	0.71	0.73	0.71	0.58	0.91	0.08	0.17	0	0.6	0.13	0.54
9	0.2	0.46	0.15	0.37	0.68	0	0.36	0.14	0	0	0.84	0.05	0.24	0.58	0.16	0.07	0	0	0
10	0.88	0.94	0.81	0	0.33	0.79	0.98	0.65	0.48	0.73	0.63	0.37	0	0.17	0.24	0.32	0	0	0.58
11	0.65	0.94	0.18	0.23	0.37	0.02	0.79	0	0.09	0	0	0.17	0.91	0.88	0.77	0	0.85	0	0.8
12	0.1	0.04	0.58	0	0	0.01	0	0.86	0.93	0.84	0	0	0	0.74	0.97	0.77	0.47	0	0.86
13	0.07	0.68	1	0.24	0.04	0	0	0.79	0.02	0.35	0.88	0.32	0	0.25	0.34	0.52	0.49	0.08	0.71
14	0.32	0.17	0.16	0	0	0.31	0.3	0.4	0	0.9	0.85	0.55	0.24	0	0.42	0	0	0.61	0.94
15	0.01	0.77	0.47	0.8	0	0.97	0	0	0	0.31	0	0.91	0	0	0	0.5	0	0.11	0.36
16	0.51	0.79	0.37	0	0.2	0.94	0.29	0.46	0.22	0.37	0.19	0.32	0.26	0.23	0.56	0	0.95	0.78	0.23
17	0.43	0.25	0.54	0.47	0.05	0.35	0.12	0.41	0.44	0.88	0.98	0.83	0.33	0.69	0.92	0	0	0.92	0.91
18	0.77	0.31	0.89	0.15	0.15	0.15	0.08	0	0.55	0.49	0.56	0.43	0.72	0.39	0.04	0.73	0.54	0	0.34
19	0.6	0.64	0.07	0.27	0.12	0.69	0	0.44	0	0.44	0.38	0	0.7	0.83	0.35	0.54	0.31	0	0

最优序列

S	3	14	19	4	15	12	9	6	10	1	2	11	13	8	17	16	18	7	5

最优值

301.46

算例规格 $n=19$, $den=1$ 随机算例一

DSM

S	1	2	3	4	5	6	7	8	9	10	11	12	13	14	15	16	17	18	19
1	0	0.64	0.68	0.71	0.48	0.75	0.68	0.5	0.87	0.48	0.79	0.85	0.85	0.22	0.02	0.13	0.03	0.2	0.96
2	0.07	0	0.23	0.75	0.04	0.8	0.9	0.41	0.12	0.71	0.8	0.8	0.35	0.69	0.48	0.39	0.29	0.95	0.52
3	0.24	0.86	0	0.75	0.18	0.61	0.94	0.9	0.08	0.16	0.48	0.84	0.73	0.09	0.75	0.62	0.71	0.16	0.51
4	0.14	0.35	0.96	0	0.01	0.39	0.94	0.06	0.11	0.28	0.76	0.15	0.48	0.71	0.65	0.69	0.64	0.93	0
5	0.46	0.23	0.64	0.41	0	0.23	0.49	0.37	0.27	0.66	0.53	0.67	0.37	0.86	0.61	0.33	0.92	0.06	0.39
6	0.22	0.58	0.16	0.86	0.21	0	0.3	0.26	0.62	0.05	0.36	0.77	0.42	0.62	0.15	0.21	0.84	0.55	0.53
7	0.95	0.86	0.23	0.74	0.2	0.6	0	0.31	0.06	0.65	0.31	0.36	0.06	0.58	0.27	0.71	0.45	0.38	0.34
8	0.51	0.81	0.3	0.22	0.64	0.83	0.82	0	0.01	0.31	0.95	0.98	0.88	0.28	0.91	0.48	0.67	0.55	0.7
9	0.31	0.78	0.15	0.95	0.35	0.36	0.66	0.09	0	0.44	0.87	0.65	0.79	0.87	0.04	0.32	0.76	0.13	0.88
10	0.91	0.09	0.61	0.32	0.04	0.13	0.96	0.03	0.42	0	0.74	0.85	0.05	0.12	0.68	0.91	0.18	0.42	0.89
11	0.63	0.85	0.41	0.56	0.24	0.45	0.66	0.31	0.2	0.41	0	0.7	0.84	0.53	0.42	0.22	0.57	0.06	0.96
12	0.82	0.1	0.33	0.21	0.84	0.82	0.62	0.75	0.02	0.66	0.37	0	0.75	0.78	0.04	0.24	0.54	0.05	0.5
13	0.48	0.28	0.56	0.6	0.62	0.4	0.58	0.33	0.4	0.94	0.55	0.54	0	0.91	0.68	0.12	0.02	0.52	0.83
14	0.76	0.74	0.14	0.28	0.32	0.8	0.81	0.39	0.36	0.22	0.15	0.04	0.27	0	0.28	0.54	0.32	0.35	0.47
15	0.61	0.7	0.89	0.65	0.09	0.27	0.83	0.61	0.93	0.26	0.15	0.04	0.01	0.14	0	0.13	0.44	0.57	0.27
16	0.48	0.48	0.11	0.17	0.41	0.25	0.49	0.48	0.58	0.52	0.75	0.24	0.55	0.39	0.9	0	0.29	0.63	0.5
17	0.39	0.42	0.97	0.26	0.51	0.69	0.26	0.61	0.39	0.69	0.32	0.52	0.47	0.43	0.69	0.05	0	0.98	0.53
18	0.29	0.37	0.23	0.4	0.58	0.29	0	0.66	0.84	0.92	0.84	0.62	0.18	0.54	0.48	0.51	0.87	0	0.17
19	0.62	0.45	0.64	0.7	0.9	0.82	0.25	0.32	0.71	0.92	0.13	0.96	0.93	0.21	0.03	0.76	0.82	0.5	0

最优序列

S																			
14	6	7	4	2	11	12	1	10	13	19	9	16	18	17	3	15	8	5	

最优值

449.27

算例规格 $n = 19$，$den = 1$ 随机算例二

DSM

S	1	2	3	4	5	6	7	8	9	10	11	12	13	14	15	16	17	18	19
1	0	0.85	0.18	0.5	0.7	0.34	0.91	0.29	0.56	0.84	0.57	0.79	0.19	0.13	0.92	0.75	0.25	0.49	0.66
2	0.23	0	0.31	0.37	0.33	0.35	0.17	0.86	0.04	0.44	0.32	0.58	0.5	0.91	0.2	0.44	0.81	0.83	0.18
3	0.08	0.57	0	0.92	0.29	0.15	0.35	0.94	0.81	0.48	0.57	0.66	0.14	0.41	0.74	0.68	0.17	0.81	0.81
4	0.7	0.13	0.87	0	0.14	0.35	0.45	0.81	0.4	0.13	0.97	0.89	0.47	0.65	0.36	0.27	0.24	0.75	0.52
5	0.33	0.21	0.03	0.26	0	0.27	0.65	0.56	0.5	0.78	0.97	0.01	0.38	0.8	0.26	0.61	0.24	0.62	0.28
6	0.06	0.52	0.48	0.52	0.64	0	0.21	0.54	0.46	0.21	0.32	0.59	0.07	1	0.18	0.69	0.37	0.76	0.13
7	0.92	0.25	0.85	0.74	0.19	0.7	0	0.5	0.13	0.54	0.76	0.16	0.88	0.93	0.39	0.05	0.76	0.57	0.02
8	0.54	0.77	0.47	0.29	0.51	0.38	0.06	0	0.03	0.08	0.32	0.04	0.06	0.49	0.03	0.68	0.86	0.03	0.86
9	0.45	0.77	0.9	0.62	0.43	0.26	0.73	0.94	0	0.01	0.61	0.54	0.41	0.49	0.03	0.24	0.36	0.45	0.97
10	0.67	0.59	0.78	0.98	0.96	0.76	0.91	0.96	0.45	0	0.07	0.58	0.46	0.45	0.78	0.97	0.07	0.56	0.03
11	0.65	0.79	0.19	0.7	0.99	0.13	0.53	0.47	0.43	0	0	0.53	0.57	0.46	0.91	0.9	0.18	0.77	0.22
12	0.44	0.2	0.01	0.61	0.02	0.42	0.69	0.29	0.03	0.94	0.02	0	0.33	0.33	0.41	0.05	0.43	0.87	0.38
13	0.58	0.99	0.7	0.06	0.02	0.79	0.96	0.53	0.52	0.93	0.62	0.4	0	0.14	0.73	0.34	0.12	0.99	0.87
14	0.07	0.96	0.83	0.96	0.66	0.22	0.12	0.01	0.3	0.12	0.48	0.29	0.83	0	0.77	0.26	0.81	0.06	0.25
15	0.06	0.6	0.08	0.73	0.75	0.07	0.19	0.09	0.55	0.17	0.83	0.49	0.4	0.8	0	0.77	0.02	0.57	0.19
16	0.39	0.78	0.07	0.03	0.4	0.75	0.19	0.37	0.55	0.02	0.77	0.24	0.04	0.49	0.43	0	0.08	0.52	0.52
17	0.85	0.58	0.46	0.67	0.42	0.68	0.5	0.05	0.58	0.29	0.6	0.69	0.56	0.57	0.37	0.89	0	0.79	0.56
18	0.33	0.87	0.5	0.84	0.39	0.28	0.5	0.55	0.85	0.71	0.69	0.58	0.96	0.39	0.32	0.5	0.93	0	0.75
19	0.5	0.41	0.06	0.29	0.45	0.49	0.58	0.86	0.28	0.92	0.39	0.74	0.32	0.73	0.79	0.7	0.93	0.13	0

最优序列

S	8	16	2	14	15	5	11	6	4	12	18	17	19	1	7	10	13	3	9

最优值

419.91

算例规格 $n=21$，$den=0.1$ 随机算例一

DSM

S	1	2	3	4	5	6	7	8	9	10	11	12	13	14	15	16	17	18	19	20	21
1	0	0	0	0	0	0	0	0	0	0	0	0	0	0	0	0	0	0	0	0	0
2	0	0	0	0	0	0.32	0	0	0.39	0	0.9	0	0	0	0	0	0.59	0	0	0	0
3	0	0	0	0	0	0	0	0	0.44	0	0	0	0	0	0	0.3	0	0	0	0	0
4	0	0	0	0	0	0	0	0	0	0	0	0	0	0	0	0	0	0	0	0	0
5	0	0	0	0	0	0.37	0.5	0	0	0	0	0.82	0	0	0	0	0	0	0	0.05	0
6	0	0	0	0.29	0.62	0	0	0	0	0	0	0	0	0	0	0.34	0	0	0	0	0
7	0.55	0	0	0	0	0	0	0	0	0	0	0	0	0	0	0.37	0	0	0	0	0
8	0	0	0.09	0	0.97	0	0	0	0.63	0	0	0	0	0	0	0	0	0	0.26	0	0.56
9	0.69	0	0	0	0	0.69	0	0	0	0	0	0	0	0	0	0.23	0	0	0	0	0
10	0	0	0	0	0	0	0	0	0	0	0	0	0	0	0	0	0	0	0	0	0
11	0	0	0	0	0	0	0.33	0	0	0	0	0	0.56	0	0	0	0	0	0	0	0
12	0	0	0	0	0	0	0	0	0	0	0	0	0.07	0	0	0	0	0	0	0	0
13	0	0	0	0	0.03	0	0	0	0	0	0.47	0	0	0	0	0	0	0	0	0	0
14	0	0	0	0	0	0	0	0	0	0	0	0	0	0	0	0	0	0	0	0	0
15	0.25	0	0	0.58	0	0	0	0	0	0	0	0	0	0	0	0	0	0	0	0	0.96
16	0.79	0	0	0	0.86	0	0	0	0	0	0	0	0	0.14	0	0	0	0	0	0	0.86
17	0	0	0.61	0	0	0	0	0.83	0.36	0	0	0	0	0	0	0	0	0	0	0	0
18	0	0	0	0	0.13	0	0.64	0	0	0	0.54	0	0	0	0	0	0	0	0	0	0
19	0.91	0	0	0	0	0	0	0	0	0	0	0	0	0	0	0	0	0	0	0	0
20	0	0	0	0	0	0	0	0	0	0	0	0	0	0	0	0	0	0	0	0	0
21	0	0	0	0	0	0	0	0	0	0	0	0	0	0	0	0	0	0	0	0	0

最优序列																				
12	4	14	20	21	1	7	5	16	6	9	19	15	11	13	18	10	3	8	17	2

最优值 3.5

算例规格 $n=21$，$den=0.1$ 随机算例二

DSM

S	1	2	3	4	5	6	7	8	9	10	11	12	13	14	15	16	17	18	19	20	21
1	0	0.1	0	0	0	0	0	0	0	0	0	0	0	0	0	0	0.92	0	0.1	0	0
2	0	0	0	0	0	0	0.51	0	0	0	0	0	0	0	0.73	0	0	0	0	0	0
3	0	0	0	0	0	0	0	0.15	0	0	0	0	0	0	0.39	0	0.07	0	0	0	0
4	0	0	0	0	0	0	0	0	0	0.41	0	0	0	0	0	0	0.58	0	0.53	0	0
5	0	0.56	0	0	0	0	0	0	0	0	0	0	0	0	0	0	0	0	0	0	0
6	0.68	0	0	0	0	0	0	0	0	0	0	0	0	0	0	0	1	0	0	0	0
7	0	0.46	0	0	0	0	0	0	0	0	0	0	0	0	0	0	0	0	0	0	0
8	0	0	0	0	0	0	0	0	0	0.67	0	0	0	0.64	0.06	0	0	0	0	0	0
9	0	0	0	0	0	0	0	0	0	0	0	0	0	0	0.85	0	0	0	0	0	0
10	0	0	0	0	0	0	0	0	0	0	0.6	0	0	0	0	0	0	0	0	0	0
11	0	0	0	0	0	0	0	0	0	0	0	0	0.63	0	0	0	0	0	0	0	0.66
12	0	0	0	0	0	0	0	0	0.46	0	0	0.31	0	0	0	0	0	0	0	0	0
13	0	0	0	0	0	0	0.63	0	0	0	0	0	0	0	0	0	0	0	0	0	0
14	0	0	0	0	0	0	0	0	0	0	0	0	0	0	0	0.22	0	0	0	0.94	0
15	0	0	0	0	0.7	0.87	0.08	0	0	0	0	0	0	0	0	0	0	0	0	0	0
16	0	0	0	0	0	0.8	0	0	0	0	0	0	0	0	0.69	0.33	0	0	0	0	0
17	0	0	0	0	0	0.24	0	0	0	0	0	0	0	0	0	0	0	0	0	0	0
18	0	0.21	0	0	0	0	0	0	0	0	0	0	0	0	0	0	0	0	0	0	0
19	0	0.37	0	0.39	0	0	0	0	0.14	0	0	0	0.94	0	0	0	0	0	0	0	0
20	0.9	0	0	0	0	0	0	0	0	0.96	0	0	0	0	0	0	0	0	0	0	0.7
21	0	0	0	0	0	0	0	0	0	0	0	0	0	0	0	0	0	0	0	0	0

最优序列

S	10	21	12	17	6	1	7	2	5	15	16	11	13	9	19	4	20	18	14	8	3

最优值

9.49

算例规格 $n=21$, $den=0.2$ 随机算例一

DSM

S	1	2	3	4	5	6	7	8	9	10	11	12	13	14	15	16	17	18	19	20	21
1	0	0.95	0	0	0	0.43	0.76	0	0	0	0	0.43	0	0	0	0	0	0	0	0	0
2	0.35	0	0	0	0.1	0	0	0	0	0	0	0	0.15	0	0	0	0	0	0	0	0
3	0	0	0	0	0	0	0	0	0.59	0	0	0	0	0.87	0	0	0	0	0	0	0
4	0	0	0	0.7	0	0	0.35	0	0	0	0.04	0.53	0	0	0	0	0.05	0.74	0.61	0.65	0
5	0	0	0	0	0	0	0	0	0	0	0.64	0	0.92	0	0	0	0	0	0	0	0
6	0.54	0	0	0	0	0.91	0	0	0	0.54	0	0	0.11	0	0	0	0.46	0	0	0	0
7	0	0	0	0	0	0	0.32	0	0	0	0.07	0	0	0	0	0	0.48	0	0.28	0	0.05
8	0	0	0	0	0	0	0.7	0	0	0	0	0	0.79	0	0	0	0.81	0	0	0	0
9	0	0	0	0	0	0	0	0	0.51	0	0	0	0	0	0.1	0	0	0.95	0	0	0
10	0.43	0.36	0	0.77	0	0	0.75	0	0.14	0	0	0.71	0	0	0	0	0.54	0	0	0	0.56
11	0.73	0.73	0	0.31	0	0	0.94	0	0	0	0	0	0.58	0	0	0	0.66	0.8	0	0	0
12	0	0	0	0	0	0	0	0.09	0	0	0	0	0	0	0	0.14	0	0	0	0	0
13	0	0	0.85	0	0.56	0	0	0	0.85	0	0	0	0	0	0	0	0	0	0	0	0
14	0	0	0	0	0	0	0	0	0	0	0	0	0	0.71	0.31	0	0.86	0	0	0	0.84
15	0	0	0	0	0	0	0	0	0	0	0	0	0	0	0	0.47	0.51	0.42	0.98	0	0
16	0	0	0	0	0	0	0	0	0	0	0	0	0	0	0	0	0.51	0	0	0	0
17	0	0	0	0	0	0.65	0	0	0	0	0	0	0	0	0	0	0	0.35	0.7	0	0
18	0	0.7	0	0.18	0	0.86	0	0	0.43	0.24	0	0.16	0	0	0	0	0	0	0	0	0
19	0.15	0	0	0	0	0	0	0	0	0	0.85	0	0.05	0	0.15	0	0	0	0	0	0
20	0.48	0	0.05	0	0	0	0	0	0	0	0	0	0	0	0	0	0	0	0	0	0.65
21	0.98	0	0	0	0	0	0	0	0	0	0	0	0	0	0	0.84	0	0.73	0	0	0

最优序列

S	1	2	3	4	5	6	7	8	9	10	11	12	13	14	15	16	17	18	19	20	21
	2	18	6	17	1	7	9	16	21	12	10	19	14	15	4	20	11	3	13	5	8

最优值

30.33

算例规格 $n = 21$, $den = 0.2$ 随机算例二

DSM

S	1	2	3	4	5	6	7	8	9	10	11	12	13	14	15	16	17	18	19	20	21
1	0	0.56	0	0	0	0	0	0	0	0	0	0	0	0	0.45	0.31	0	0	0.85	0	0
2	0	0	0	0	0.51	0.58	0	0	0	0	0	0.76	0.46	0	0	0	0	0.69	0	0	0
3	0	0.74	0	0.32	0	0.58	0	0	0	0.53	0	0	0	0	0	0	0	0	0	0	0
4	0.78	0.52	0	0	0.43	0.24	0	0	0	0	0	0	0	0	0	0	0.28	0	0	0.69	0
5	0	0	0	0.86	0	0	0.82	0	0	0	0	0	0	0	0	0.18	0.44	0	0	0	0
6	0.75	0	0.9	0	0.69	0	0	0	0.49	0	0.19	0	0	0	0	0.07	0.46	0.7	0	0	0.82
7	0	0	0	0.86	0	0	0	0	0	0.81	0	0	0	0	0	0	0	0	0.23	0	0
8	0	0	0	0	0	0	0	0	0	0	0	0	0	0	0	0	0	0	0	0	0
9	0.43	0.97	0.7	0	0	0.16	0	0.5	0	0	0	0	0	0	0	0	0	0	0	0.81	0
10	0.87	0	0	0	0	0	0	0	0	0	0.26	0	0	0	0	0	0	0	0	0	0
11	0	0	0	0	0	0	0.24	0.01	0	0.52	0	0	0	0	0.44	0	0	0.04	0	0	0
12	0	0	0	0	0	0	0	0	0	0	0	0	0	0	0	0	0	0.43	0.21	0	0
13	0	0.6	0	0.75	0.18	0.76	0	0	0	0	0	0.28	0	0.73	0.39	0	0	0	0.97	0	0
14	0	0	0	0	0	0	0	0	0	0	0	0	0	0	0	0	0.6	0	0	0	0.68
15	0	0.47	0.01	0	0.81	0	0	0	0	0.67	0	0	0	0.65	0	0	0	0	0	0	0
16	0	0.43	0	0.49	0	0	0.14	0	0	0	0	0	0	0	0	0	0	0	0	0	0
17	0	0	0	0	0	0.3	0.36	0	0	0	0.02	0	0	0	0	0	0	0	0	0	0
18	0	0	0	0	0	0.48	0	0	0	0	0.33	0	0	0	0	0	0	0	0	0	0
19	0	0	0	0.74	0	0	0	0	0	0.51	0	0	0	0	0	0	0	0	0	0	0
20	0	0	0.07	0	0	0	0	0	0	0	0.38	0	0	0	0	0.28	0	0	0	0	0
21	0.92	0.73	0	0	0	0	0	0	0	0.44	0	0.02	0	0	0	0	0	0	0.99	0	0

最优序列

S	8	20	11	10	19	1	16	4	17	9	7	5	2	18	6	3	12	21	15	14	13

最优值 52.31

算例规格 $n=21$, $den=0.4$ 随机算例一

DSM

S	1	2	3	4	5	6	7	8	9	10	11	12	13	14	15	16	17	18	19	20	21
1	0	0	0.36	0.74	0.15	0.71	0.46	0.25	0	0.02	0	0	0	0	0	0	0.44	0	0.59	0	0
2	0.17	0	0	0	0	0.69	0.9	0.18	0.15	0	0.62	0	0	0.99	0	0	0	0	0	0.08	0.51
3	0.55	0	0	0	0	0	0	0.86	0	0	0	0.36	0	0	0	0	0	0	0.6	0.14	0.62
4	0	0	0	0	0.46	0	0.72	0.01	0	0	0	0.54	0	0	0.19	0.48	0.2	0.65	0.67	0.19	0
5	0.85	0.3	0.17	0.65	0	0	0	0.39	0.33	0	0	0	0	0	0.19	0	0.56	0	0	0.61	0
6	0.01	0	0.48	0	0.66	0	0	0.16	0	0	0	0	0	0	0	0	0	0	0	0	0
7	0	0	0	0.27	0.9	0	0.01	0	0.02	0	0.19	0	0	0	0	0	0	0	0.44	0	0
8	0	0.4	0	0	0.91	0	0	0	0.17	0.23	0.17	0	0	0.16	0.28	0	0	0.44	0	0.94	0.69
9	0.49	0	0.43	0	0.4	0.21	0.92	0.66	0	0.72	0	0.32	0	0	0	0	0	0	0.24	0	0.07
10	0	0.36	0	0	0.37	0	0	0	0	0	0	0	0	0	0	0.05	0	0	0	0	0
11	0.62	0	0	0	0.28	0	0.49	0	0.87	0.9	0.51	0.68	0	0.61	0	0.36	0.04	0.66	0.14	0.37	0.67
12	0	0.02	0	0	0	0	0.03	0	0	0	0.21	0	0	0.35	0	0	0.96	0	0	0	0.12
13	0	0	0	0.06	0	0	0	0	0.83	0.68	0	0.19	0	0	0	0.84	0	0.15	0	0	0.1
14	0	0	0	0	0.74	0.6	0	0.65	0.53	0	0.61	0.52	0	0	0.63	0	0.83	0.35	0	0	0
15	0	0.96	0.91	0	0.46	0	0	0.15	0.29	0	0	0	0	0.98	0	0.76	0	0	0	0	0
16	0	0	0	0	0	0	0	0	0	0	0	0	0	0	0	0	0	0	0	0	0
17	0	0	0.91	0.8	0.12	0.03	0.01	0	0	0	0.59	0.02	0.41	0.57	0.81	0.96	0	0.88	0.29	0.83	0.95
18	0	0	0.35	0	0	0.45	0	0.4	0.27	0	0	0.47	0.52	0	0.72	0	0.26	0	0	0	0
19	0.86	0	0.51	0	0	0	0	0	0.53	0	0.37	0	0.13	0	0.67	0.79	0	0	0	0.47	0
20	0	0.13	0	0	0	0.75	0.62	0.97	0.33	0.15	0	0	0	0.08	0	0.46	0	0.05	0	0.34	0
21	0	0.78	0	0.18	0	0	0	0	0	0	0	0.87	0	0.93	0	0	0	0	0	0	0

最优序列																					
S	6	10	7	16	20	5	8	9	1	3	19	4	21	2	14	12	17	15	11	18	13

最优值 146.71

算例规格 $n=21$，$den=0.4$ 随机算例二

DSM

S	1	2	3	4	5	6	7	8	9	10	11	12	13	14	15	16	17	18	19	20	21
1	0	0	0.59	0	0.41	0	0	0	0	0	0.87	0	0	0	0	0	0.59	0.45	0.1	0	0.5
2	0.76	0	0	0	0	0.14	0.49	0.36	0.63	0	0.98	0	0	0	0	0.43	0	0	0.9	0	0
3	0.55	0	0	0	0.28	0	0.51	0.63	0	0.74	0.31	0.32	0.46	0.62	0	0	0.47	0	0.14	0	0
4	0	0	0	0	0	0.6	0.12	0	0.35	0	0	0	0.53	0.64	0	0.82	0	0	0.66	0	0.64
5	0.5	0	0.02	0	0.19	0	0	0	0	0.03	0.08	0.94	0.47	0	0	0.14	0.13	0.15	0.38	0.53	0.15
6	0.75	0	0.45	0	0	0	0	0	0.02	0.7	0.61	0.59	0.86	0	0	0	0	0	0	0.71	0
7	0	0.14	0	0.43	0	0.94	0.21	0	0	0.23	0	0.64	0.77	0	0	0	0	0	0.54	0	0
8	0.43	0	0.26	0.57	0.53	0	0.79	0.81	0	0	0.51	0.63	0.76	0.32	0	0	0	0	0	0	0.38
9	0	0.16	0	0.2	0	0.88	0	0	0.06	0	0	0.62	0	0	0.76	0	0	0	0	0	0
10	0.44	0	0.83	0.19	0.83	0	0	0	0	0.58	0	0	0.52	0	0.6	0	0	0	0	0	0
11	0	0.86	0.5	0	0	0	0	0	0	0.18	0.7	0.87	0	0	0.27	0	0.88	0	0	0	0
12	0	0	0	0	0	0	0.13	0.23	0.29	0	0	0	0	0	0	0	0	0.57	0.28	0.7	0.31
13	0	0	0	0	0	0	0	0	0	0.35	0	0	0	0	0.75	0	0	0	0.74	0.52	0
14	0	0	0.48	0	0.49	0	0	0.25	0.15	0.29	0	0	0	0	0	0	0	0	0	0	0.6
15	0	0	0	0	0.44	0.37	0	0.59	0	0.71	0.54	0.61	0	0	0.97	0	0	0.12	0.74	0.88	0
16	0.11	0	0	0	0	0	0	0.76	0	0.03	0	0.47	0	0	0	0.72	0	0.13	0	0.28	0.49
17	0	0.75	0	0	0.97	0.41	0	0.97	0	0	0	0	0.49	0.38	0	0	0	0	0.26	0.83	0.56
18	0	0	0	0.07	0.4	0	0	0.96	0	0.12	0	0	0.58	0.45	0	0.33	0	0.37	0.87	0.75	0.37
19	0	0	0	0.14	0	0.88	0	0	0	0	0	0	0	0	0	0.24	0	0	0	0.44	0
20	0	0.72	0	0	0.33	0	0	0	0.79	0.89	0	0	0.66	0.4	0	0.86	0	0	0	0	0
21	0	0.56	0	0	0	0	0	0	0.65	0.27	0.8	0	0	0	0	0.69	0.65	0	0	0.92	0

最优序列

S	1	2	3	4	5	6	7	8	9	10	11	12	13	14	15	16	17	18	19	20	21
	19	13	8	12	7	10	3	15	20	5	6	11	1	2	16	17	21	9	14	18	4

最优值

163.18

算例规格 n=21, den=0.6 随机算例一

DSM

S	1	2	3	4	5	6	7	8	9	10	11	12	13	14	15	16	17	18	19	20	21
1	0	0	0	0	0.34	0	0.21	0.33	0.73	0	0	0.25	0.28	0.46	0.99	0.12	0	0.23	0.42	0	0
2	0.72	0	0.36	0.01	0.31	0.61	0	0.61	0	0.55	0	0.58	0	0	0.78	0.52	0.84	0.09	0.21	0	0.89
3	0	0.53	0	0.99	0	0	0	0	0	0	0	0.4	0	0.02	0.07	0.15	0.33	0.15	0.79	0.59	0
4	0.96	0.02	0.42	0	0	0.97	0	0.02	0	0	0.45	0.98	0	0	0.56	0.15	0.54	0.08	0.13	0.39	0
5	0.27	0.65	0.35	0	0	0.39	0.8	0	0	0.99	0	0.83	0.35	0.9	0.84	0.17	0.98	0	0.85	0	0.66
6	0.15	0.45	0.92	0.88	0	0	0	0.01	0	0.79	0	0.01	0.7	0.49	0.54	0	0.98	0.84	0.18	0.22	0.71
7	0	0.67	0.76	0	0.56	0	0	0.37	0	0.57	0.3	0.92	0	0	0	0.68	0	0.51	0	0.11	0
8	0.26	0	0	0.16	0.29	0.96	0.46	0	0.03	0.01	0.83	0.83	0.73	0	0	0	0.98	0.62	0.29	0.1	0.59
9	0.35	0	0.06	0.11	0.59	0.86	0.17	0	0	0.66	0.08	0	0.42	0	0	0.78	0.5	0.02	0.66	0	0.48
10	0.98	0.25	0.59	0	0	0	0.15	0.12	0.56	0.87	0	0.04	0	0.58	0.69	0	0.32	0.41	0	0.53	0.56
11	0	0.57	0	0.78	0	0	0.85	0.69	0	0	0	0	0.9	0.87	0	0.17	0.26	0.84	0	0	0.87
12	0	0	0.9	0	0.74	0	0.14	0.01	0	0	0.06	0	0.57	0	0	0.02	0.41	0	0.89	0.01	0
13	0	0.9	0.88	0	0.51	0	0.93	0.75	0.74	0	0.91	0.16	0	0	0	0	0.88	0.42	0.09	0.11	0.77
14	0.76	0.88	0.54	0.68	0	0	0.37	0	0.29	0.8	0.9	0.54	0.73	0	0	0.53	0.47	0.4	0.5	0	0
15	0.45	0	0	0.11	0	0	0.88	0	0.4	0	0.9	0.07	0.57	0.41	0	0	0.11	0.4	0	0	0.77
16	0.18	0.06	0	0	0	0	0.41	0	0.24	0.8	0.39	0.46	0	0.59	0.21	0	0.5	0.15	0	0	0
17	0.43	0.04	0.87	0.29	0.21	0.72	0.29	0	0.32	0	0.47	0	0	0	0	0.58	0	0.98	0.34	0.66	0
18	0.96	0.36	0.36	0	0	0	0.88	0.71	0	0.11	0	0.83	0.73	0.11	0.08	0.68	0.65	0	0.37	0.47	0
19	0.79	0.69	0	0.31	0.29	0.49	0.41	0	0.21	0	0.73	0.37	0.33	0.9	0.08	0.17	0	0.91	0	0.5	0.56
20	0	0.69	0	0.01	0.23	0	0.29	0.71	0	0.86	0.96	0	0.72	0.28	0.08	0.56	0.67	0.64	0.33	0	0
21	0.28	0.78	0.35	0.01	0.23	0.9	0	0.56	0	0.73	0.96	0	0.15	0.56	0.83	0.56	0.67	0.91	0.88	0	0

最优序列

3	13	18	1	17	16	9	10	11	14	19	12	7	15	21	5	2	6	4	8	20

最优值 298.8

算例规格 n = 21，den = 0.6 随机算例二

DSM

S	1	2	3	4	5	6	7	8	9	10	11	12	13	14	15	16	17	18	19	20	21
1	0	0	0.88	0	0	0.98	0.23	0	0	0	0.3	0.99	0.88	0	0	0	0.41	0	0	0.61	0.08
2	0.8	0	0	0.81	0	0.69	0	0	0	0.28	0.96	0.62	0	0	0	0	0	0.19	0.65	0.26	0.37
3	0.41	0.09	0	0	0.07	0	0.47	0.03	0.48	0	0.51	0	0.56	0	0.52	0	0.46	0	0.49	0	0
4	0	0	0	0	0.67	0.3	0.6	0.18	0.9	0	0.18	0	0.04	0.87	0	0.92	0.41	0.8	0	0.65	0.44
5	0.97	0.93	0.02	0	0	0	0.18	0.46	0.33	0	0.02	0.29	0	0.81	0.67	0.07	0	0	0	0.28	0.39
6	0	0.95	0	0.12	0.63	0	0.3	0.56	0	0	0.02	0	0	0.81	0.67	0.19	0.58	0	0	0	0
7	0.66	0	0	0.72	0.14	0.44	0	0.54	0.16	0	0	0	0.96	0.33	0.1	0.87	0.87	0.41	0.67	0.77	0
8	0.82	0.38	0.81	0.18	0	0	0.35	0	0.84	0	0.97	0	0.56	0.81	0.51	0.7	0.88	0	0.97	0	0
9	0	0.72	0.92	0	0	0.59	0.55	0	0	0	0.78	0	0	0	0.11	0.94	0.92	0.97	0.7	0	0
10	0	0.4	0.64	0.05	0.68	0.94	0.73	0.73	0.44	0	0	0.79	0.67	0.04	0.48	0	0.99	0.71	0.96	0.94	0.53
11	0	0	0	0.25	0	0.77	0	0.22	0.59	0.31	0	0	0	0	0.53	0.89	0	0.61	0.43	0.32	0.29
12	0.58	0.6	0	0	0.54	0	0.89	0.41	0	0.9	0.85	0	0	0.82	0.15	0.28	0	0	0	0	0.5
13	0.59	0	0.96	0.11	0	0.43	0	0.24	0	0.87	0.68	0	0	0	0.46	0.97	0	0.95	0	0	0.91
14	0.93	0.62	0	0	0.71	0	0	0.62	0.73	0.33	0	0.54	0.38	0	0	0.47	0	0.02	0.98	0	0.27
15	0.88	0	0.33	0	0	0	0.01	0.02	0.71	0.34	0	0	0	0	0	0	0	0.19	0.75	0	0
16	0.96	0.14	0.74	0.39	0	0.64	0	0	0.7	0.69	0.91	0	0	0.02	0	0	0.98	0.67	0.35	0.67	0.27
17	0	0.7	0.73	0.23	0	0.12	0	0	0	0.76	0.24	0.32	0	0	0	0.51	0	0	0.35	0.32	0
18	0.85	0	0.36	0.56	0.15	0.6	0	0.93	0.57	0.23	0.78	0.35	0.45	0.57	0.62	0.57	0.41	0	0.5	0.65	0.73
19	0	0	0	0.43	0	0.3	0.97	0.73	0	0	0	0	0.72	0.17	0.56	0.6	0.72	0	0	0.15	0.18
20	0	0.8	0.31	0	0	0	0	0	0.3	0.03	0.5	0	0.36	0.47	0.84	0.49	0.34	0.21	0.45	0	0
21	0	0.64	0.2	0	0	0	0	0.5	0	0	0.26	0	0.36	0.19	0.7	0	0.44	0.98	0	0.86	0

最优序列

S																					
	6	3	9	17	1	5	15	2	7	19	16	20	8	13	11	14	10	18	21	12	4

最优值

322.88

算例规格 $n=21$，$den=0.8$ 随机算例一

DSM

S	1	2	3	4	5	6	7	8	9	10	11	12	13	14	15	16	17	18	19	20	21
1	0	0.7	0.51	0.09	0.24	0.38	0.94	0	0.39	0.35	0.93	0.65	0.78	0.87	0.08	0.47	0	0.26	0.33	0.4	0.07
2	0.95	0	0	0.44	0.59	0	0.4	0.78	0.43	0.54	0.48	0.97	0.56	0	0.62	0.83	0.92	0.3	0	0.23	0.56
3	0.48	0.81	0	0.51	0.79	0	0.35	0	0.9	0.43	0.3	0.08	0.66	0.25	0	0.53	0.24	0	0.85	0.13	0.24
4	0.95	0.35	0.2	0	0.46	0.34	0.02	0.78	0.04	0.28	0	0.6	0.05	0.2	0	0.64	0.34	0.18	0.9	0.43	0.2
5	0.02	0	0.77	0.27	0.01	0.58	0	0.27	0.92	0.86	0.73	0	0.81	0.14	0.31	0.92	0.58	0.53	0.61	0	0.59
6	0.8	0.67	0.23	0	0.58	0	0.6	0	0	0.08	0	0.37	0	0.76	0.54	0	1	0.71	0.39	0.02	0.4
7	0	0.51	0	0.75	0	0.6	0	0.37	0.95	0	0.32	0	0.83	0.41	0.29	0.31	0.32	0.98	0	0	0
8	0	0.59	0.48	0	0.36	0	0.37	0	0.45	0.91	0.75	0.92	0.36	0.22	0.66	0.34	0.26	0	0.97	0	0.94
9	0.35	0	0.54	0.68	0.75	0.98	0.32	0.21	0	0	0	0	0.24	0	0.69	0.08	0.77	0.1	0	0.11	0.18
10	0.72	0.07	0.78	0.7	0.39	0.14	0.25	0.54	0.62	0	0.77	0.05	0.92	0.16	0.35	0.17	0.66	0	0.53	0.6	0
11	0.59	0.49	0.58	0.29	0.99	0.01	0.91	0.69	0.94	0.71	0	0.79	0.85	0.33	0.54	0	0	0	0.06	0.32	0.95
12	0.7	0.42	0.98	0.89	0.8	0.93	0.76	0.85	0.49	0.71	0.52	0	0	0.18	0	0.31	0.84	0.97	0.87	0.68	0.33
13	0.73	0.72	0.1	0.64	0.57	0.5	0.5	0.86	0.42	0.87	0.38	0.75	0	0.83	0.89	0.06	0.05	0	0.58	0.59	0.75
14	0	0.01	0.7	0.87	0.31	0.94	0.44	0.16	0.95	0.63	0.01	0.03	0.41	0	0	0.64	0.33	0	0.46	0	0.13
15	0	0.43	0	0	0	0.36	0.72	0	0.58	0	0.69	0.8	0.67	0.04	0	0.33	0.51	0.69	0.21	0	0.51
16	0.07	0.52	0	0.81	0	0.71	0.09	0.66	0.23	0.31	0.35	0.74	0.31	0.49	0.62	0	0.73	0.2	0.27	0.58	0.82
17	0	0.43	0.86	0.33	0.46	0.75	0.82	0	0	0.61	0	0	0.81	0.71	0.17	0.94	0	0	0.35	0.85	0.26
18	0.77	0.19	0.85	0.22	0.55	0.66	0.18	0.87	0.27	0.67	0.13	0.97	0.14	0.95	0.2	0.71	0.47	0	0.47	0	0.74
19	0.09	0.21	0.54	0.37	0	0.79	0	0.92	0.91	0.58	0.47	0.11	0	0.55	0.08	0.35	0.22	0.91	0	0	0
20	0.44	0.78	0.75	0.4	0.6	0	0	0	0.92	0.3	0	0	0	0.82	0	0.52	0.1	0.3	0.06	0	0.2
21	0.76	0.94	0.81	0.97	0.74	0.61	0	0	0	0.6	0	0	0.19	0	0	0.29	0	0.63	0.06	0.67	0
最优序列	15	6	9	19	4	16	17	14	3	10	5	12	8	7	2	13	1	11	21	18	20
最优值	486.55																				

算例规格 $n = 21$，$den = 0.8$ 随机算例二

DSM

S	1	2	3	4	5	6	7	8	9	10	11	12	13	14	15	16	17	18	19	20	21
1	0	0.75	0.96	0	0.38	0	0.15	0.92	0	0	0.91	0	0	0.8	0.04	0.06	0.06	0.54	0.5	0.83	0.23
2	0.79	0	0	0.36	0.43	0.49	0.42	0	0.31	0.71	0.13	0	0	0.34	0.15	0.77	0.2	0.4	0.95	0.3	0.73
3	0.04	0	0	0.65	0.55	0.32	0.18	0.9	0	0	0.96	0.11	0.56	0.98	0.83	0.9	0	0.92	0.56	0.4	0.17
4	0.79	0.67	0.12	0	0	0.3	0	0.57	0.17	0.55	0	0.9	0.16	0.51	0	0.18	0.2	0.5	0.42	1	0.6
5	0.19	0.49	0.1	0.63	0	0	0.75	0.08	0.28	0	0.91	0.64	0.46	0	0	0	0.58	0.61	0	0.4	0
6	0.7	0.13	0.2	0.43	0.01	0	0	0.86	0.97	0.94	0.66	0.98	0.87	0.74	0.14	0	0.5	0.3	0.9	0.73	0.85
7	0.47	0.86	0.84	0.75	0.56	0	0	0.54	0	0.27	0.16	0.9	0.77	0.68	0.18	0.63	0.93	0	0.92	0.51	0.7
8	0.61	0.31	0.81	0.34	0	0.68	0.54	0	0.46	0.97	0.7	0.97	0.84	0.63	0.7	0.88	0.53	0.07	0	0	0
9	0.31	0.13	0.6	0	0.27	0.38	0.49	0	0	0.92	0.34	0.23	0.25	0.72	0.24	0.47	0.03	0	0.68	0	0
10	0.79	0.45	0	0.11	0.37	0.94	0	0.78	0.7	0	0	0.53	0.8	0	0.54	0.6	0	0	0	0.67	0.92
11	0	0	0.87	0.67	0.28	0	0.29	0	0.29	0.88	0	0.17	0.53	0	0.39	0.85	0.49	0.18	0	0.35	0.04
12	0.76	0.6	0.55	0.82	0.01	0.03	0.27	0.35	0	0.61	0.1	0	0	0.91	0.56	0.55	0.35	0.34	0.54	0.89	0.27
13	0.91	0	0.86	0.32	0.08	0.11	0.94	0	0.22	0.11	0.61	0.59	0	0.45	0.19	0.7	0.92	0.5	0.49	0.11	0.29
14	0.25	0.41	0.85	0.15	0.68	0.62	0.32	0.6	0.81	0.79	0.26	0.65	0.6	0	0	0.3	0	0.59	0.08	0.94	0.35
15	0.55	0	0.95	0.44	0.68	0	0	0.85	0.5	0.69	0.74	0.02	0.67	0.75	0	0	0	0.54	0.21	0	0.3
16	0	0.94	0.17	0.81	0	0.6	0.53	0.95	0.19	0.07	0.51	0.96	0.62	0.43	0.42	0	0.63	0	0.08	0.7	0.25
17	0.55	0.93	0.88	0.7	0.8	0.29	0.7	0.83	0.16	0.73	0.49	0.06	0.73	0	0.51	0	0	0.56	0.29	0.67	0.68
18	0.86	0.11	0.95	0.69	0.77	0.26	0.15	0.97	0.52	0.93	0	0.77	0.48	0.92	0.32	0.67	0.56	0	1	0.36	0.13
19	0.78	0.39	0.39	0.91	0.76	0	0.07	0.75	0	0.42	0.07	0	0.53	0.31	0.34	0	0.29	0	0	0	0.81
20	0.83	0.84	0.48	0.48	0	0	0.95	0.33	0.79	0.76	0.26	0.52	0.87	0.68	0.69	0.65	0.45	0.53	0	0	0.37
21	0.28	0.63	0.38	0.76	0.41	0.29	0.01	0.5	0.83	0.67	0	0.36	0	0.68	0.69	0.96	0.94	0.3	0.97	0.37	0

最优序列

5	1	2	10	4	12	8	16	14	18	3	20	11	15	13	17	7	19	21	9	6

最优值

480.17

算例规格 $n=21$, $den=1$ 随机算例—

DSM

S	1	2	3	4	5	6	7	8	9	10	11	12	13	14	15	16	17	18	19	20	21
1	0	0.79	0.37	0.96	0.9	0.01	0.8	0.57	0.2	0.76	0.87	0.13	0.34	0.28	0.8	0.68	0.79	0.53	0.06	0.01	0.8
2	0.1	0	0.09	0.6	0.37	0.28	0.18	0.33	0.26	0.56	0.08	0.87	0.58	0.3	0.1	0.57	0.9	0.69	0.6	0.98	0.51
3	0.97	0.69	0	0.22	0.79	0.26	0.8	0.19	0.98	0.8	1	0.02	0.45	0.97	0	0.36	0.73	0.81	0.52	0.47	0.36
4	0.59	0.35	0.56	0	0.76	0.43	0.96	0.7	0.78	0.65	0.98	0.39	0.09	0.2	0.61	0.31	0.01	0.57	0.55	0.32	0.85
5	0.12	0.96	0.63	0.95	0	0.8	0.13	0.75	0.19	0.66	0.77	0.55	0.65	0.99	0.68	0.41	0.72	0.53	0.58	0.28	1
6	0.88	0.87	0.15	0.12	0.79	0	0.82	0.51	0.69	0.42	1	0.72	0.19	0.35	0.11	0.19	0.37	0.69	0.76	0.31	0.27
7	0.84	0.07	0.87	0.23	0.55	0.11	0	0.9	0.86	0.34	0.74	0.36	0.4	0.08	0.05	0.52	0.58	0.6	0.74	0.39	0.31
8	0.58	0.07	0.94	0.06	0.81	0.51	0.68	0	0.91	0.54	0.06	0.3	0.8	0.3	0.47	0.02	0.41	0.7	0.9	0.05	0.68
9	0.35	0.32	0.98	0.25	0.24	0.78	0.7	0.63	0	0.3	0.75	0.11	0.76	0.1	0.4	0.25	0.89	0.13	0.07	0.23	0.12
10	0.36	0.55	0.11	0.89	0.35	0.62	0.37	0.57	0.75	0	0.99	0.62	0.47	0.07	0.36	0.57	0.26	0.38	0.63	0.85	0.2
11	0.52	0.04	0.73	0.03	0.47	0.22	0.41	0.21	0.49	0.24	0	0.96	0.65	0.27	0.94	0.5	0.82	0.96	0.09	0.12	0.17
12	0.66	0.71	0.69	0.83	0.94	0.83	0.53	0.29	0.78	0.56	0.54	0	0.41	0.46	0.14	0.86	0.03	0.28	0.03	0.05	0.03
13	0.78	0.91	0.65	0.1	0.5	0.1	0.74	0.16	0.58	0.43	0.97	0.78	0	0.04	0.82	0.4	0.17	0.83	0.59	0.05	0.54
14	0.47	0.25	0.61	0.14	0.12	0.07	0.9	0.59	0.25	0.57	0.56	0.62	0.13	0	0.54	0.95	0.49	0.49	0.18	0.88	0.22
15	0.53	0.45	0.13	0.12	0.45	0.17	0.28	0.07	0.98	0.79	0.67	0.29	0.67	0.03	0	0.36	0.4	0.65	0.62	0.8	0.98
16	0.59	0.95	0.93	0.93	0.73	0.85	0.01	0.41	0.58	0.91	0.12	0.61	0.79	0.46	0.63	0	0.01	0.89	0.64	0.2	0.91
17	0.5	0.65	0.11	0.64	0.54	0.28	0.68	0.51	0.76	0.74	0.2	0.75	0.23	0.97	0.4	0.37	0	0.45	0.05	0.13	0.51
18	0.61	0.01	0.66	0.49	0.06	1	0.41	0.07	0.8	0.01	0.63	0.4	0.53	0.79	0.43	0.32	0.52	0	0.19	0.79	0.93
19	0.3	0.11	0.7	0.69	0.25	0.71	0.13	0.51	0.77	0.5	0.73	0.53	0.17	0.14	0.14	0.33	0.53	0.76	0	0.44	0.89
20	0.42	0.75	0.72	0.39	0.02	0.69	0.19	0.85	0.45	0.55	0.39	0.9	0.08	0.09	0.17	0.24	0.41	0.6	0.53	0	0.15
21	0.4	0.63	0.43	0.56	0.98	0.81	0.41	0.1	0.8	0.52	0.39	0.53	0.4	0.15	0.16	0.28	0.89	0.45	0.42	0.6	0
S	1	2	3	4	5	6	7	8	9	10	11	12	13	14	15	16	17	18	19	20	21

最优序列

| 9 | 11 | 15 | 13 | 18 | 7 | 3 | 1 | 17 | 21 | 8 | 19 | 10 | 4 | 5 | 6 | 12 | 2 | 16 | 20 | 14 |

最优值

626.59

算例规格 n = 21, den = 1 随机算例二

DSM

S	1	2	3	4	5	6	7	8	9	10	11	12	13	14	15	16	17	18	19	20	21
1	0	0.55	0.78	0.88	0.04	0.78	0.1	0.45	0.35	0.87	0.34	0.32	0.6	0	0.33	0.93	0.1	0.93	0.35	0.74	0.74
2	0.75	0	0.42	0.47	0.86	0.57	0.22	0.91	0.01	0.58	0.47	0	0.14	0.63	0.43	0.87	0.64	0.23	0.99	0.95	0.61
3	0.47	0.47	0	0.18	0.81	0.48	0.8	0.05	0.46	0.14	0.43	0.28	0.65	0.09	0.05	0.06	0.32	0.08	0.75	0.87	0.04
4	0.57	0.68	0.41	0	0.89	0.19	0.4	0.81	0.25	0.35	0.63	0.69	0.85	0.16	0.32	0.06	0.66	0.33	0.08	0.28	0.11
5	0.97	0.47	0.65	0.08	0	0	0.26	0.43	0.1	0.29	0.74	0.26	0.92	0.45	0.59	0.8	0.65	0.48	0.04	0.74	0.58
6	0.8	0.61	0.93	0.34	0.73	0	0.6	0.87	0.29	0.34	0.06	0.81	0.91	0.66	0.26	0.76	0.93	0.15	0.94	0.39	0.44
7	0.9	0	0.12	0.92	0.42	0.59	0	0.38	0.24	0.39	0.85	0.83	0.86	0.02	0.16	0.33	0.41	0.78	0.85	0.49	0.41
8	0.72	0.08	0.46	0.08	0.7	0.76	0.4	0	0.5	0.1	0.89	0.68	0.18	0.52	0.13	0.28	0.84	0.51	0.71	0.9	0.2
9	0.51	0.92	0.91	0.01	0.25	0.27	0.35	0.71	0	0.3	0.69	0.8	0.56	0.86	0.54	0.87	0.02	0.27	0.51	0.03	0.33
10	0.34	0.05	0.5	0.53	0.53	0.45	0.6	0.26	0.13	0	0.38	0.13	0.96	0.29	0.85	0.84	0.33	0.12	0.31	0.09	0.93
11	0.26	0.78	0.54	0.63	0.91	0.37	0.9	0.39	0.2	0.88	0	0.03	0.39	0.47	0.94	0.18	0.93	0.19	0.72	0.4	0.47
12	0.43	0.05	0.94	0.63	0.52	0.52	0.06	0.92	0.02	0.07	0.54	0	0.4	0.06	0.47	0.45	0.52	0.96	0.66	0.62	0.47
13	0.94	0.04	0.01	0.77	0.35	0.57	0.38	0.97	0.12	0.03	0.64	0.38	0	0.26	0.93	0.24	0.91	0.66	0.56	0.76	0.72
14	0.83	0.51	0.4	0.54	0.53	0.08	0.78	0.47	0.45	0.21	0.07	0.85	0.76	0	0.1	0.1	0.76	0.2	0.88	0.97	0.04
15	0.26	0.46	0.19	0.92	0.68	0.91	0.84	0.36	0.51	0.68	0.69	0.61	0.02	0.91	0	0.08	0.69	1	0.59	0.53	0.44
16	0.99	0.8	0.48	0.26	0.24	0.06	0.27	0.23	0.06	0.78	0.54	0.64	0.5	0.9	0.25	0	0.64	0.85	0.62	0.88	0.31
17	0.72	0.22	0.27	0.67	0.9	0.34	0.8	0.99	0.52	0.99	0.39	0.03	0.57	0.84	0.39	0.85	0	0.38	0.32	0.07	0.38
18	0.71	0.64	0.46	0.41	0.46	0.95	0.43	0.43	0.44	0.83	0.12	0.07	0.34	0.19	0.12	0.03	0.71	0	0.82	0.94	0.49
19	0.45	0.45	0.25	0.85	0.23	0.12	0.5	0.11	0.5	0.51	0.9	0.26	0.71	0.08	0.75	0.86	0.71	0.93	0	0.98	0.32
20	0.91	0.84	0.48	0.04	0.65	0.76	0.73	0.74	0.59	0.24	0.73	0.29	0.76	0.66	0.54	0.29	0.85	0.15	0.73	0	0.75
21	0.21	0.34	0.86	0.28	0.05	0.49	0.41	0.4	0.5	0.21	0.86	0.45	0.56	0.59	0.94	0.42	0.59	0.23	0.8	0.95	0

最优序列

S																					
3	10	5	4	1	13	17	11	7	8	18	19	20	16	2	6	21	15	12	14	9

最优值

630.56

算例规格 n = 23, den = 0.1 随机算例一

DSM

S	1	2	3	4	5	6	7	8	9	10	11	12	13	14	15	16	17	18	19	20	21	22	23
1	0	0.77	0	0	0	0	0	0	0	0	0	0	0.86	0	0	0	0	0	0	0	0	0	0
2	0.64	0	0.03	0	0	0	0	0	0.69	0	0.2	0	0.28	0.97	0	0	0	0	0	0	0	0.66	0
3	0	0	0	0.43	0	0	0	0	0	0	0	0	0	0	0	0	0	0	0	0	0	0	0
4	0	0	0	0	0	0	0	0	0	0	0	0	0.17	0	0	0.14	0	0	0	0	0.8	0.11	0
5	0	0	0	0	0	0	0	0	0	0	0.47	0	0	0	0	0	0	0	0	0	0	0	0
6	0	0	0	0	0	0	0	0	0.4	0	0	0	0	0	0	0	0	0	0	0	0	0	0
7	0.69	0	0	0	0	0.09	0	0	0	0	0	0	0	0	0	0	0.78	0	0	0.05	0	0	0
8	0	0	0.16	0	0	0	0	0	0	0	0	0	0	0	0	0	0	0	0	0	0	0	0
9	0.17	0	0	0	0	0	0.79	0	0	0	0	0	0	0	0	0	0	0	0	0	0	0	0
10	0	0	0	0.58	0	0	0	0	0	0	0	0	0	0	0	0	0	0	0	0	0	0	0
11	0	0	0	0	0	0	0	0	0	0	0	0	0	0	0	0	0	0	0	0	0	0	0
12	0	0	0	0	0	0	0	0	0	0	0	0	0	0	0	0.12	0	0	0	0	0	0	0.75
13	0	0	0	0	0	0	0	0	0	0	0	0	0	0	0	0	0	0	0	0	0	0	0
14	0	0	0	0	0	0	0	0	0	0.67	0	0	0.64	0	0	0	0.89	0	0	0	0	0	0
15	0	0	0	0	0	0	0	0	0	0	0	0	0	0	0.68	0	0	0	0.17	0	0	0.7	0
16	0	0	0	0.26	0	0	0	0	0.78	0	0	0	0.32	0	0	0	0	0	0	0	0	0	0
17	0	0	0	0	0	0	0	0	0.45	0	0	0	0	0	0	0	0	0	0	0	0	0	0
18	0	0	0	0	0	0	0	0	0	0.78	0	0	0	0	0	0	0	0	0	0	0	0	0
19	0	0	0	0	0	0	0	0	0	0	0	0	0	0.37	0	0	0	0.77	0	0	0	0	0
20	0	0	0	0.72	0	0	0	0	0	0	0	0	0	0.19	0	0	0	0	0	0	0.21	0	0
21	0	0	0	0	0	0.26	0.25	0	0	0.93	0	0	0	0	0	0	0	0	0	0	0	0.29	0
22	0	0	0	0	0	0	0	0	0	0	0	0	0	0	0	0	0	0	0	0	0	0	0.93
23	0.26	0	0	0	0	0	0	0.01	0	0	0	0	0	0	0.67	0	0	0	0	0	0	0	0

最优序列																							
S	1	2	3	4	5	6	7	8	9	10	11	12	13	14	15	16	17	18	19	20	21	22	23
	13	11	22	23	15	1	7	9	2	17	14	10	4	21	6	18	19	20	3	8	16	12	5

最优值 13.63

算例规格 n = 23, den = 0.1 随机算例二

DSM

S	1	2	3	4	5	6	7	8	9	10	11	12	13	14	15	16	17	18	19	20	21	22	23
1	0	0	0.14	0	0	0	0	0	0	0	0	0	0	0	0	0	0	0	0	0	0	0	0
2	0	0	0	0	0.77	0.43	0	0	0	0	0	0	0	0	0	0	0	0	0	0	0	0	0.14
3	0.8	0	0	0	0	0	0	0	0	0	0	0	0.57	0	0	0	0	0	0	0.58	0	0	0
4	0	0	0	0	0	0	0.99	0	0	0	0	0	0	0	0	0	0	0	0	0	0	0	0
5	0.23	0	0	0	0	0	0	0	0	0	0	0.84	0.1	0	0.27	0	0	0	0	0	0	0	0
6	0	0	0	0	0	0	0	0	0	0	0	0	0	0	0	0	0	0.81	0	0	0	0	0
7	0	0	0.63	0	0.74	0	0	0	0	0.3	0	0.52	0	0	0	0	0	0	0.41	0	0	0.24	0
8	0	0	0	0	0	0	0	0	0	0	0	0	0	0	0	0	0	0	0.36	0	0	0	0
9	0	0	0	0	0	0	0	0	0	0	0	0	0.28	0.57	0	0	0	0	0.23	0	0	0.5	0.35
10	0	0	0	0	0	0	0	0	0	0	0	0	0	0	0	0	0	0	0	0	0	0	0
11	0	0	0.51	0	0	0	0	0	0	0	0	0	0	0.49	0	0	0	0	0	0	0	0	0
12	0	0	0	0	0	0	0	0	0	0	0	0	0.49	0	0	0	0	0	0.59	0	0	0	0
13	0	0	0	0	0	0	0	0	0	0	0	0	0	0	0	0	0	0	0	0	0	0	0
14	0.57	0	0.42	0	0	0	0.34	0.27	0	0	0	0	0	0	0	0	0	0	0	0	0.23	0.73	0.96
15	0	0	0	0	0	0	0	0	0	0	0	0	0	0	0	0	0	0	0	0	0.4	0	0
16	0	0	0	0	0	0	0.57	0	0	0	0	0	0	0	0	0	0	0	0	0	0	0	0
17	0	0	0	0	0	0	0	0	0	0	0	0	0	0	0	0	0	0	0.21	0.55	0	0	0
18	0.66	0.76	0	0	0	0	0	0	0	0	0	0	0	0	0	0	0	0	0	0	0	0	0
19	0	0	0	0	0	0	0	0	0	0	0	0	0	0	0	0	0	0.31	0	0	0	0	0
20	0	0.53	0	0	0	0	0.88	0	0	0	0	0	0	0	0	0	0	0.62	0	0	0	0	0
21	0	0	0	0	0	0	0	0	0.17	0	0	0	0	0	0	0	0	0	0	0	0	0	0
22	0	0	0	0	0	0	0	0	0	0	0	0	0	0	0	0	0	0	0	0	0	0	0
23	0	0	0	0.63	0	0	0	0	0	0	0	0	0	0	0	0	0	0	0	0	0	0	0

最优序列

S	1	2	3	4	5	6	7	8	9	10	11	12	13	14	15	16	17	18	19	20	21	22	23
	21	10	13	1	19	18	6	2	5	12	3	7	20	22	4	23	9	15	14	8	17	16	11

最优值 11.57

算例规格 n=23, den=0.2 随机算例—

DSM

S	1	2	3	4	5	6	7	8	9	10	11	12	13	14	15	16	17	18	19	20	21	22	23
1	0	0.55	0	0	0	0	0.8	0	0	0	0.23	0	0	0	0	0.62	0	0.11	0	0.87	0	0	0
2	0	0	0	0.4	0	0	0.6	0	0	0	0	0	0	0	0	0	0	0.46	0	0	0	0.02	0.7
3	0	0	0	0	0.58	0	0	0	0	0	0.08	0	0	0	0	0	0	0	0.76	0	0	0.39	0
4	0	0	0	0	0	0	0	0.17	0	0.67	0	0	0	0	0	0	0	0	0	0	0.42	0	0
5	0	0	0	0	0	0	0	0.58	0.56	0	0	0	0	0	0	0.85	0.14	0.01	0	0	0.31	0	0
6	0	0	0	0	0	0	0	0	0.49	0.61	0.95	0.2	0	0	0	0	0	0.25	0	0	0	0.24	0
7	0	0.14	0	0	0	0	0	0	0	0	0	0	0.94	0	0	0	0.66	0	0	0	0	0.74	0
8	0	0	0	0	0.48	0	0	0	0	0	0	0	0	0	0.22	0	0	0	0	0.42	0	0	0
9	0	0.08	0.52	0	0	0	0	0	0	0.78	0	0.28	0	0	0.72	0	0	0	0	0	0	0	0
10	0	0	0.41	0	0	0	0	0	0	0	0	0	0	0	0	0	0	0	0	0	0	0	0
11	0	0	0	0	0	0.45	0	0	0.6	0.65	0	0	0	0	0	0	0	0	0	0	0	0.71	0
12	0	0.52	0.54	0	0	0	0	0	0	0	0	0	0	0.28	0.07	0.16	0	0	0	0	0.97	0	0.84
13	0	0	0	0	0	0	0.71	0.87	0.41	0.74	0	0	0	0	0	0	0	0	0	0	0	0	0
14	0.36	0.21	0	0.26	0	0	0	0	0	0	0	0	0	0	0	0	0	0	0	0	0	0	0
15	0	0	0	0	0	0.05	0.48	0	0	0	0	0	0.79	0	0	0	0.94	0	0	0.01	0.59	0.39	0.68
16	0	0.8	0	0	0.2	0	0	0	0	0.22	0	0	0	0.11	0.79	0	0	0	0	0	0	0	0
17	0	0	0	0.47	0	0	0	0	0	0	0	0	0	0	0	0	0	0	0	0	0	0	0
18	0	0	0	0	0	0.36	0	0	0	0	0.39	0.94	0	0	0	0	0	0	0	0	0	0	0
19	0	0	0	0.62	0	0	0	0	0	0.13	0	0	0	0	0	0	0	0	0	0	0	0.21	0
20	0	0	0.3	0	0	0.97	0	0.77	0	0	0	0	0	0	0	0	0	0	0.43	0	0	0.23	0
21	0.9	0.65	0	0.37	0	0	0	0	0	0	0	0	0	0	0	0	0.9	0.84	0	0.56	0.34	0	0
22	0	0	0	0.53	0.72	0	0	0	0	0	0	0	0	0	0	0	0	0.46	0.35	0	0	0	0
23	0	0	0	0	0	0	0	0.75	0.01	0.87	0	0	0	0	0	0	0	0	0	0.7	0	0	0
最优序列	10	4	19	17	3	22	7	11	9	6	20	5	8	13	23	15	2	16	18	21	12	1	14
最优值	67.16																						

算例规格 $n=23$, $den=0.2$ 随机算例二

DSM

S	1	2	3	4	5	6	7	8	9	10	11	12	13	14	15	16	17	18	19	20	21	22	23
1	0	0.3	0	0.91	0	0	0	0.82	0	0	0	0	0.42	0	0.38	0	0	0	0	0	0	0.94	0
2	0	0	0	0	0.21	0	0	0	0	0	0	0	0	0	0	0.28	0	0	0	0	0	0	0
3	0	0	0	0	0	0	0.46	0.24	0	0	0.54	0	0	0	0	0	0	0.82	0	0.95	0	0.91	0.75
4	0.53	0.1	0.27	0	0.51	0	0	0.26	0	0	0	0	0	0	0	0	0.72	0	0.66	0	0	0	0
5	0	0	0.07	0	0	0	0	0	0	0	0	0.17	0	0	0.66	0	0	0	0	0.59	0	0	0.85
6	0	0	0	0	0	0	0	0	0	0	0.32	0	0	0	0	0.4	0	0	0	0	0.06	0	0.44
7	0	0	0	0	0	0	0	0	0	0	0	0	0.08	0	0	0	0	0.08	0	0	0	0	0
8	0	0	0	0	0.11	0	0	0	0	0.6	0	0	0	0.45	0	0	0	0	0	0	0	0	0
9	0.37	0.38	0	0	0	0	0	0	0	0	0.35	0	0.57	0	0.85	0	0	0	0.37	0	0	0	0.05
10	0	0	0	0	0	0	0	0	0	0	0	0	0	0	0	0.32	0	0	0	0	0	0	0.89
11	0	0	0.98	0	0	0	0	0	0	0.29	0	0	0	0	0	0	0	0	0	0	0.22	0	0
12	0.91	0	0	0	0	0	0	0.27	0	0	0.74	0	0.89	0.38	0	0.96	0	0	0	0	0	0	0
13	0	0.66	0	0	0	0	0.63	0.35	0	0	0	0	0	0	0	0	0	0	0	0	0	0	0
14	0.46	0.39	0	0	0	0.67	0	0	0	0	0	0.66	0	0	0	0	0	0	0	0.13	0	0.08	0.69
15	0.1	0	0	0	0.56	0	0	0	0	0	0	0	0	0	0	0	0	0	0	0	0	0	0.44
16	0	0	0	0	0	0	0.56	0	0	0	0	0	0	0	0	0	0	0	0	0	0	0	0.44
17	0.69	0.04	0	0	0	0	0	0	0	0	0	0.83	0.7	0	0	0.51	0	0.98	0	0.07	0	0	0
18	0.25	0	0	0	0	0	0.03	0	0	0	0	0	0.23	0	0.95	0	0	0	0.66	0	0	0	0.66
19	0	0	0	0	0	0	0.27	0	0	0.09	0	0.82	0.54	0	0	0	0	0	0	0	0	0	0
20	0	0	0	0	0.79	0	0	0.45	0.66	0	0	0	0	0	0	0	0	0	0	0.08	0	0	0
21	0	0	0	0	0	0	0	0.49	0	0	0	0.23	0	0	0	0.13	0	0.18	0	0	0	0.64	0.11
22	0	0	0	0.67	0	0	0	0	0	0	0	0.28	0	0	0	0	0	0	0.91	0	0	0	0.82
23	0	0	0	0	0	0	0	0	0	0	0	0	0	0	0	0	0	0.05	0	0	0	0	0

最优序列

S	1	2	3	4	5	6	7	8	9	10	11	12	13	14	15	16	17	18	19	20	21	22	23
最优序列	7	23	16	2	13	15	5	20	10	8	9	19	22	1	4	12	18	17	11	3	14	6	21

最优值
41.72

算例规格 $n=23$, $den=0.4$ 随机算例—

DSM

S	1	2	3	4	5	6	7	8	9	10	11	12	13	14	15	16	17	18	19	20	21	22	23
1	0	0	0	0	0	0.43	0	0	0.58	0	0	0	0	0	0.06	0	0	0	0	0.34	0.26	0	0.36
2	0	0	0.96	0	0	0	0	0.17	0.25	0.38	0	0.04	0	0	0	0	0	0	0.17	0	0	0	0.69
3	0	0	0	0	0.57	0.98	0	0	0	0.52	0.5	0.58	0	0	0	0.41	0	0.22	0	0.02	0	0	0.08
4	0	0.54	0	0	0.37	0.38	0	0	0	0	0.89	0.5	0	0.57	0	0	0	0.1	0	0	0	0	0
5	0.02	0.87	0	0.67	0	0.72	0.7	0	0.59	0	0	0.37	0.14	0	0.09	0	0.48	0	0.77	0.24	0.03	0.19	0
6	0.42	0	0	0.01	0	0	0.75	0.08	0	0	0	0.88	0	0.35	0	0	0.43	0.8	0.75	0.78	0.36	0	0
7	0.21	0.86	0.81	0.95	0	0	0	0	0	0.43	0	0.57	0	0	0.01	0.69	0.3	0	0.07	0.6	0.03	0.01	0.61
8	0	0.72	0	0	0	0	0	0	0	0.06	0.29	0	0	0.35	0	0.62	0.17	0	0	0	0	0.49	0
9	0.79	0	0	0	0.24	0	0	0	0	0	0.97	0	0	0	0	0	0	0	0.2	0	0.13	0	0
10	0	0	0.79	0	0.3	0	0	0.86	0	0	0	0	0.37	0	0.93	0.34	1	0.79	0	0.5	0	0	0.13
11	0	0.55	0.22	0	0.05	0	0	0.88	0	0	0	0	0.09	0	0	0.38	0	0	0.5	0.34	0.82	0	0
12	0.03	0	0	0	0.5	0	0	0	0	0	0	0	0.43	0	0	0	0	0	0	0	0	0	0
13	0	0	0	0	0.31	0.89	0.9	0.82	0	0.52	0.12	0	0	0	0.69	0	0	0.91	0	0.61	0	0.65	0
14	0	0	0	0	0.44	0	0	0.79	0	0.97	0	0	0	0	0	0.62	0	0.88	0	0.63	0	0.95	0
15	0	0.27	0.61	0	0	0	0	0	0	0	0.21	0	0	0	0	0.18	0.46	0.11	0	0	0	0.14	0.81
16	0	0	0	0	0	0	0.82	0.91	0	0.01	0	0.84	0	0	0	0	0	0	0	0	0.71	0	0.43
17	0	0	0	0.47	0.89	0.59	0.04	0	0	0.1	0.5	0.23	0	0	0	0	0	0	0	0.01	1	0	0.32
18	0	0.92	0	0.53	0.79	0	0.34	0	0	0.79	0	0	0	0.82	0	0	0	0	0	0	0	0.27	0.44
19	0.91	0	0	0	0.21	0.65	0.32	0	0	0.43	0	0	0	0.48	0	0.36	0.17	0	0	0	0.55	0.46	0.17
20	0.43	0.77	0	0	0.84	0	0.02	0	0.33	0	0	0	0.04	0.63	0	0.38	0	0.64	0	0	0.04	0	0
21	0.03	0	0	0	0	0	0	0	0.73	0	0	0	0.98	0	0	0.5	0	0	0.26	0.04	0	0	0
22	0.34	0.81	0	0	0	0	0	0	0	0	0	0	0	0	0	0.39	0	0.04	0.82	0.82	0	0	0.5
23	0.7	0.92	0.14	0.5	0	0.89	0	0	0	0.2	0.69	0.53	0	0	0.4	0.97	0.12	0	0	0	0	0	0

最优序列

S	1	2	3	4	5	6	7	8	9	10	11	12	13	14	15	16	17	18	19	20	21	22	23
	1	9	16	8	11	2	23	22	20	14	18	4	5	17	6	19	7	12	21	3	10	15	13

最优值 206.35

算例规格 n = 23, den = 0.4 随机算例二

DSM

S	1	2	3	4	5	6	7	8	9	10	11	12	13	14	15	16	17	18	19	20	21	22	23
1		0.1	0.68	0	0	0	0.83	0.39	0.43	0.89	0	0.63	0.12	0.97	0	0	0	0	0	0	0	0	0
2	0		0.08	0.59	0.88	0.21	0.01	0.82	0.86	0.96	0	0	0	0	0	0	0	0	0.65	0.35	0.98	0.31	0
3	0	0		0	0	0.74	0	0	0	0.91	0.06	0	0	0.55	0	0	0	0	0	0	0.67	0	0.24
4	1	0.32	0		0	0	0	0	0	0	0	0	0	0	0.53	0.5	0	0	0	0.75	0.47	0.27	0
5	0.37	0	0	0.03		0	0	0	0	0	0	0.36	0	0	0.4	0	0	0	0	0.69	0.64	0.74	0.09
6	0.47	0	0.6	0.14	0		0	0	0	0.15	0	0	0.11	0	0	0.17	0	0	0	0.49	0.96	0	0
7	0.11	0	0.87	0	0	0		0	0	0	0.84	0.75	0	0	0.84	0	0	0	0	0.03	0	0.51	0.1
8	0.48	0	0.35	0	0.72	0	0		0.33	0	0.67	0.4	0.02	0.14	0.38	0	0	0	0	0	0	0.97	0.43
9	0	0.86	0	0.79	0	0.34	0.99	0		0	0	0	0.44	0.89	0	0	0	0	0	0.03	0	0.84	0.42
10	0	0	0	0.03	0	0.01	0	0.18	0.63		0.56	0.55	0	0	0	0	0	0.28	0.79	0	0	0.16	0
11	0	0.26	0	0	0.54	0.18	0	0.11	0	0		0	0	0	0	0.51	0	0.58	0	0.04	0	0	0.25
12	0.02	0	0.07	0.04	0.35	0.07	0	0.58	0	0.13	0.63		0.37	0.22	0.02	0	0	0	0	0.09	0	0	0
13	0	0.42	0.16	0	0	0	0.33	0.42	0.45	0	0	0		0.92	0	0	0	0	0	0.46	0	0	0.42
14	0	0	0	0	0.24	0.37	0.64	0.77	0	0	0	0.6	0.91		0.34	0	0.42	0	0.37	0	0	0	0
15	0.65	0.08	0	0.04	0.82	0.7	0	0	0.5	0.75	0.79	0.05	0	0.29		0	0	0.02	0.57	0	0	0	0
16	0	0	0	0	0.9	0.89	0.4	0.5	0	0.97	1	0.22	0	0	0.91		0.52	0.89	0	0	0	0	0
17	0	0	0	0	0	0.67	0	0.35	0.83	0.23	0	0	0.29	0	0	0.26		0.3	0	0	0	0	0.48
18	0	0.37	0	0	0	0.09	0.07	0.04	0	0.94	0.31	0	0.21	0	0	0	0.7		0	0	0	0	0.5
19	0	1	0	0.65	0.93	0.32	0	0	0.91	0	0	0	0	0	0.45	0	0.23	0		0	0	0	0
20	0	0.86	0.83	0	0.75	0	0	0	0.11	0	0	0	0	0	0	0	0	0	0		0	0.51	0.85
21	0.96	0.78	0	0	0.33	0	0	0	0	0	0	0	0	0	0	0	0	0.7	0	0		0.26	0.47
22	0	0	0.25	0	0.34	0	0.46	0	0	0	0	0	0	0	0.05	0.78	0.51	0	0	0	0.97		0.45
23	0	0.08	0	0	0	0	0.89	0.26	0.87	0	0.87	0.35	0	0.61	0.78	0	0	0	0.2	0.68	0	0	

最优序列

13	8	3	14	20	23	9	2	4	6	15	7	22	21	16	12	10	17	19	5	18	11	1

最优值 212.73

算例规格 n = 23，den = 0.6 随机算例一

DSM

S	1	2	3	4	5	6	7	8	9	10	11	12	13	14	15	16	17	18	19	20	21	22	23
1		0.04	0.28	0	0.27	0.14	0	0.87	0.16	0	0.96	0.33	0	0	0.08	0.7	0.61	0	0.97	0.17	0.57	0.86	0
2	0		0.34	0.17	0	0.25	0.69	0	0	0	0.14	0.54	0	0	0.85	0.25	0	0	0.58	0.44	0	0	0
3	0.04	0		0	0.41	0	0	0	0.76	0.05	0.46	0.08	0.03	0	0.59	0.69	0.97	0.66	0.18	0.2	0.1	0.87	0.21
4	0.14	0.3	0.3		0.41	0	0.61	0.67	0.94	0	0.98	0.97	0.62	0.9	0.66	0.55	0.73	0.22	0	0	0.65	0	0
5	0.48	0.1	0	0		0.19	0.25	0.09	0	0.43	0.98	0.48	0	0.86	0.29	0	0.22	0.21	0	0	0.65	0.69	0
6	0.92	0.36	0.95	0.19	0		0	0	0.3	0.45	0.51	0.71	0.63	0.68	0.81	0	0.04	0	0.2	0.28	0	0.33	0.22
7	0.7	0	0.71	0.42	0	0.02		0.86	0.56	0.44	0.52	0	0.21	0.8	0	0.23	0	0.92	0	0	0.01	0	0.81
8	0.18	0	0.28	0.5	0.95	0.05	0.41		0.61	0.42	0.98	0.9	0	0	0	0.48	0.92	0	0	0.28	0.4	0	0
9	0	0	0.89	0.62	0	0	0.04	0		0	0	0	0.9	0.92	0.75	0.25	0.19	0.5	0.29	0.84	0	0.62	0.81
10	0	0.84	0	0.4	0.98	0.76	0.08	0.57	0		0.47	0.56	0.25	0.38	0.39	0	0	0	0.16	0.12	0.96	0	0
11	0.4	0	0	0.22	0.62	0	0.58	0	1	0.69		0	0	0	0.82	0.74	0.24	0.32	0.44	0.39	0.79	0.68	0.45
12	0	0	0	0.65	0.48	0.8	0.24	0.31	0.78	0.48	0		0.51	0.58	0	0.28	0	0.78	0	0.86	0.53	0.18	0.04
13	0	0	0.49	0.24	0	0.02	0.25	0	0.97	0.25	0	0.35		0.44	0	0.64	0	0.19	0.25	0.45	0.23	0	0.03
14	0	0	0	0.09	0.86	0.38	0	0.4	0.47	0.23	0	0	0.29		0.07	0	0.03	0.68	0	0.49	0	0	0.1
15	0.91	0.73	0.8	0	0.22	0.01	0	0	0	0.44	0.96	0.43	0	0		0.21	0	0	0	0.97	0	0.55	0
16	0.74	0.16	0.39	0.83	0.16	0	0.97	0.8	0.88	0.42	0.53		0	0	0.51		0.13	0	0	0	0	0	0
17	0	0	0	0.38	0.34	0	0.87	0.15	0.23	0	0.52		0.83	0	0.53	0		0	0.13	0.42	0.51	0.61	0
18	0	0.75	0.14	0.83	0.47	0	0.15	0.15	0.47	0.81	0	0.78	0.56	0.54	0.78	0.39	0		0	0.29	0.82	0	0
19	0.6	0.32	0.28	0.62	0.79	0.86	0	0.36	0	0.46	0.31	0	0.31	0.13	0	0	0.09	0.64		0.24	0.14	0.55	0
20	0	0	0	0.62	0.85	0.29	0.35		0.93		0.15		0.23	0.01	0	0	0	0.57	0.99		0.14	0.83	0
21	0.85	0.48	0.21	0.73	0				0.99		0		0.57	0.15	0.9	0	0	0.78	0	0		0.16	0.58
22	0.02	0	0.48	0	0.6				0.46				0.78		0	0	0		0	0.64	0.18		0.99
23	0		0.74	0.61	0.57								0.43				0.41		0.85	0	0	0.91	

S	16	2	20	15	11	3	7	9	14	5	18	13	4	8	17	21	1	12	22	19	23	10	6
最优序列																							

最优值　422.06

算例规格 n = 23, den = 0.6 随机算例二

DSM

S	1	2	3	4	5	6	7	8	9	10	11	12	13	14	15	16	17	18	19	20	21	22	23
1	0	0.87	0	0.07	0.46	0.57	0	0.17	0	0	0.53	0	0	0	0	0	0.46	0.47	0.96	0	0.21	0	0.96
2	0	0	0.42	0	0	0.82	0.16	0.56	0	0	0.77	0.81	0.53	0.16	0	0.58	0.03	0.22	0.89	0.03	0.19	0	0
3	0	0	0	0.54	0	0	0.42	0.35	0.92	0.25	0	0.97	0.97	0	0.53	0	0.96	0.39	0.64	0.23	0	0.78	0
4	0.73	0	0.83	0	0.49	0.31	0.83	0.8	0.23	0.97	0.89	0.41	0	0	0	0	0.58	0	0	0.86	0.46	0.87	0.47
5	0.97	0.22	0.87	0.9	0	0.25	0.04	0.25	0.3	0.5	0.32	0.59	0	0.39	0	0.87	0	0	0.28	0.57	0.58	0.97	0.37
6	0.79	0.97	0	0	0	0	0.57	0.36	0.91	0.53	0.93	0.32	0	0.04	0.17	0.94	0.01	0.66	0	0.77	0	0.17	0
7	0.65	0.96	0	0	0.22	0.11	0	0.9	0	0.4	0.86	0	0	0.81	0	0.61	0.29	0.84	0	0	0.63	0.66	0.29
8	0	0.45	0.61	0.29	0.85	0.71	0.12	0	0	0.72	0.64	0	0.52	0	0	0	0	0	0	0.71	0	0	0
9	0.14	0.05	0.94	0.71	0	0.9	0	0	0	0.99	0	0	0	0.79	0	0	0.84	0.91	0.97	0	0.98	0	0.49
10	0.3	0.87	0.85	0.89	0	0	0.29	0	0.25	0	0	0	0	0.8	0	0	0.54	0.54	0.1	0.6	0.66	0.11	0.18
11	0.81	0	0	0	0	0	0	0.89	0.77	0.06	0	0.75	0	0.43	0.48	0.99	0	0	0	0	0.22	0.5	0.88
12	0	0.41	0.63	0.8	0.92	0.52	0.05	0	0.97	0	0	0	0	0.41	0.15	0.37	0	0	0.55	0.22	0.05	0.79	0.37
13	0.34	0.14	0.12	0.28	0.09	0	0	0	0	0.86	0	0	0	0.89	0.86	0.61	0	0	0.12	0.6	0	0	0.76
14	0	0	0	0	0	0.21	0	0.47	0	0.13	0	0	0	0	0.62	0.41	0	0.55	0.01	0.18	0	0.72	0.38
15	0.71	0	0	0.18	0.71	0	0	0.36	0	0.2	0	0	0	0	0	0.23	0	0	0.75	0	0	0	0
16	0.04	0	0.6	0.89	0.65	0.9	0	0	0.76	0.26	0.15	0	0.29	0.31	0.88	0	0	0.04	0	0.58	0.77	0	0
17	0	0	0.98	0.9	0.54	0	0	0.03	0.85	0.59	0.39	0	0.95	0.63	0.13	0.93	0	0	0.28	0.18	0.55	0.12	0
18	0.98	0.79	0.97	0.48	0.43	0.92	0.61	0.57	0.67	0.27	0	0.87	0.75	0.9	0	0.04	0.04	0	0.29	0	0.7	0.28	0
19	0.82	0	0	0.34	0	0.42	0	0.32	0	0.61	0.35	0	0.48	0	0	0	0.71	0	0	0.4	0	0	0.78
20	0.11	0	0.21	0	0	0	0	0	0.14	0.71	0.9	0.9	0.32	0	0.06	0.71	0.76	0	0	0	0.09	0.52	0.2
21	0.6	0	0.81	0	0.52	0	0	0	0.32	0.62	0.04	0.89	0	0	0.46	0.76	0	0.19	0.04	0.44	0	0.69	0
22	0	0	0.9	0	0.4	0.27	0	0	0	0.76	0	0.54	0.21	0.72	0	0.4	0	0.82	0	0.14	0	0	0
23	0.71	0.63	0.8	0.2	0.56	0	0.71	0	0	0	0.9	0	0.18	0	0.06	0.72	0.03	0.83	0.26	0	0.13	0.05	0
最优序列	15	14	20	19	1	23	11	16	13	3	4	17	22	10	9	6	21	18	2	12	5	8	7
最优值	428.33																						

算例规格 n = 23, den = 0.8 随机算例一

DSM

S	1	2	3	4	5	6	7	8	9	10	11	12	13	14	15	16	17	18	19	20	21	22	23
1	0	0.48	0.81	0.66	0.23	0.92	0.37	0.58	0	0.92	0.33	0.68	0.8	0	0.87	0.59	0.61	0.55	0.42	0.11	0	0.84	0.62
2	0.3	0	0.57	0	0.41	0.01	0.06	0	0.85	0.73	0.31	0	0	0.26	1	0.3	0.18	0.32	0.33	0.08	0.93	0.44	0.25
3	0.41	0.68	0	0	0	0.92	0	0	0.93	0.88	0.15	0.27	0.42	0	0	0.66	0.01	0.34	0.08	0.53	0.69	0.15	0
4	0.68	0.12	0.28	0	0.84	0.33	0.48	0.43	0.04	0.05	0.17	0.31	0.96	0.26	0.44	0.53	0.41	0.95	0.64	0.23	0.98	0.31	0.83
5	0.96	0.57	0.97	0	0	0.2	0.88	0.04	0.92	0	0	0.12	0.75	0.46	0.42	0.47	0	0.53	0.54	0.86	0.74	0.09	0.46
6	0.32	0.27	0.77	0.29	0.79	0	0.65	0	0.86	0.26	0.65	0.16	0.79	0.33	0	0.79	0.37	0.11	0	0.36	0.49	0.53	0.34
7	0.89	0.71	0.33	0.41	0.13	0.45	0	0.45	0.67	0.71	0.03	0.6	0.66	0.58	0.09	0.64	0.55	0.47	0.48	0.72	0.59	0.18	0
8	0.52	0.56	0.27	0	0.03	0.92	0.33	0	0.86	0.24	0.64	0.75	0	0.27	0.08	0.34	0.37	0.37	0.65	0.87	0	0	0.89
9	0.81	0	0.93	0.45	0.44	0	0	0.18	0	0.7	0.78	0.42	0.7	0.96	0.72	0	0.69	0.56	0.93	0.47	0.98	0.73	0.61
10	0	0.88	0.88	0.05	0	0.25	0.91	0.79	0	0	0	0.02	0	0.55	0.66	0.38	0	0	0.17	0.19	0.38	0.23	0.02
11	0.7	0	0.15	0.17	0	0.43	0.41	0	0.36	0.86	0	0.92	0.01	0.45	0	0.31	0.16	0.9	0.73	0.63	0	0.07	0.8
12	0.07	0.26	0.76	0.03	0.4	0.14	0.85	0	0.4	0.33	0.01	0	0.12	0	0.36	0.54	0.78	0.43	0	0	0.14	0.2	0
13	0.37	0.71	0.75	0.17	0.46	0.31	0.5	0.84	0.71	0.85	0.05	0.08	0	0	0.04	0.31	0.8	0.75	0.81	0.61	0.24	0	0.06
14	0.62	0.93	0	0.33	0.29	0.07	0.44	0.77	0	0.02	0.02	0.56	0.45	0	0.84	0.34	0	0.92	0	0.49	0.75	0.08	0.36
15	0	0	0	0.37	0.64	0.02	0.7	0.3	0.25	0.01	0.87	0	0.04	0.32	0	0.22	0.45	0	0	0	0	0	0.07
16	0.94	0.86	0.01	0.57	0.57	1	0.09	0	0.36	0.83	0.78	0	0.31	0.61	0.91	0	0.26	0.35	0.04	0.18	0.48	0.12	0.49
17	0	0.16	0.31	0	0	0.64	0.99	0.75	0	0	0.38	0	0.8	0	0.62	0.88	0	0.37	0	0.68	0.66	0.92	0.2
18	0.13	0.62	0.11	0.86	0	0.13	0	0.09	0	0.22	0.45	0.48	0.75	0.41	0.72	0.94	0.37	0	1	0.99	0.19	0.51	0.92
19	0.77	0.71	0.42	0	0.81	1	0.92	0.76	0.3	0.07	0.07	0.46	0.81	0.93	0.56	0.53	0.53	0.52	0	0.07	0	0.79	0.7
20	0.56	0.73	0.21	0.84	0.16	0.25	0.59	0.73	0	0.8	0	0.86	0.61	0.13	0.25	0.25	0.45	0.33	0.25	0	0	0.81	0
21	0.19	0.42	0	0	0.26	0.72	0.13	0.19	0	0.41	0.01	0.2	0.29	0.04	0.28	0.87	0.71	0	0	0.95	0.13	0	0.03
22	0.53	0.4	0.18	0.56	0.95	0	0	0	0.71	0	0.72	0.67	0.09	0.02	0.51	0.18	0	0	0.91	0.66	0.43	0	0.42
23	0.24	0.24	0.2	0.72	0	0	0.59	0.17	0	0	0.2	0.17	0.17	0	0.98	0	0.97	0	0.72	0	0	0.08	0

最优序列

S	1	2	3	4	5	6	7	8	9	10	11	12	13	14	15	16	17	18	19	20	21	22	23
	21	16	15	2	10	12	3	22	6	5	7	13	9	1	17	19	20	8	23	18	4	11	14

最优值

590.11

算例规格 $n = 23$, $den = 0.8$ 随机算例二

DSM

S	1	2	3	4	5	6	7	8	9	10	11	12	13	14	15	16	17	18	19	20	21	22	23
1	0	0.05	0	0.21	0.57	0.74	0	0.4	0.83	0.96	0.2	0.37	0.34	0.58	0	0.48	0.28	0.64	0.36	0.98	0	0.76	0
2	0.64	0	0	0	0.32	0.4	0	0.44	0.9	0.39	0	0.98	0.01	0.28	0.85	0.04	0	0.76	0.21	0.35	0.6	0.63	0.05
3	0.95	0	0	0.13	0.44	0.48	0.14	0.62	0.82	0	0.94	0.99	0	0.18	0.4	0.04	0.53	0.84	0	0.9	0.42	0	0.93
4	0.81	0	0.58	0	0.49	0	0.17	0.82	0.78	0.5	0	0	0	0.96	0.15	0.96	0	0.36	0.67	0.88	0.03	0.02	0.67
5	0.05	0.93	0.32	0.32	0	0.22	0.96	0.63	0.31	0.11	0.19	0	0	0	0.97	0.75	0.42	0	0.09	0.85	0.08	0.98	0.38
6	0	0.68	0	0.21	0.49	0	0.79	0.71	0.02	0	0.69	0.53	0	0.23	0.75	0.64	0.5	0.27	0.7	0.8	0.84	0	0.83
7	0.71	0	0	0.42	0.8	0.17	0	0.69	0.73	0.56	0.21	0.37	0.49	0.97	0.86	0.65	0.27	0.6	0.24	0	0.97	0	0.64
8	0.17	0.97	0.17	0.27	0.26	0.02	0.79	0	0.8	0.71	0.04	0.98	0.19	0.77	0.36	0.69	0.71	0.28	0.42	0.95	0.08	0	0.27
9	0.58	0.69	0.33	0.07	0.47	0.14	0.76	0.06	0	0.9	0	0.49	0.85	0.67	0.56	0.18	0.71	0.81	0.04	0.27	0	0	0.44
10	0.11	0.11	0	0.95	0.23	0.06	0.96	0.96	0.45	0	0	0.55	0.19	0.41	0.04	0.79	0	0.01	0.11	0.27	0.08	0	0.64
11	0.85	0.46	0.56	0.37	0	0.61	0.25	0	0.13	0.93	0	0.49	0.54	0.66	0.04	0	0.04	0.66	0.02	0.1	0.95	0	0.79
12	0.7	0	0.49	0.54	0	0	0.56	0.55	0.09	0.97	0	0	0	0.38	0.8	0.7	0.87	0	0.97	0.75	0.09	0	0.19
13	0.6	0	0.76	0.57	0.49	0	1	0	0.03	0	0.4	0	0	0	0.32	0.13	0.97	0.41	0	0.11	0.7	0.63	0.01
14	0.99	0	0.72	0.31	0.48	0.18	0.75	0.18	0.35	0.7	0.53	0.5	0	0	0	0.72	0.81	0.73	0.39	0.52	1	0.55	0.66
15	0	0.33	0.18	0.32	0.06	0.45	0.06	0	0.08	0	0.96	0.39	0.38	0.95	0	0.81	1	0.94	0.92	0.37	0.73	0.11	0.11
16	0.09	0.07	0.18	0.25	0.71	0.86	0.6	0.42	0.96	0.69	0.97	0.5	0.88	0.05	0.87	0	0.18	0.59	0	0.63	0.1	0.6	0
17	0.07	0	0.96	0.79	0.74	0.33	0	0.06	0.13	0.18	0.79	0.47	0.73	0.7	0.63	0.15	0	0	0.71	0.79	0.47	0.22	0.25
18	0.49	0.34	0	0.19	0.57	0.69	0.48	0.32	0	0.56	0.54	0.57	0.38	0.09	1	0.07	0.59	0	0.54	0.65	0.65	0	0.47
19	0.34	0.72	0.12	0.88	0.27	0.68	0	0.62	0.37	0.33	0.48	0.32	0.2	0.73	0.24	0.98	0.33	0.97	0	0.91	0.14	0.71	0.2
20	0.57	0.7	0.97	0.77	0.34	0.53	0.05	0.31	0	0.23	0.17	0.71	0.97	0.73	0.37	0.98	0.74	0.15	0.6	0	0.35	0.61	0.24
21	0.84	0	0.25	0.34	0.17	0.99	0.85	0.31	0.8	0.23	0.11	0.8	0.85	0.81	0.9	0.15	0.74	0.15	0.6	0.35	0	0.71	0.2
22	0.45	0.3	0.18	0.85	0.46	0.96	0.83	0.09	0.04	0	0.75	0.32	0.15	0.81	0.61	0.27	0.67	0.28	0.6	0.76	0.47	0	0.24
23	0.02	0.86	0.04	0.34	0.32	0	0.89	0.09	0.62	0.27	0	0.86	0	0.89	0.04	0.14	0.67	0.56	0.14	0.1	0.56	0	0

最优序列

19	6	2	23	12	10	8	4	9	16	7	5	1	14	18	20	15	17	21	3	11	13	22

最优值

644.71

算例规格 n=23，den=1 随机算例一

DSM

S	1	2	3	4	5	6	7	8	9	10	11	12	13	14	15	16	17	18	19	20	21	22	23
1	0	0.87	0.67	0.09	0.07	0.6	0.95	0.86	0.72	0.49	0.66	0.23	0.1	0.24	0.59	0.24	0.39	0.76	0.84	0.24	0.33	0.25	0.02
2	0.5	0	0.75	0.15	0.5	0.11	0.48	0.18	0.6	0.41	0.7	0.49	0.88	0.71	0.77	0.51	0.29	0.21	0.35	0.62	0.6	0.76	0.85
3	0.33	0.86	0	0.18	0.52	0.39	0.67	0.78	0.65	0.36	0.71	0.08	0.63	0.89	0.08	0.95	0.24	0.43	0.41	0.57	0.24	0.47	0.06
4	0.38	0.84	0.18	0	0.85	0.88	0.2	0.69	0.95	0.73	0.63	0.73	0.33	0.54	0.74	0.31	0.88	0.62	0.02	0.16	0.91	0.1	0.22
5	0.61	0.52	0.36	0.27	0	0.89	0.53	0.03	0.97	0.83	0.17	0.55	0.42	0.57	0.54	0.26	0.36	0.65	0.09	0.7	0.9	0.39	0.67
6	0.42	0.21	0.48	0.81	0.44	0	0.45	0.56	0.84	0.61	0.27	0.93	0.08	0.12	0.39	0.54	0.95	0.96	0.95	0.35	0.63	0.74	0.67
7	0.6	0.49	0.31	0.31	0.04	0.24	0	0.84	0.83	0.2	0.58	0.21	0.74	0.25	0.95	0.02	0.85	0.1	0.41	0.53	0.05	0	0.62
8	0.94	0.19	0.67	0.43	0.9	0.5	0.65	0	0.45	0.55	0.36	0.21	0.38	0.24	0.8	0.72	0.9	0.89	0.1	0.87	0.36	0.05	0.43
9	0.95	0.64	0.08	0.98	0.79	0.48	0.41	0.39	0	0.47	0.13	1	0.23	0.65	0.26	0.18	0.02	0.77	0.2	0.35	0.17	0.29	0.92
10	0.91	0.1	0.23	0.76	0.38	0.13	0.23	0.07	0.66	0	0.5	0.62	0.46	0	0.49	0.71	0.34	0.26	0.67	0.44	0.36	0.46	0.12
11	0.82	0.64	0.18	0.74	0.97	0.58	0.86	0.58	0.97	0.46	0	0.85	0.95	0.37	0.49	0.57	0.25	0.9	0.64	0.95	0.8	0.42	0.21
12	0.9	0.21	0.43	0.77	0.23	0.91	0.24	0.57	0.16	0.88	0.75	0	0.05	0.12	0.58	0.51	0.11	0	0.22	0.55	0.25	0.06	0.76
13	0.12	0.98	0.35	0.95	0.43	0.63	0.78	0.84	0.56	0.77	0.47	0.95	0	0.9	0.51	0.33	0.3	0.46	0.3	0.53	0.3	0.59	0.5
14	0.94	0.92	0.57	0.84	0.79	0.56	0.94	0.76	0.42	0.08	0.2	0.26	0.22	0	0.49	0.96	0.39	0.11	1	0.52	0.36	0.76	0.03
15	0.94	0.4	0.53	0.55	0.13	0.07	0.31	0.88	0.93	0.67	0.19	0.05	0.78	0.96	0	0.74	0.79	0.4	0.47	0.49	0.01	0.13	0.43
16	0.78	0.81	0.88	0.76	0.5	0.51	0.99	0.52	0.38	0.93	0.37	0.18	0.78	0.5	0.99	0	0.02	0.53	0.03	0.04	0.06	0.35	0.31
17	0.15	0.39	0.86	0.15	0.62	0.96	1	0.44	0.74	0.31	0.26	0.73	0.08	0.55	0.81	0.44	0	0.18	0.31	0.18	0.29	0.05	0.82
18	0.37	0.84	0.58	0.02	0.07	0.68	0.85	0.54	0.22	0.19	1	0.41	0.82	0.16	0.95	0.02	0.6	0	0.27	0.66	0.71	0.06	0.85
19	0.83	0.75	0.09	0.9	0.51	0.16	0.13	0.63	0.73	0.35	0.04	0.78	0.34	0.82	0.12	0.56	0.23	0.16	0	0.52	0.1	0.11	0.96
20	0.1	0.56	0.15	0.35	0.22	0.01	0.45	0.56	0.06	0.99	0.74	0.11	0.21	0.29	0.54	0.5	0.58	0.61	0.89	0	0.29	0.3	0.79
21	0.16	0.01	0.59	0.21	0.77	0.78	0.33	0.11	0.82	0.5	0.86	0.73	0.71	0.55	0.24	0.23	0.97	0.41	0.07	0.5	0.29	0.86	0.2
22	0.94	0.81	0.32	0.62	0.68	0.8	0.66	0.82	0.95	0.57	0.1	0.17	0.79	0.11	0.11	0.43	0.68	0.62	0.82	0.68	0.78	0	0.07
23	0.07	0.09	0.08	0.51	0.98	0.42	0.49	0.01	0.19	0.91	0.15	0.77	0.86	0.79	0.68	0.22	0.87	0.76	0.85	0.2	0.92	0.55	0
S	1	2	3	4	5	6	7	8	9	10	11	12	13	14	15	16	17	18	19	20	21	22	23

最优序列：10, 12, 20, 19, 1, 9, 7, 15, 8, 17, 23, 18, 6, 4, 5, 14, 2, 16, 13, 3, 11, 21, 22

最优值 805.26

算例规格 n = 23, den = 1 随机算例二

DSM

S	1	2	3	4	5	6	7	8	9	10	11	12	13	14	15	16	17	18	19	20	21	22	23
1	0	0.27	0.7	0.6	0.38	0.43	0.02	0.03	0.57	0.27	0.17	0.67	0.26	0.18	0.91	0.55	0.07	0.71	0.93	0.97	0.24	0.89	0.93
2	0.66	0	0.63	0.22	0.15	0.34	0.93	0.4	0.42	0.28	0.33	0.1	0.88	0.67	0.83	0.88	0.4	0.08	0.49	0.28	0.41	0.83	0.63
3	0.57	0.59	0	0.09	0.97	0.09	0.59	0.04	0.53	0.05	0.11	0.73	0.56	0.33	0.69	0.25	0.47	0.03	0.13	0.67	0.89	0.38	0.04
4	0.95	0.25	0.81	0	0.62	0.65	0.71	0.71	0.31	0.42	0.42	0.05	0.25	0.96	0.74	0.37	0.85	0.97	0.45	0.61	0.39	0.97	0.8
5	0.07	0.19	0.9	0.67	0	0.14	0.5	0.33	0.54	0.71	0.88	0.44	0.83	0.47	0.06	0.58	0.72	0.7	0.05	0.17	0.98	0.53	0.21
6	0.97	0.05	0.23	0.48	0.99	0	0.97	0.18	0.35	0.25	0.54	0.11	0.88	0.43	0.54	0.71	0.16	0.8	0.09	0.81	0.94	0.8	0.97
7	0.85	0.45	0.04	0.84	0.62	0.31	0	0.26	0.93	0.17	0.22	0.33	0.49	0.43	0.25	0.04	0.28	0.4	0	0.46	0.46	0.65	0.79
8	0.59	0.09	0.17	0.52	0.99	0.46	0.63	0	0.21	0.54	0.61	0.67	0.96	0.5	0.34	0.97	0.03	0.68	0.86	0.1	0.39	0.27	0.37
9	0.82	0.72	0.97	0.87	0.05	0.29	0.61	0.26	0	0.72	0.35	0.4	0.61	0.1	0.19	0.77	0.92	0.49	0.59	0.12	0.3	0.62	0.07
10	0.19	0.05	0.61	0.3	0.69	0.31	0.54	0.89	0.74	0	0.98	0.38	0.82	0.02	0.14	0.59	0.22	1	0.57	0.82	0.92	0.62	0.27
11	0.37	0.2	0.09	0.8	0.89	0.39	0.9	0.33	0.33	0.53	0	0.97	0.62	0.29	0.31	0.43	0.4	0.53	0.4	0.56	0.4	0.35	0.61
12	0.94	0.49	0.51	0.63	0.86	0.26	0.79	0.88	0.99	0.21	0.13	0	0.69	0.19	0.88	0.04	0.87	0.94	0.02	0.8	0.28	0.55	0.81
13	0.11	0.09	0.72	0.62	0.82	0.34	0.07	0.7	0.46	0.92	0.62	0.23	0	0.96	0.01	0.5	0.02	0.84	0.88	0.69	0.08	0.05	0.49
14	0.98	0.35	0.75	0.59	0.54	0.07	0.76	0.11	0.26	0.44	0.77	0.92	0.33	0	0.59	0.24	0.89	0.82	0.82	0.07	0.33	0.3	0.95
15	0.52	0.68	0.06	0.17	0.73	0.03	0.51	0.82	0.32	0.15	0.69	0.19	0.33	0.59	0	0.14	0.78	0.74	0.79	0.55	0.94	0.53	0.13
16	0.95	0.38	0.38	0.2	0.19	0.51	0.77	0.85	0.02	0.45	0.05	0.27	0.33	0.87	0.59	0	0.57	0.01	0.39	0.74	0.86	0.3	0.09
17	0.5	0.4	0.64	0.4	0.23	0.84	0.86	0.13	0.75	0.93	0.9	0.61	0.7	0.49	0.72	0.07	0	0.97	0.07	0.01	0.36	0.44	0.96
18	0.62	0.39	0.23	0.02	0.07	0.35	0.53	0.41	0.71	0.37	0.19	0.4	0.66	0.49	0.21	0.29	0.17	0	0.19	0.67	0.25	0.15	0.98
19	0.8	0.3	0.5	0.26	0.19	0.07	0.64	0.47	0.66	0.43	0.63	0.63	0.83	0.6	0.48	0.7	0.55	0.18	0	0.21	0.63	0.8	0.62
20	0.19	0.75	0.04	0.68	0.79	0.54	0.9	0.52	0.86	0.86	0.78	0.98	0.22	0.65	0.41	0.56	0.48	0.38	0.6	0	1	0.5	0.1
21	0.8	0.38	0.25	0.79	0.88	0.44	0.16	0.67	0.17	0.9	0.41	0.47	0.18	0.34	1	0.37	0.3	0.28	0.95	0.09	0	0.87	0.87
22	0.63	0.31	0.71	0.84	0.55	0.43	0.09	0.12	0.04	0.01	0.39	0.33	0.94	0.62	0.94	0.79	0.48	0.49	0.69	0.64	0.03	0	0.98
23	0.73	0.46	0.08	0.96	0.34	0.47	0.93	0.33	0.44	0.47	0.93	0.94	0.1	0.29	0.77	0.17	0.9	0.49	0.79	0.53	0.09	0.83	0

最优序列

S																							
18	3	13	5	7	9	11	17	12	23	1	22	4	14	15	19	21	10	20	8	16	2	6

最优值

826.41

算例规格 $n = 25$, $den = 0.1$ 随机算例一

DSM

S	1	2	3	4	5	6	7	8	9	10	11	12	13	14	15	16	17	18	19	20	21	22	23	24	25
1	0	0	0	0	0	0	0	0	0	0	0	0	0	0	0	0	0	0	0	0	0	0	0	0	0
2	0	0	0.2	0	0	0	0	0	0	0	0	0	0	0	0	0	0	0	0	0	0	0	0	0	0.5
3	0.18	0	0	0	0	0	0.04	0	0	0	0.06	0	0	0	0	0	0	0	0	0	0	0.67	0	0	0
4	0.18	0	0	0	0	0	0	0	0	0	0	0	0	0	0	0	0	0	0	0	0	0	0	0	0
5	0	0	0	0	0	0	0.7	0	0	0.48	0	0	0	0	0	0	0	0	0	0	0	0	0	0	0
6	0	0	0	0	0	0	0	0	0	0.74	0	0	0	0	0	0.42	0	0	0	0.79	0	0.62	0	0	0
7	0	0.77	0	0	0	0	0	0	0	0	0	0	0	0	0	0	0	0	0	0	0	0	0	0	0
8	0	0	0	0	0	0	0	0	0	0	0	0	0	0	0	0	0	0	0	0	0	0	0	0	0
9	0	0	0	0	0	0	0	0	0	0	0.2	0	0.52	0	0.8	0	0	0	0	0	0	0	0	0	0
10	0	0	0.18	0	0	0	0	0	0	0	0	0	0	0.92	0	0	0	0.28	0	0	0	0	0	0.91	0
11	0	0	0	0	0	0.9	0	0	0	0	0	0	0	0	0	0	0	0	0.34	0	0	0	0	0	0
12	0	0	0	0	0	0	0	0	0	0	0	0	0	0.18	0	0	0.57	0	0	0.86	0	0.92	0	0	0.27
13	0	0	0.11	0	0	0	0	0	0	0	0	0	0	0	0	0	0	0	0	0	0	0	0	0	0
14	0	0	0	0	0	0	0	0	0.61	0	0.66	0	0	0	0.86	0.87	0	0	0	0	0	0	0	0	0
15	0	0	0	0.95	0	0	0	0	0.95	0	0	0	0	0	0	0.82	0	0	0	0	0	0	0	0	0
16	0	0	0.13	0	0	0	0	0	0	0	0	0	0	0	0	0	0	0	0	0	0	0.8	0.27	0	0.98
17	0	0	0	0	0	0	0	0	0	0	0.01	0	0	0	0.21	0	0	0	0	0	0	0	0	0	0
18	0	0	0	0	0	0.97	0.09	0	0	0	0	0	0	0	0	0	0	0	0	0	0	0	0	0	0
19	0	0	0	0	0	0	0	0	0	0	0	0	0	0	0	0	0	0	0	0	0	0	0	0	0
20	0	0	0	0	0	0	0	0	0	0	0	0	0.96	0	0.03	0	0	0	0	0	0	0.93	0	0	0
21	0.76	0	0	0	0	0	0	0	0.82	0	0	0	0	0	0	0	0	0	0	0	0	0	0	0	0
22	0	0	0	0	0	0	0	0.9	0	0	0	0	0	0	0	0	0	0	0	0	0	0	0	0	0
23	0	0	0	0	0	0	0	0	0	0	0	0	0.84	0	0	0.77	0	0.77	0.65	0	0.72	0	0	0	0
24	0	0	0	0	0	0	0	0	0	0	0	0	0.6	0	0	0.31	0	0	0	0	0	0	0.48	0	0.1
25	0	0	0	0	0	0	0	0	0	0	0	0.81	0	0	0	0	0	0	0	0	0	0	0	0	0
最优序列	19	1	4	11	17	3	22	9	15	16	7	14	13	20	25	12	6	24	10	18	2	8	23	21	5

最优值 23.10

算例规格 n = 25, den = 0.1 随机算例二

DSM	1	2	3	4	5	6	7	8	9	10	11	12	13	14	15	16	17	18	19	20	21	22	23	24	25
S																									
1	0	0	0.65	0.69	0	0	0.02	0	0.58	0	0	0	0	0	0	0	0	0	0	0	0	0.43	0.16	0	0
2	0	0	0	0	0	0	0	0	0	0	0	0	0.38	0	0	0	0	0	0	0	0	0	0	0	0
3	0	0	0	0	0	0	0	0	0	0	0	0	0	0	0	0	0	0	0	0	0	0	0	0	0
4	0	0.6	0	0	0	0	0	0	0	0	0	0	0	0.01	0.13	0	0	0	0	0	0	0	0	0	0
5	0	0	0	0	0	0	0	0	0	0	0	0	0.58	0	0	0	0	0	0	0	0	0	0.72	0	0.36
6	0	0	0	0	0	0	0	0	0	0	0	0	0	0	0	0.63	0	0	0	0.58	0	0	0	0	0
7	0	0	0	0	0	0	0	0	0	0	0	0	0	0	0.81	0	0	0.05	0	0	0	0	0	0	0
8	0	0	0	0	0	0	0	0	0	0	0	0	0.41	0	0	0	0	0	0	0	0	0	0	0	0
9	0	0	0	0	0	0	0.42	0	0	0	0	0.91	0	0	0	0	0.16	0	0	0	0	0	0	0	0.34
10	0	0	0	0	0	0.55	0	0	0	0	0.15	0	0	0	0	0.66	0	0	0	0	0	0	0	0	0
11	0	0	0	0	0.69	0	0	0	0	0	0	0	0	0	0	0.38	0.04	0	0	0	0	0	0	0	0
12	0	0	0	0	0	0	0	0	0	0	0.72	0	0	0	0	0	0	0	0	0	0	0	0	0	0
13	0	0	0	0	0	0	0	0	0.1	0	0	0	0	0	0	0.37	0	0	0	0	0	0	0	0	0
14	0	0	0	0	0	0	0	0	0	0	0	0	0	0	0	0	0	0	0	0.38	0	0	0.41	0	0
15	0	0	0	0	0	0	0	0	0	0	0	0	0	0	0	0	0	0	0	0	0	0	0	0	0
16	0.25	0.23	0	0.25	0	0	0	0	0	0	0	0	0	0	0	0	0	0	0	0	0	0	0	0	0
17	0	0	0	0	0	0	0	0	0	0	0	0.05	0	0	0	0	0	0	0.58	0	0	0	0	0	0
18	0.85	0	0	0	0	0.45	0	0	0	0	0	0	0	0	0	0	0	0	0	0	0.32	0	0.69	0	0
19	0	0	0	0	0	0	0	0	0	0	0.13	0	0	0	0	0	0	0	0	0	0	0	0.56	0	0
20	0	0.33	0	0.02	0	0	0.99	0	0	0	0	0.88	0	0	0	0	0.31	0.76	0	0	0	0	0	0	0
21	0	0	0.1	0	0	0.52	0.84	0	0	0	0	0	0	0	0	0	0	0	0	0	0	0	0	0	0
22	0	0	0	0	0	0	0	0	0	0	0.86	0	0	0	0	0	0	0	0	0	0	0	0	0	0
23	0	0	0	0	0	0	0	0	0	0	0	0	0	0	0	0	0	0	0.03	0	0	0	0	0	0
24	0	0	0	0.22	0	0	0.52	0	0	0	0.86	0	0	0	0	0	0	0	0	0	0	0	0	0.97	0
25	0	0	0	0	0	0	0	0	0	0	0	0	0	0	0	0	0	0	0	0	0	0	0	0	0

最优序列																									
S	23	15	3	13	2	4	16	7	24	5	11	25	19	12	17	9	22	1	6	20	18	21	14	10	8

最优值 8.98

算例规格 n = 25, den = 0.2 随机算例一

DSM

S	1	2	3	4	5	6	7	8	9	10	11	12	13	14	15	16	17	18	19	20	21	22	23	24	25
1	0	0	0.85	0	0.72	0.26	0.1	0	0	0	0	0	0	0	0	0.98	0.58	0.93	0	0	0	0	0	0.66	0
2	0	0	0	0	0	0	0	0	0	0	0	0	0	0	0	0	0	0	0	0	0	0	0	0	0
3	0	0	0	0	0	0.32	0.95	0	0.97	0	0	0.2	0	0	0	0	0.93	0	0	0	0	0	0	0	0.02
4	0.53	0	0	0	0	0.74	0.57	0	0	0.83	0	0	0	0	0	0	0	0	0	0	0	0.28	0	0	0
5	0	0	0	0	0	0	0.35	0	0	0.88	0	0	0	0	0	0	0	0	0	0	0	0.33	0.51	0.83	0
6	0	0	0	0.96	0	0	0.64	0	0.14	0	0.04	0	0	0	0	0	0	0	0.16	0	0	0.71	0.88	0.19	0
7	0	0	0	0	0	0	0	0	0	0	0	0.11	0	0	0	0.92	0.79	0.69	0.91	0	0	0	0.46	0	0.79
8	0	0	0	0	0.57	0	0	0	0	0	0	0.96	0	0	0	0	0	0.07	0	0	0	0.78	0	0	0
9	0	0	0	0	0	0.44	0	0	0	0	0	0	0	0.3	0	0	0.47	0	0	0	0.18	0	0	0	0
10	0.34	0	0	0.12	0	0	0.54	0	0	0	0.7	0	0.54	0	0.68	0	0.37	0	0.58	0	0.44	0.53	0	0.44	0
11	0.29	0	0	0	0	0	0	0.82	0.02	0	0	0	0	0	0	0	0	0	0	0.27	0	0	0	0	0
12	0	0.33	0	0.73	0	0.03	0	0	0	0	0	0	0	0	0	0.6	0	0	0	0	0	0	0	0	0.32
13	0.96	0	0	0	0	0.29	0	0	0.71	0	0	0	0	0	0	0	0	0	0	0	0	0	0	0	0
14	0	0	0	0.36	0	0	0.42	0	0	0	0	0	0	0	0	0	0.75	0.44	0	0	0	0	0	0	0
15	0	0	0	0.53	0	0.56	0	0	0	0	0.75	0	0	0	0	0	0	0	0	0	0	0	0	0.07	0.78
16	0	0	0.52	0	0	0	0	0	0	0	0.62	0	0	0	0	0	0	0	0.45	0	0	0	0	0	0
17	0	0	0	0	0	0	0	0	0.8	0	0	0	0	0	0	0	0	0	0	0.03	0	0	0	0	0
18	0.64	0	0	0	0.4	0.32	0.4	0	0.3	0.6	0.78	0	0.77	0	0	0	0	0	0	0	0	0	0	0	0
19	0	0	0	0.61	0	0	0.08	0	0	0.11	0	0	0	0	0	0	0	0.9	0	0	0	0	0	0	0
20	0	0	0	0	0	0	0	0	0	0	0	0.94	0	0	0	0	0	0	0	0	0	0	0.9	0	0
21	0	0.97	0	0	0	0	0	0	0	0	0	0	0	0.11	0.86	0.15	0	0.01	0	0	0	0	0	0	0
22	0	0	0	0	0	0	0	0	0	0	0	0.35	0	0	0	0	0	0.37	0.77	0	0	0	0	0	0
23	0.15	0	0	0	0	0	0	0	0	0	0	0	0	0	0	0	0	0	0	0.91	0	0	0	0.83	0.39
24	0	0	0	0	0.63	0	0	0	0.21	0.21	0	0	0	0	0	0	0	0	0.22	0	0	0	0	1	0
25	0	0.41	0	0	0	0	0	0	0	0	0	0	0	0.56	0	0	0	0	0	0	0	0	0	0	0
最优序列	2	16	11	12	20	23	24	25	17	9	3	7	6	4	19	22	18	1	5	10	13	14	8	15	21

最优值 108.04

算例规格 $n=25$，$den=0.2$ 随机算例二

DSM

S	1	2	3	4	5	6	7	8	9	10	11	12	13	14	15	16	17	18	19	20	21	22	23	24	25
1	0	0	0	0.39	0.72	0	0.17	0	0.55	0	0	0	0	0	0	0	0	0	0	0	0	0	0	0	0
2	0.93	0	0	0	0.26	0	0.89	0.4	0	0	0	0	0	0	0.75	0.98	0.22	0.44	0	0.94	0.51	0.49	0.19	0	0
3	0	0	0	0	0	0.42	0.06	0.69	0.6	0	0.49	0	0	0.14	0.11	0	0	0.54	0	0	0	0	0	0	0
4	0	0	0	0	0	0	0	0.42	0	0	0	0.07	0	0.14	0	0	0.32	0	0	0	0	0	0	0	0
5	0	0	0.11	0	0	0	0	0.09	0	0	0	0	0	0	0	0	0	0	0	0.57	0	0.62	0	0	0
6	0	0.4	0.03	0	0	0	0	0	0	0.71	0	0.24	0	0	0	0	0	0.28	0	0	0	0	0	0	0
7	0.8	0.88	0	0	0	0.36	0	0	0	0	0	0	0	0	0.44	0	0.6	0	0	0	0	0	0	0	0
8	0	0.88	0	0	0.61	0	0	0	0	0	0	0.08	0	0.96	0	0	0	0	0	0	0	0	0	0.67	0
9	0	0.75	0	0.68	0	0	0	0	0	0	0	0	0	0	0.89	0	0.03	0	0	0	0	0	0	0	0
10	0	0	0	0	0	0	0	0	0	0	0	0	0.33	0	0.9	0.77	0	0.36	0	0	0	0.83	0	0	0.21
11	0	0	0.88	0	0	0	0	0	0.99	0	0	0	0	0	0	0	0	0	0.89	0	0	0	0.46	0.96	0.86
12	0	0	0	0	0	0	0	0	0	0	0	0	0.64	0	0.12	0	0	0	0	0	0.76	0	0	0	0
13	0	0	0	0	0.75	0	0	0	0	0	0	0	0	0	0	0	0	0.29	0	0	0.31	0.52	0.37	0.62	0
14	0	0	0	0	0.97	0.73	0	0	0	0	0	0	0	0	0	0	0	0	0	0	0	0	0	0	0
15	0	0	0	0	0	0	0	0	0	0	0	0	0	0	0	0	0	0	0.75	0	0	0	0	0	0
16	0	0	0.03	0	0	0	0	0	0.4	0.12	0	0	0	0	0	0.32	0	0	0.4	0.25	0	0	0	0.5	0
17	0.08	0	0	0	0	0	0	0.76	0.23	0	0.34	0	0.64	0	0.22	0	0	0.41	0	0	0	0	0	0	0
18	0	0	0	0	0	0	0	0.73	0.93	0	0	0	0.45	0.16	0	0	0	0	0	0	0.2	0	0.42	0	0
19	0	0	0	0	0.09	0	0	0	0	0	0	0.59	0	0.66	0	0	0	0	0	0	0	0.95	0	0	0
20	0	0.4	0	0	0	0	0	0	0	0.87	0	0	0	0	0	0	0	0	0	0	0	0	0	0	0
21	0	0	0	0	0	0.67	0	0	0	0	0	0.49	0.37	0	0	0	0	0	0	0	0	0.99	0	0	0
22	0	0	0	0	0	0	0	0	0	0	0	0	0	0.04	0.08	0	0	0.87	0	0	0	0	0.89	0	0
23	0	0	0	0	0	0	0	0.34	0	0	0	0	0	0	0	0	0	0	0	0	0	0	0	0	0
24	0	0	0.11	0	0	0	0	0	0	0	0	0	0	0	0	0	0	0	0	0	0.67	0	0	0	0.18
25	0	0	0	0	0	0.59	0	0	0	0.3	0	0	0	0	0	0	0	0	0	0	0	0	0	0	0
最优序列	23	24	21	5	22	14	8	13	18	12	19	15	6	10	20	16	25	3	11	9	4	2	1	17	7
最优值	86.21																								

算例规格 $n=25$, $den=0.4$ 随机算例一

DSM

S	1	2	3	4	5	6	7	8	9	10	11	12	13	14	15	16	17	18	19	20	21	22	23	24	25
1	0	0.28	0.36	0	0	0	0	0.94	0	0.71	0	0	0	0	0.73	0	0.42	0	0.03	0.08	0	0.26	0	0	0.33
2	0.26	0	0	0.21	0	0.14	0	0	0	0	0	0	0.27	0	0.17	0.46	0.68	0.98	0.79	0.24	0	0.76	0.58	0.24	0
3	0.45	0	0	0	0	0	0	0	0	0	0	0.97	0	0.69	0	0	0.27	0.79	0	0	0	0	0	0	0
4	0	0.07	0	0	0	0.48	0.1	0	0.26	0.18	0.13	0	0.09	0	0	0.17	0.92	0	0.02	0	0.11	0	0	0.32	0.67
5	0	0	0	0	0.85	0	0	0	0	0	0.78	0.06	0.67	0	0.49	0.92	0	0.24	0.64	0	0.26	0.87	0.21	0.39	0.74
6	0.57	0	0.97	0.7	0	0	0.09	0	1	1	0	0.21	0.2	0	0	0	0	0.75	0	0.39	0.31	0.39	0.42	0.02	0.37
7	0.38	0	0.34	0	0	0	0.39	0	0.96	0.79	0.1	0	0	0.63	0.53	0.89	0.87	0.01	0	0	0	0.05	0	0	0
8	0.44	0	0.15	0	0	0	0	0.35	0.15	0	0	0	0	0.52	0	0.96	0.38	0	0	0	0	0.83	0	0.16	0
9	0.43	0	0	0	0	0	0	0	0.7	0	0.03	0	0.32	0.96	0.2	0	0.15	0	0	0	0.94	0.76	0	0	0
10	0	0	0.55	0	0	0	0	0	0.63	0	0.55	0	0	0.2	0.87	0.78	0.86	0	0	0	0.49	0.22	0.22	0	0
11	0	0	0	0.91	0.25	0.4	0	0	0.87	0	0	0.34	0	0	0	0	0.61	0	0	0	0.96	0	0.82	0.78	0.16
12	0	0.78	0	0	0	0	0	0	0	0	0	0	0	0	0	0	0	0	0	0	0.45	0.14	0	0	0
13	0	0.07	0	0	0	0	0	0	0.66	0	0	0.29	0	0	0	0	0	0	0	0	0	0	0.33	0	0
14	0	0.43	0	0.95	0	0	0	0	0	0	0.93	0.02	0	0.94	0.75	0	0	0	0.95	0	0.18	0.91	0	0.47	0.85
15	0	0	0	0	0.31	0	0	0.37	0	0.29	0	0	0	0	0	0	0.64	0	0.8	0	0.03	0	0.91	0.58	0.91
16	0.93	1	0	0	0	0.02	0.43	0.26	0	0	0	0.06	0	0	0	0	0.82	0	0	0	0	0	0	0.93	0.66
17	0	0	0	0	0.09	0.66	0	0.07	0	0.07	0.8	0	0	0.78	0	0	0	0.21	0.37	0	0	0	0	0.6	0
18	0	0	0	0	0.68	0.79	0	0.87	0.04	0.39	0	0	0	0	0	0	0.9	0	0.81	0	0	0.53	0	0.73	0
19	0	0	0.77	0	0.18	0	0	0	0	0.64	0.8	0	0	0.72	0.62	0	0	0	0	0.24	0	0.1	0	0.05	0
20	0	0.41	0	0.98	0	0	0.94	0.23	0	0	0	0.78	0	0.37	0.47	0	0.22	0.38	0	0	0	0	0	0.17	0
21	0	0	0.7	0	0.47	0	0	0.68	0	0	0	0.74	0	0.11	0.84	0	0.17	0	0	0	0	0	0.59	0	0
22	0	0.92	0.52	0.72	0	0.19	0	0	0	0.53	0.53	0.36	0	0.74	0	0.61	0.04	0.02	0	0.95	0	0	0	0	0
23	0	0	0	0.83	0.4	0	0	0	0	0	0	0.8	0.86	0	0.91	0.28	0	0.33	0	0.35	0	0	0	0	0
24	0	0	0.66	0	0.61	0	0	0	0	0.3	0	0.84	0	0	0	0	0	0	0	0	0	0.31	0	0.42	0.46
25	0	0	0	0	0	0	0	0.69	0	0	0	0	0.12	0	0.91	0	0	1	0	0.93	0	0	0	0	0
最优序列	3	10	22	14	19	18	25	24	5	21	4	11	17	15	12	9	16	8	1	2	23	20	13	6	7
最优值	312.81																								

算例规格 n = 25, den = 0.4 随机算例一

DSM

S	1	2	3	4	5	6	7	8	9	10	11	12	13	14	15	16	17	18	19	20	21	22	23	24	25
1	0	0.98	0	0.6	0.26	0	0.02	0	0.8	0	0	0	0	0	0	0	0	0	0	0	0	0.68	0	0.43	0
2	0.58	0	0	0	0	0.85	0	0	0.49	0.56	0.63	0.54	0	0	0.7	0	0	0	0.31	0	0.23	0	0.65	0.19	1
3	0.34	0.4	0	0.82	0	0	0	0	0	0.27	0.7	0	0.25	0	0.96	0	0	0	0.27	0	0.31	0.63	0.03	0	0
4	0.59	0	0.01	0	0	0.15	0	0	0	0.02	0.86	0.24	0.37	0.43	0.25	0	0.46	0.07	0.1	0	0.24	0.69	0	0.25	0.61
5	0	0	0	0	0	0	0	0.48	0	0	0	0	0.85	0.54	0	0	0	0	0	0	0	0	0.85	0.45	0.67
6	0	0	0	0	0.02	0	0.41	0	0	0.28	0	0.48	0	0	0	0	0.42	0	0	0	0	0.95	0.31	0.98	0
7	0	0	0	0.44	0.41	0	0.08	0	0	0	0	0	0.19	0.71	0	0	0	0.94	0.71	0	0	0.23	0.1	0.17	0
8	0	0	0.32	0	0.45	0	0	0.05	0	0	0	0.69	0	0	0.69	0.82	0	0.96	0.87	0.4	0.13	0	0	0	0.08
9	0	0	0	0.37	0.71	0.48	0.03	0	0	0	0	0	0.61	0	0	0.33	0	0	0.17	0	0.68	0	0	0.67	0
10	0.66	0	0	0	0	0.02	0.07	0.67	0.73	0	0	0	0.49	0	0	0	0.12	0	0	0.4	0.43	0	0	0.49	0.13
11	0.37	0	0.62	0.77	0.28	0	0	0	0	0	0.77	0	0	0.51	0.48	0.07	0.24	0	0.47	0.31	1	0	0	0.74	0
12	0.57	0	0.22	0	0	0	0.87	0.93	0	0	0	0.46	0	0.64	0.75	0	0.53	0	0	0.83	0.68	0.79	0	0	0
13	0	0.41	0	0	0.5	0	0.52	0.65	0.09	0	0	0.84	0	0	0	0	0	0.29	0.78	0	0	0.29	0.64	0	0.13
14	0	0	0.92	0	0	0	0	0.92	0.81	0	0	0	0.71	0	0	0	0	0.42	0	0	0	0.51	0	0.68	0
15	0.85	0	0.68	0	0.37	0.24	0.54	0	0	0.04	0	0	0.94	0.1	0.12	0	0	0	0.81	0.1	0.69	0.79	0	0	0
16	0.85	0	0.83	0.66	0	0.47	0	0	0.55	0	0.6	0	0	0	0	0.33	0	0	0	0.48	0.17	0.3	0	0	0
17	0.08	0	0	0.46	0	0.97	0	0	0	0	0	0	0	0	0	0	0	0	0	0	0.64	0.16	0	0.1	0
18	0.37	0	0.16	0.74	0	0	0	0.79	0	0	0	0	0	0	0	0	0	0	0	0	0	0	0	0	0
19	0	0.38	0	0	0	0.45	0	0.67	0	0	0	0	0	0	0	0	0	0.6	0	0	0	0	0	0	0
20	0	0	0	0	0	0	0	0.3	0	0	0	0	0	0	0	0.45	0	0	0	0.78	0	0	0	0	0.19
21	0.26	0	0	0	0.46	0.27	0	0.28	0	0	0	0	0	0	0	0	0.52	0	0	0	0	0	0	0	0.65
22	0	0	0	0.65	0.09	0	0.56	0.52	0	0	0	0	0	0	0	0	0	0	0	0	0	0.24	0	0.91	0
23	0	0	0.2	0.5	0	0	0.69	0	0.29	0.44	0	0.39	0.74	0.2	0.34	0	0	0.52	0.5	0	0	0	0	0.53	0
24	0	0	0.81	0.17	0	0	0	0	0	0.06	0.08	0.47	0	0.3	0.26	0	0	0	0	0	0	0	0.81	0	0.95
25	0	0	0	0	0	0	0	0	0	0.61	0.69	0.17	0.24	0.05	0.26	0.72	0	0	0.57	0.57	0	0.05	0.81	0	0

最优序列

S	18	22	7	6	24	4	1	23	8	19	14	12	15	3	13	11	9	21	20	16	25	5	17	10	2

最优值 247.76

算例规格 $n = 25$，$den = 0.6$ 随机算例一

DSM

S	1	2	3	4	5	6	7	8	9	10	11	12	13	14	15	16	17	18	19	20	21	22	23	24	25
1	0	0.51	0.18	0.31	0.38	0.65	0.24	0	0.71	0.42	0.73	0.76	0.43	0.94	0.61	0.37	0.38	0.49	0.19	0.08	0.42	0	0	0.45	0
2	0.95	0	0.16	0.24	0.1	0.4	0.18	0.75	0	0.49	0.75	0.67	0.54	0.94	0.1	0.34	0.38	0.56	0.36	0.88	0.69	0.15	0.17	0	0.75
3	0.08	0	0	0	0.97	0.88	0	0.36	0.35	0	0	0.16	0.42	0	0.82	0.77	0.92	0	0.72	0.37	0	0.04	0.59	0.68	0.11
4	0.71	0	0	0	0	0	0.66	0.79	0.33	0.18	0.75	0.52	0	0.68	0.86	0.44	0	0	0.66	0.47	0.67	0.04	0	0	0.31
5	0.86	0.53	0	0	0	0	0.03	0.52	0	0.58	0.2	0.8	0.74	0.41	0	0	0.35	0.99	0.66	0.99	0	0.04	0	0.43	0
6	0.22	0	0.98	0.55	0	0	0.17	0.81	0	0.31	0	0.84	0.74	0	0.72	0	0.55	0.99	0.5	0	0.45	0	0.34	0.43	0
7	0	0	0	0.43	0.81	0.16	0	0.98	0	0.5	0.96	0.62	0.7	0	0.69	0	0.52	0.03	0.6	0.99	0	0.71	0	0.81	0
8	0.87	0	0.65	0.67	0.89	0.3	0.9	0	0.77	0	0.58	0.19	0	0.52	0.82	0.74	0.27	0.48	0.46	0.52	0.53	0.71	0	0.68	0.12
9	0	0.96	0.35	0.89	0.4	0.45	0.81	0	0	0.93	0.73	0	0.11	0.89	0.59	0	0.22	0.96	0	0.99	0.93	0.49	0.14	0.6	0.87
10	0.87	0.69	0.42	0.83	0.71	0.79	0.81	0	0.44	0.78	0	0	0	0.69	0.17	0.5	0.22	0.6	0.88	0.28	0.93	0.49	0.98	0.6	0.77
11	0.34	0.8	0.42	0.25	0.36	0.54	0.82	0.92	0.21	0.39	0.52	0	0	0.73	0.83	0	0.08	0.6	0.88	0.57	0.04	0.76	0.98	0	0
12	0	0.02	0.53	0.73	0.71	0.18	0	0	0	0	0.66	0.82	0.83	0.5	0	0	0.61	0	0.98	0.57	0.52	0.99	0.36	0	0.36
13	0.02	0.69	0	0	0	0.35	0.28	0.18	0.02	0.87	0.53	0	0	0.85	0	0	0	0	0.84	0.2	0	0.66	0.5	0	0.52
14	0.42	0.77	0	0.94	0	0	0	0.25	0.33	0.86	0.25	0.04	0.16	0	0.54	0.01	0.86	0.99	0.84	0.2	0	0.92	0.75	0.05	0.52
15	0	0.21	0.64	0.6	0.09	0	0.04	0.15	0.33	0.1	0.25	0.61	0.1	0.7	0	0	0.8	0	0	0.2	0	0.92	0.75	0.05	0
16	0.59	0.45	0.65	0	0.08	0.88	0	0.42	0.76	0.48	0.67	0.85	0	0	0.13	0.01	0	0.99	0	0	0.76	0.12	0	0.64	0
17	0.25	0.25	0.64	0.39	0	0	0.09	0	0.76	0.72	0.93	0	0.85	0	0	0.41	0.8	0.03	0.49	0	0.69	0	0.13	0.07	0.21
18	0	0.84	0.84	0.39	0.08	0	0	0.2	0	0.2	0	0.48	0.59	0.11	1	0	0.56	0.48	0.57	0.19	0	0.84	0	0.27	0.56
19	0	0.76	0	0	0	0.38	0.82	0.39	0.02	0.49	0.84	0.3	0.14	0.45	0	0	0.56	0	0.57	0	0	0	0.65	0	0
20	0	0.96	0.38	0.25	0.02	0.18	0	0	0.48	0.16	0	0.8	0.83	0.85	0.39	0.49	0.33	0	0	0	0.04	0.13	0	0	0
21	0.91	0	0.43	0.7	0	0.91	0.28	0.18	0.25	0.87	0.66	0	0	0.85	0.92	0.66	0.12	0.8	0.16	0.8	0.04	0	0	0	0
22	0.02	0.05	0.36	0	0.02	0	0	0	0	0.86	0.53	0.04	0	0.95	0.8	0.55	0.87	0.48	0.59	0.62	0.06	0.74	0	0.98	0
23	0.68	0.64	0.57	0.31	0	0	0.36	0.36	0	0	0.24	0	0.26	0.53	0.8	0	0	0	0.7	0.2	0	0.79	0	0	0.52
24	0.72	0	0	0.35	0.83	0.97	0	0	0	0	0.23	0.12	0.12	0.21	0.13	0	0.96	0.98	0.15	0	0.06	0.79	0	0.98	0.52
25	0	0.47	0.23	0	0	0	0.75	0	0	0.87	0.23	0	0.04	0	0.13	0	0	0.98	0.15	0	0	0	0	0.13	0

| 最优序列 | 22 | 20 | 12 | 15 | 19 | 4 | 14 | 8 | 5 | 7 | 13 | 6 | 24 | 2 | 1 | 10 | 11 | 25 | 17 | 18 | 3 | 23 | 21 | 16 | 9 |

最优值 552.64

算例规格 n = 25, den = 0.6 随机算例二

DSM

S	1	2	3	4	5	6	7	8	9	10	11	12	13	14	15	16	17	18	19	20	21	22	23	24	25
1	0	0	0	0.78	0.44	0.64	0.89	0.35	0	0.55	0	0	0.38	0	0.8	0	0.22	0.14	0	0.44	0.42	0.16	0	0.38	0.65
2	0.44	0	0.99	0.23	0.49	0	0.54	0.5	0	0.48	0.04	0	0	0	0	0	0.34	0.52	0	0	0	0.38	0.14	0	0
3	0.29	0.99	0	0.16	0.22	0.43	0.44	0	0.63	0.68	0.36	0.57	0.91	0	0	0.11	0	0.47	0.02	0	0	0.23	0.4	0	0.75
4	0.91	0.1	0.83	0	0	0.61	0.09	0	0.86	0.65	0.6	0	0.71	0	0.48	0.14	0.46	0.37	0	0.66	0.62	0.2	0.53	0.63	0.16
5	0	0.2	0.51	0.24	0	0.47	0	0	0.14	0.24	0.8	0	0.59	0.16	0.4	0.85	0.27	0.82	0	0	0.68	0.04	0	0.71	0.31
6	0	0.92	0.73	0.26	0.13	0	0	0	0.85	0	0	0.76	1	0.39	0.72	0.49	0.52	0	0	1	0.32	0.07	0.03	0	0.15
7	0	0.97	0.43	0	0.56	0	0	0	0	0.35	0.35	0	0.35	0.52	0.91	0.43	0.92	0.24	0.59	0.42	0.8	0	0.73	0.47	0.56
8	0.06	0.7	0	0.34	0.74	0	0.9	0	0.41	0.24	0.89	0	0.2	0	0	0.37	0.95	0.76	0	0.3	0.05	0.4	0	0	0.59
9	0.48	0.89	0	0	0.34	0.49	0.52	0.6	0	0.65	0	0	0.4	0	0.37	0	0.07	0.36	0.5	0	0.79	0	0.03	0.48	0.03
10	0.32	0.85	0	0.26	0	0.74	0.65	0	0	0	0	0.22	0.02	0	0	0.31	0.16	0	0	0	0.38	0	0	0.62	0.14
11	0.9	0	0.31	0	0.03	0	0	0.04	0	0.55	0	0.28	0.61	0.67	0.31	0	0.17	0.01	0.81	0.77	0.84	0.25	0.94	0.06	0.11
12	0	0.55	0.65	1	0.81	0	0	0.21	0.88	0.78	0.69	0	0	0	0.58	0.75	0.23	0.29	0.57	0	0	0	0.71	0	0.41
13	0.15	0.83	0.91	0.13	0	0	0.31	0	0	0	0.81	0.69	0	0.1	0.61	0.06	0	0	0	0	0.2	0	0.73	0	0
14	0.79	0.44	0.5	0.76	0.71	0.44	0	0	0	0	0.74	0.88	0	0	0.36	0.46	0	0	0.41	0.44	0.52	0	0	0	0.41
15	0	0	0	0.5	0.62	0.36	0	0.69	1	1	0.96	0.76	0	0	0	0	0.69	0	0	0	0.07	0	0	0	0.49
16	0	0	0.34	0.94	0.46	0.63	0	0.24	0.71	0.8	0.58	0	0	0.33	0.46	0	0.13	0	0.72	0.98	0	0	0.87	0	0.11
17	0.21	0.25	0	0	0	0	0.25	0.95	0.65	0.01	0	0.23	0	0	0.56	0.38	0	0	0.35	0.8	0	0.06	0.09	0.8	0.8
18	0.8	0	0	0.74	0.57	0.72	0.73	0	0.67	0	0.23	0	0	0.02	0.84	0	0.44	0	0.23	0	0	0.58	0	0.03	0
19	0	0.17	0	0.75	0	0.95	0	0.22	0.27	0.98	0	0	0	0	0	0	0	0.41	0	0	0	0	0	0	0.91
20	0.3	0	0.93	0.59	0	0.31	0.1	0	0.6	0.87	0.39	0	0.66	0.62	0	0.86	0.34	0.09	0	0	0	0	0.95	0.92	0.23
21	0.58	0	0.76	0.21	0	0.35	0.07	0	0	0	0	0	0.2	0.89	0.64	0	0.02	0.93	0	0.17	0	0	0.91	0.95	0.54
22	0.05	0	0	0	0.54	0.1	0.02	0	0	0.31	0.44	0.63	0.7	0	0	0.18	0.17	0.75	0.01	0	0	0	0.46	0.93	0
23	0.74	0.15	0.62	0.45	0.14	0.06	0.09	0	0	0	0.87	0.45	0.76	0	0.48	0	0.56	0.92	0.77	0	0	0	0	0.91	0
24	0	0.08	0	0.83	0.76	0	0	0.3	0	0.8	0.07	0	0	0	0.71	0.32	0.36	0	0.46	0.65	0.97	0	0.08	0	0.82
25	0.83	0	0	0	0	0	0	0	0.47	0	0	0	0	0	0.27	0	0	0	0	0.18	0	0	0	0.82	0

最优序列

S	1	2	3	4	5	6	7	8	9	10	11	12	13	14	15	16	17	18	19	20	21	22	23	24	25
最优序列	17	10	2	19	11	9	3	7	5	13	25	24	1	4	15	20	6	16	21	23	18	12	8	14	22

最优值 480.65

算例规格 $n = 25$, $den = 0.8$ 随机算例一

DSM

S	1	2	3	4	5	6	7	8	9	10	11	12	13	14	15	16	17	18	19	20	21	22	23	24	25
1	0	0.69	0.33	0	0.23	0.37	0	0.82	0.34	0.46	0	0.13	0.07	0.04	0	0	0	0.6	0	0.31	0.04	0.72	0.43	0	0.73
2	0.93	0	0.85	0.82	0.38	0.03	0.33	0.07	0.94	0.86	0	0.11	0	0.99	0	0.95	0.25	0.38	0.99	0.18	0.67	0.26	0	0.52	0
3	0.14	0.86	0	0.51	0.34	0.37	0.19	0	0	0.25	0.03	0.69	0.61	0.4	0	0.48	0.75	0	0.66	0.96	0.71	0.73	0.92	0	0.23
4	0	0.74	0.76	0	0	0.93	0.8	0.4	0.54	0.05	0.95	0.8	0.28	0.05	0.81	0.57	0.19	0.37	0.75	0.19	0.17	0.14	0.49	0.72	0.56
5	0	0.03	0.71	0.71	0	0	0.75	0.69	0.24	0.14	0.63	0.93	0.59	0.4	0.58	0.63	0.78	0.04	0	0.22	0.93	0.23	0.76	0.01	0.51
6	0.29	0.1	0.87	0.34	0.4	0.44	0.94	0.98	0.86	0.3	0.23	0.28	0.42	0.95	0.58	0	0.2	0.49	0.65	0.87	0.25	0	0.33	0.64	0.73
7	0.6	0.21	0.74	0.22	0.86	0	0	0	0	0.64	0.62	0.54	0.76	0.52	0.31	0	0.84	0.85	0.45	0	0.47	0	0.62	0.73	0.53
8	0.02	0	0.36	0.16	0.01	0.44	0.39	0.62	0	0.81	0.05	0.01	0.29	0.54	0.9	0.99	0.19	0.76	0.6	0.27	0.69	0.9	0.69	0.87	0
9	0.44	0.18	0.36	0.43	0.58	0.24	0.36	0.62	0	0.89	0.77	0	0.08	0.54	0.9	0.07	0.88	0.76	0.6	0.55	0.34	0.9	0.79	0.62	0.53
10	0.65	0.59	0.94	0.58	0.27	0.3	0.47	0.41	0.12	0	0.82	0.44	0.33	0.82	0.8	0.42	0.52	0.01	0.21	0.91	0.86	0.57	0.11	0.44	0
11	0.17	0.45	0	0.43	0.39	0.85	0.23	0.09	0.74	0.89	0	0.45	0.51	0.18	0.67	0.55	0.83	0.84	0.86	0.02	0.5	0.9	0.11	0.9	0
12	0.2	0.34	0.12	0	0.71	0.42	0.08	0.46	0	0	0.22	0	0	0.02	0	0.3	0.97	0.86	0.14	0.3	0.5	0.44	0.11	0.9	0
13	0	0.47	0	0.74	0.71	0.54	0.44	0.19	0.81	0.33	0.58	0.38	0	0.02	0	0.08	0.3	0.4	0.49	0.15	0.56	0.98	0.88	0.48	0.98
14	0	0	0.49	0.99	0.97	0.44	0.28	0.73	0.66	0	0	0.64	0.24	0	0.03	0.59	0.41	0.13	0.69	0.83	0.35	0.31	0	0.36	0.14
15	0.94	0.98	0.46	0.27	0.15	0.24	0.95	0	0.43	0.41	0.84	0	0.97	0.43	0	0.88	0.38	0.01	0.93	0	0.7	0.67	0.92	0.05	0.55
16	0.16	0.2	0.25	0.17	0.51	0.3	0.76	0	0	0	0.18	0.25	0.03	0.54	0.32	0	0.38	0	0.93	0.23	0.68	0.79	0.98	0.07	0.75
17	0.61	0.86	0.62	0.17	0	0.22	0.23	0	0.29	0.43	0.43	0.29	0.6	0.58	0.32	0.79	0	0.53	0.61	0.96	0.71	0.73	0.14	0	0.78
18	0.06	0.81	0.18	0	0.3	0.22	0.1	0.58	0.76	0.03	0.09	0.6	0.89	0.02	0.89	0.96	0.94	0	0	0.12	0.94	0.15	0.15	0.5	0.26
19	1	0.41	0.2	0	0.88	0	0.17	0.74	0.88	0.5	0.73	0.05	0.92	0.63	0	0.35	0.15	0.53	0	0	0.21	0.08	0.98	0.38	0.52
20	0.16	0.34	0	0.69	0.7	0.53	0	0	0.15	0.36	0	0.13	0.11	0	0.96	0.01	0.91	0.57	0.9	0	0	0	0.59	0.26	0.86
21	0.78	0	0.37	0.29	0.11	0	0.1	0.97	0.88	0.96	0.92	0.8	0.85	0.85	0.95	0.66	0.94	0.56	0.3	0.23	0	0.08	0.59	0.09	0.31
22	0.02	0.44	0.88	0	0.72	0.6	0.72	0.03	0.46	0.6	0.94	0.35	0	0.34	0.63	0.27	0.33	0.3	0.29	0.95	0.02	0	0.45	0	0.64
23	0.07	0.27	0.76	0.89	0.76	0	0.77	0.97	0.66	0.11	0.11	0	0.34	0.85	0.63	0.98	0	0.85	0.92	0.88	0	0.45	0.5	0	0
24	0.07	0.97	0.59	0	0.01	0.64	0.16	0.87	0.62	0.44	0.9	0.9	0.8	0.36	0.68	0.53	0	0.32	0.61	0.88	0.98	0	0.79	0.54	0
25	0.05	0.33	0	0.89	0.61	0	0	0.03	0.66	0	0.46	0.8	0	0.14	0.68	0.53	0	0.32	0.61	0.88	0.98	0.64	0.79	0.54	0

S	1	17	22	13	18	25	21	9	16	19	2	3	4	15	23	5	7	20	8	24	11	10	14	12	6

最优序列

最优值 784.47

算例规格 n = 25, den = 0.8 随机算例二

DSM

S	1	2	3	4	5	6	7	8	9	10	11	12	13	14	15	16	17	18	19	20	21	22	23	24	25
1	0	0.41	0.3	0.72	0.87	0.94	0	0.67	0.73	0.49	0.59	0.72	0.99	0.66	0	0.73	0.81	0.17	0	0.92	0.1	0.75	0.05	0	0.86
2	0.05	0	0.9	0.97	0.89	0.83	0.15	0.24	0.23	0.53	0.78	0	0.88	0	0.24	0.14	0.15	0.58	0.21	0.73	0.14	0.07	0	0.52	0
3	0.14	0.06	0	0.3	0	0.51	0.02	0.95	0.48	0.22	0	0.74	0.34	0.12	0	0.34	0	0.93	0	0.05	0.57	0.71	0.88	0	0.21
4	0	0.32	0.71	0	0.5	0.81	0	0.33	0.91	0.18	0.88	0.34	0.73	0.72	0.96	0.14	0.48	0.87	0.36	0.38	0.03	0.53	0.2	0.86	0.31
5	0	0.06	0.62	0.82	0	0.55	0.07	0.6	0.05	0.62	0.87	0.43	0.99	0.58	0.69	0.79	0.65	0.56	0.83	0.07	0.77	0.53	0.98	0.15	0.05
6	0.17	0	0.4	0.36	0.04	0	0	0.5	0.48	0.95	0.83	0.52	0.13	0	0.02	0.86	0	0.14	0.62	0.27	0.67	0.94	0.86	0	0.08
7	0	0.42	0.4	0.45	0.94	0.08	0	0.48	0.51	0.2	0.05	0.45	0.74	0.01	0.69	0.6	0.65	0.01	0.62	0.05	0.74	0.04	0.84	0.38	0.19
8	0.85	0.22	0.01	0.78	0.45	0	0.52	0	0.4	0.56	0.43	0.12	0.59	0.36	0.95	0.96	0.32	0.82	0.4	0.73	0.74	0.04	0.84	0.88	0.19
9	0.72	0.1	0.17	0.84	0.56	0.21	0.26	0.07	0	0.56	0.26	1	0.48	0.36	0.36	0.7	0.01	0.08	0.73	0.12	0.89	0.09	0.46	0.91	0.08
10	0.35	0.03	0.42	0.42	0	0.21	0.03	0.28	0.35	0	0.3	0.96	0.78	0.97	0.24	0	0.01	0.48	0.61	0.57	0.85	0.41	0.99	0.71	0.23
11	0.56	0.55	0.57	0.33	0.54	0.69	0.89	0.38	0.72	0.17	0	0.3	0	0.81	0.05	0.83	0.35	0.81	0.77	0.02	0	0.72	0.81	0.28	0.71
12	0.11	0.71	0.03	0.83	0.83	0.59	0.87	0.38	0.72	0.04	0.69	0	0.21	0.64	0	0.59	0.63	0.79	0	0.26	0.06	0.72	0	0.37	0.51
13	0.41	0.94	0.18	0.35	0.83	0.74	0.46	0.6	0.71	0.78	0.75	0	0.57	0.97	0.55	0.67	0.2	0.79	0.39	0.26	0.82	0.94	0.61	0.64	0.95
14	0.97	0.23	0.73	0.24	0.52	0.79	0.96	0.07	0.52	0.79	0.91	0.93	0.42	0	0.71	0.44	0.84	0.3	0	0.39	0	0.87	0.93	0.09	0.45
15	0.93	0.55	0.61	0	0.57	0.39	0	0.35	0.52	0.71	0.18	0.24	0	0.29	0	0.44	0.98	0	0.13	0.77	0.09	0.6	0.75	0	0.72
16	0.15	0.48	0.54	0	0.14	0	0	0.4	0.79	0.13	0.13	0	0.68	0.29	0.92	0	0.98	0.23	0	0.48	0.22	0.98	0.12	0	0
17	0.65	0.95	0.73	0.92	0	0.73	0.68	0.67	0.96	0	0	0	0.68	0.77	0.04	0.1	0	0	0.4	0.99	0.03	0.98	0	0.56	0.37
18	0	0.47	0.68	0.18	0.84	0.87	0.04	0.59	0.61	0	0.9	0.25	0.93	0.41	0.22	0.31	0.04	0	0	0.99	0.65	0.57	0.27	0.59	0.69
19	0.94	0	0.1	0	0.84	0.83	0	0.87	0	0	0.9	0	0.25	0.33	0.88	0.66	0.79	0.16	0.39	0.85	0.65	0.33	0.53	0.53	0.55
20	0.32	0	0	0.79	0.25	0.25	0.91	0.63	0.25	0.4	0.52	0.68	0.68	0.65	0.2	0.53	0.42	0.85	0.66	0.38	0.85	0.13	0.4	0.26	0
21	0.1	0.34	0.71	0.19	0.17	0.35	0	0.22	0.7	0.66	0.63	0.1	0.1	0.08	0.06	0.36	0.55	0.79	0.73	0.96	0.12	0.94	0.62	0.18	0.09
22	0.66	0.52	0.1	0.3	0.88	0.62	0.5	0	0.42	0.18	0.23	0.97	0.56	0.33	0.17	0	0.17	0.16	0.39	0.85	0.57	0.01	0.7	0.47	0.77
23	0.33	0.15	0.52	0.3	0.03	0.21	0.07	1	0.17	1	0.9	0.56	0.11	0.53	0.88	0.23	0.4	0	0.35	0.85	0.12	0.94	0	0.47	0.35
24	0.32	0.64	0.15	0	0.26	0.03	0.01	0.63	0.81	0.63	0.9	0.59	0.09	0.71	0.07	0.23	0.16	0.4	0.37	0.85	0.27	0.01	0.86	0.47	0.22
25	0.73	0.12	0.34	0.26	0.26	0.83	0.6	0.63	0.81	0.63	0.82	0.59	0.09	0.71	0.07	0.21	0	0.4	0.37	0.85	0.39	0.21	0.86	0.21	0.7

最优序列

S	16	3	18	6	22	20	23	21	9	12	10	14	11	24	4	2	5	13	8	15	25	1	19	17	7

最优值

808.67

算例规格 $n = 25$, $den = 1$ 随机算例一

DSM

S	1	2	3	4	5	6	7	8	9	10	11	12	13	14	15	16	17	18	19	20	21	22	23	24	25
1	0	0.22	0.51	0.46	0.5	0.09	0.58	0.49	0.7	0.47	0.91	0.93	0.47	0.61	0.64	0.22	0.44	0.68	0.69	0.81	0.69	0.34	0.76	0.92	0.92
2	0.56	0	0.51	0.93	0.36	0.85	0.64	0.29	0.95	0.5	0.1	0.51	0.6	0.98	0.79	0.98	0.96	0.47	0.29	0.87	0.89	0.11	0.75	0.06	0.42
3	0.27	0.58	0	0.56	0.2	0.71	0.91	0.92	0.9	0.75	0.49	0.74	0.03	0.19	0.36	0.52	0.38	0.15	0.55	0.51	0.17	0.39	0.06	0.1	0.12
4	0.07	0.01	0.64	0	0.5	0.63	0.1	0.29	0.49	0.03	0.26	0.37	0.44	0.44	0.56	0.68	0.43	0.2	0.75	0.29	0.49	0.75	0.47	0.79	0.39
5	0.06	0.03	0.41	0.02	0	0.55	0.72	0.18	0.64	0.5	0.72	0.94	0.29	0.73	0.84	0.35	0.2	0.41	0.91	0.77	0.21	0.27	0.78	0.82	0.43
6	0.71	0.3	0.1	0.23	0.25	0	0.78	0.47	0.03	0.69	0.08	0.18	0.15	0.4	0.15	0.79	0.09	0.41	0.06	0.96	0.4	0.33	0.38	0.48	0.64
7	0.68	0.33	0.33	0.16	0.59	0.78	0	0.25	0.5	0	0.63	0.21	0.49	0.61	0.8	0.07	0.52	0.3	0.21	0.87	0.82	0.81	0.98	0.84	0.98
8	0.41	0.17	0.5	0.29	0.82	0.86	0.3	0	0.63	0.71	0.21	0.57	0.38	0.58	0.55	0.85	0.92	0.15	0.17	0.43	0.98	0.93	0.36	0.72	0.02
9	0.82	0.97	0.18	0.17	0.66	0.08	0.11	0.34	0	0.2	0.75	0.92	0.45	0.02	0.63	0.74	0.54	0.4	0.42	0.8	0.97	0.16	0.28	0.44	0.19
10	0.5	0.77	0.75	0.43	0.97	0.06	0.06	0.11	0.64	0	0.55	0.01	0.32	0.42	0.58	0.26	0.1	0.16	0.06	0.5	0.25	0.99	0.25	0.32	0.35
11	0.09	0.13	0.06	0.51	0.37	0.93	0.96	0.84	0.88	0.04	0	0.86	0.94	0.32	0.44	0.71	0.24	0.36	0.2	0.54	0.28	0.05	0.32	0.49	0.54
12	0.21	0.44	0.44	0.65	0.06	0.29	0.98	0.16	0.12	0.77	0.61	0	0.96	0.94	0.69	0.14	0.86	0.42	0.28	0.73	0.35	0.9	0.17	0.75	0.65
13	0.2	0.65	0.84	0.3	0.72	0.83	0.99	0.89	0.83	0.53	0.52	0.98	0	0.61	0.12	0.98	0.64	0.1	0.64	0.83	0.06	0.31	0.17	0.05	0.19
14	0.92	0.72	0.75	0.3	0.15	0.81	0.15	0.3	0.59	0.64	0.72	0.94	0.61	0	0.77	0.86	0.65	0.2	0.51	0.62	0.84	0.11	0.44	0.51	0.4
15	0.17	0.75	0.78	0.71	0.03	0.17	0.49	0.82	0.82	0.96	0.12	0.69	0.3	0.59	0	0.12	0.12	0.11	0.44	0.33	0.44	0.85	0.6	0.27	0.29
16	0.73	0.64	0.89	0.59	0.77	0.54	0.61	0.57	0.03	0.64	0.8	0.14	0.82	0.2	0.72	0	0.3	0.89	0.2	0	0.59	0.01	0.13	0.4	0.82
17	0.35	0.16	0.95	0.96	0.67	0.77	0.55	0.25	0.7	0.52	0.84	0.75	0.74	0.99	0.21	0.3	0	0.81	0.59	0.39	0.72	0.59	0.87	0.3	0.17
18	0.57	0.06	0.26	0.45	0.85	0.76	0.24	0.39	0.22	0.75	0.84	0.35	0.93	0.07	0.83	0.36	0.24	0	0.06	0.57	0.66	1	0.1	0.5	0.29
19	0.99	0.65	0.67	0.06	0.21	0.08	0.77	0.47	0.12	0.29	0.38	0.34	0.69	0.62	0.86	0.04	0.35	0.78	0	0.53	0.56	0.42	0.84	0.59	0.08
20	0.21	0.71	0.17	0.3	0.01	0.28	0.8	0.63	0.76	0.69	0.96	0.31	0.85	0.48	0.89	0.3	0.46	0.34	0.01	0	0.97	0.72	0.18	0.84	0.46
21	0.83	0.78	0.59	0.57	0.63	0.65	0.19	0.33	0.12	0.97	0.12	0.66	0.66	0.99	0.1	0.69	0.21	0.04	0.72	0.69	0	0.58	0.8	0.47	0.55
22	0.47	0.71	0.25	0.16	0.56	0.03	0.73	0.55	0.19	0.25	0.6	0.65	0.85	0.25	0.13	0.29	0.06	0.72	0.52	0.56	0.15	0	0.85	0.15	0.21
23	0.78	0.82	0.19	0.91	0.42	0.8	0.29	0.61	0.34	0.09	0.46	0.46	0.49	0.17	0.53	0.9	0.03	0.86	0.04	0.14	0.84	0.28	0	0.92	0.65
24	0.12	0.71	0.19	0.91	0.42	0.8	0.29	0.89	0.03	0.25	0.64	0.5	0.77	0.24	0.53	0.78	0.39	0.73	0.99	0.63	0.63	0.94	0.27	0	0.21
25	0.46	0.82	0.57	0.07	0.43	0.58	1	0.43	0.03	0.09	0.73	0.5	0.93	0.4	0.44	0.62	0.18	0.54	0.47	0.45	0.62	0.77	0.62	0.43	0

最优序列

S	1	2	3	4	5	6	7	8	9	10	11	12	13	14	15	16	17	18	19	20	21	22	23	24	25
	6	10	22	20	13	4	3	16	8	15	11	9	12	21	2	7	25	14	24	23	1	5	18	17	19

最优值

1037.41

算例规格 n = 25，den = 1 随机算例二

DSM

S	1	2	3	4	5	6	7	8	9	10	11	12	13	14	15	16	17	18	19	20	21	22	23	24	25
1	0	0.38	0.41	0.57	0.38	0.8	0.02	0.19	0.78	0.52	0.39	0.09	0.14	0.32	0.33	0.84	0.23	0.63	0.42	0.53	0.08	0.7	0.24	0.1	0.67
2	0.44	0	0.72	0.26	0.75	0.27	0.25	0.05	0.06	0.19	0.71	1	0.06	0.35	0.39	0.72	0.33	0.3	0.06	0.46	0.51	0.7	0.52	0.15	0.28
3	0.32	0.11	0	0.4	0.34	0.81	0.3	0.9	0.82	0.05	0.77	0.52	0.21	0.36	0.89	0.94	0.54	0.4	0.2	0.17	0.58	0.63	0.18	0.63	0.51
4	0.16	0.72	0.76	0	0.63	0.2	0.28	0.72	0.14	0.18	0.25	0.21	0.64	0.75	0.09	0.48	0.43	0.84	0.82	0.6	0.39	0.41	0.19	0.76	0.75
5	0.38	0.94	0.55	0.7	0	0.2	0.51	0.77	0.04	0.23	0.31	0.27	0.52	0.67	0.15	0.2	0.38	0.2	0.08	0.65	0.72	0.96	0.72	0.22	0.92
6	0.8	0.27	0.81	0.2	0.33	0	0.35	0.67	0.08	0.19	0.85	0.31	0.96	0.02	0.86	0.92	0.64	0.24	0.5	0.04	0.59	0.85	0.08	0.09	0.01
7	0.02	0.25	0.3	0.28	0.51	0.35	0	0.98	0.71	0.21	0.43	0.54	0.1	0.83	0.93	0.35	0.9	0.48	0.57	0.15	0.86	0.94	0.02	0.87	1
8	0.19	0.05	0.9	0.72	0.77	0.67	0.35	0	0.98	0.06	0.83	0.31	0.49	0.2	0.17	0.68	0.02	0.32	0.75	0.43	0.2	0.2	0.35	0.38	0.47
9	0.78	0.06	0.82	0.14	0.04	0.08	0.71	0.83	0	0.83	0.71	0.21	0.96	0.94	0.64	0.96	0.56	0.81	0.25	0.44	0.43	0.72	0.69	0.06	0.72
10	0.52	0.19	0.05	0.18	0.23	0.19	0.21	0.81	0.02	0	0.44	0.46	0.5	0.49	0.58	0.97	0.45	0.15	0.69	0.92	0.28	0.91	0.81	0.34	0.74
11	0.39	0.71	0.77	0.25	0.31	0.85	0.19	0.83	0.71	0.44	0	0.03	0.54	0.6	0.49	0.27	0.76	0.83	0.9	0.78	0.1	0.75	0.14	0.31	0.65
12	0.09	1	0.52	0.21	0.27	0.31	0.85	0.31	0.43	0.32	0.01	0	0.67	0.94	0.03	0.24	0.54	0.31	0.78	0.87	0.17	0.66	0.44	0.91	0.57
13	0.14	0.06	0.21	0.64	0.52	0.96	0.94	0.08	0.71	0.21	0.43	0.32	0	0.98	0.67	0.17	0.83	0.41	0.54	0.83	0.35	0.9	0.48	0.57	0.15
14	0.32	0.35	0.36	0.75	0.67	0.02	0.08	0.2	0.14	0.76	0.6	0.01	0.04	0	0.16	0.61	0.38	0.2	0.59	0.15	0.74	0.57	0.23	0.91	0.91
15	0.36	0.61	0.75	0.09	0.72	0.86	0.17	0.37	0.58	0.97	0.58	0.78	0.35	0.16	0	0.29	0.45	0.58	0.24	0.07	0.67	0.55	0.69	0.06	0.62
16	0.84	0.72	0.94	0.48	0.2	0.92	0.97	0.68	0.45	0.26	0.27	0.94	0.38	0.29	0.45	0	0.96	0.73	0.05	0.64	0.6	0.4	0.47	0.17	0.58
17	0.23	0.33	0.54	0.43	0.38	0.64	0.11	0.02	0.88	0.3	0.76	0.15	0.21	0.03	0.45	0.5	0	0.36	0.89	0.61	0.6	0.21	0.27	0.39	0.97
18	0.63	0.3	0.4	0.84	0.2	0.24	0.93	0.32	0.81	0.78	0.83	0.15	0.44	0.19	0.58	0.11	0.36	0	0.26	0.79	0.53	0.98	0.17	0.91	0.01
19	0.42	0.06	0.2	0.82	0.08	0.5	0.6	0.75	0.84	0.2	0.76	0.9	0.79	0.4	0.24	0.93	0.91	0.56	0	0.2	0.96	0.28	0.16	0.82	0.11
20	0.53	0.46	0.17	0.6	0.65	0.04	0.6	0.43	0.32	0.32	0.78	0.92	0.85	0.39	0.07	0.73	0.8	0.34	0.62	0	0.4	0.15	0.19	0.93	0.91
21	0.08	0.51	0.58	0.39	0.72	0.59	0.43	0.43	0.14	0.29	0.1	0.22	0.36	0.94	0.51	0.67	0.31	0.29	0.88	0.85	0	0.87	0.43	0.47	0.39
22	0.7	0.7	0.63	0.41	0.96	0.85	0.71	0.2	0.83	0.78	0.75	0.7	0.28	0.06	0.55	0.81	0.24	0.59	0.27	0.65	1	0	0.6	0.52	0.74
23	0.24	0.52	0.18	0.19	0.72	0.08	0.81	0.35	0.01	0.28	0.14	0.12	0.57	0.91	0.69	0.57	0.07	0.49	0.46	0.88	0.43	0.89	0	0.93	0.61
24	0.1	0.15	0.63	0.76	0.22	0.09	0.99	0.38	0.47	0.04	0.31	0.26	0.73	0.71	0.06	0.13	0.15	0.47	0.14	0.61	0.6	0.53	0.84	0	0.43
25	0.67	0.28	0.51	0.75	0.92	0.01	0.21	0.61	0.45	0.32	0.65	0.56	0.21	0.98	0.62	0.24	0.66	0.87	0.71	0.68	0.06	0.82	0.12	0.61	0

最优序列

S																									
	23	2	1	6	11	9	3	15	18	22	16	5	17	13	19	10	12	25	20	7	8	21	4	24	14

最优值

1060.29